重新定义团队
谷歌如何工作

[美] 拉斯洛·博克（Laszlo Bock） 著 宋伟 译

Work Rules!
Insights from Inside Google That Will Transform How You Live and Lead

中信出版集团 | 北京

图书在版编目（CIP）数据

重新定义团队：谷歌如何工作/（美）拉斯洛·博克著；宋伟译. -- 2版. -- 北京：中信出版社，2019.6

书名原文：Work Rules!: Insights from Inside Google That Will Transform How You Live and Lead

ISBN 978-7-5217-0204-0

Ⅰ.①重… Ⅱ.①拉…②宋… Ⅲ.①网络公司—企业管理—人力资源管理—经验—美国 Ⅳ.①F279.712.444

中国版本图书馆CIP数据核字（2019）第042714号

Work Rules!: Insights from Inside Google That Will Transform How You Live and Lead
by Laszlo Bock
Copyright © 2015 Laszlo Bock
Published by arrangement with ICM Partners through Bardon-Chinese Media Agency
Simplified Chinese translation copyright © 2019 by CITIC Press Corporation
Author Photo Credit: Eric Laurits
Abridged for publication in Mainland China
ALL RIGHTS RESERVED

本书仅限中国大陆地区发行销售

重新定义团队——谷歌如何工作

著　者：[美]拉斯洛·博克
译　者：宋伟
出版发行：中信出版集团股份有限公司
　　　　　（北京市朝阳区惠新东街甲4号富盛大厦2座　邮编　100029）
承　印　者：北京楠萍印刷有限公司

开　本：880mm×1230mm　1/32　　印　张：14.75　　字　数：351千字
版　次：2019年6月第2版　　　　　印　次：2019年6月第1次印刷
京权图字：01-2014-7628　　　　　　广告经营许可证：京朝工商广字第8087号
书　号：ISBN 978-7-5217-0204-0
定　价：69.80元

版权所有·侵权必究
如有印刷、装订问题，本公司负责调换。
服务热线：400-600-8099
投稿邮箱：author@citicpub.com

献给安娜贝勒、埃米莉、莉拉，
愿你们
遵从自己的内心世界

拉斯洛风趣地将谷歌的发展史融入有关管理理论、心理学、行为经济学
的探讨，写就了这本深入人心的好书。
《出版人周刊》

不负众望，《重新定义团队》揭示了谷歌不走寻常路的工作法则，这是一
本为所有寻求理想工作环境的职场人士所写的书。
《福布斯》

《重新定义团队》引人入胜地刻画了一家必将继续改变世界的创新公司的
真实面貌。
《科克斯书评》

《重新定义团队》是我读过的讲组织文化的最好的书，它手把手教你如何
打造高效能文化，解放员工，赋能他们做最重要的事情。
汤姆·加德纳　多媒体金融服务公司 Motley Fool 创始人兼首席执行官

《重新定义团队》自有一套强有力的工作哲学，条理清晰，实操价值高，
我们需要让它在商业世界里刮起一阵强劲的旋风。
杰弗瑞·菲佛　《权力》作者

《重新定义团队》太棒了,几个星期以来我一直在读它,因为我想认真地做读书笔记。我要与我的团队成员分享这本书中的智慧,我相信其他公司创始人也会这么做的。
苏珊·凯恩 《内向性格的竞争力》作者

《重新定义团队》提供了一套改变未来的工作法则,大胆、振奋人心又切实可行。不管是管理层还是普通员工,都应该读一读。
亚当·格兰特 《沃顿商学院最受欢迎的成功课》作者

拉斯洛·博克不仅揭开了谷歌创造高自由、高效能工作场所的秘密,还为如何在数字时代释放人才潜力构建了重要指南。《重新定义团队》智慧、幽默、实用,值得所有想要激发员工最大潜能、帮助员工成为职场上最好的自己的领导者读一读。
莉兹·怀斯曼 《成为乘法领导者》作者

拉斯洛·博克的书把我们带到了地球上最聪明公司的工作后台,让我们看到鼓励创造力的企业文化的价值。领导者、创业者、高管、学生及所有想要理解如何建立充满凝聚力、高效、成功的工作环境的人都应该读这本书。
丹尼尔·科伊尔 《一万小时天才理论》作者

目　录

自　序 XI

前　言　谷歌的原则对你也适用 XVII

第一章　成为一名创始人

谷歌的起源：质疑一切，发挥创造力　003

谷歌创始人的雄心：挥洒激情，创造关怀　007

创始人思维：引领潮流，而不追随他人　013

第二章　谷歌文化塑造谷歌战略

快乐：谷歌文化特征的外在表现　021

谷歌文化的第一块基石：有意义的使命　023

谷歌文化的第二块基石：信息的透明度　033

谷歌文化的第三块基石：真正的话语权　039

公司文化的正向传播　042

第三章　谷歌的人才聘用原则

并购和培训招不到顶尖人才　049

谷歌招聘的两个巨大改变　056

第四章　谷歌寻找人才的多元化体系

创始人搭建人才体系的基础架构　068
谷歌早期的"龟速"招聘　069
从 70 亿人中找到最好的应聘者　077

第五章　谷歌与众不同的招聘流程

科学的面试评估技巧大比拼　092
4 个面试问题测试你能否成为谷歌人　100
一台不断核查调整的招聘机器　103
六大举措保证招聘质量　106

第六章　打造最幸福的公司

消除地位象征　127
依靠数据做决策　131
让员工塑造自己的工作和公司　138
高期待收获高收益　149

第七章　员工的发展是谷歌绩效的核心

和绩效考评体系说"再见"　158

从 41 级绩效考评到 5 级考评量表　163

校准评级，激发员工内在动机　171

谷歌的群体考评智慧　178

综合考虑，再做升职决定　182

第八章　谷歌如何管理团队的两端

助力 5% 的底端员工　193

将最优秀的人放到显微镜下观察　198

管理公司的两端：最优员工和最差员工　212

第九章　打造学习型组织

刻意练习是最好的学习方法　220

内部员工是培训老师的最佳人选　224

评估培训结果的有效方法　234

第十章　谷歌的薪酬分配原则

谷歌薪酬理念的转变过程　243

不公平薪酬　252

以成就为荣，不以报酬为荣　260

创造易于传播爱的环境　268

对一些失败同样也要奖励　271

第十一章　谷歌的福利项目

目标一：提高谷歌人工作和生活效率　282

目标二：关联谷歌的社区意识　284

目标三：推动创新　291

微小的投入和关怀带来巨大的效果　295

第十二章　谷歌丰富多彩的助推项目

助推让员工的工作更高效　317

助推让员工变得更富有　328

助推让员工更健康　333

精心设计，用心设计　341

第十三章　谷歌的教训

信息透明的代价　349

摒弃应得权利　350

一次失败的绩效管理变革　354

珍视怪人　357

创新也需要修剪　358

最富有政治意味的甜点　360

第十四章　谷歌塑造的环境理念

赋予工作意义　373

相信员工　374

只聘用比你更优秀的人　375

不要将职业发展与管理绩效混为一谈　376

关注团队的两端：最优员工和最差员工 377

既要节俭又要慷慨 378

认识不公平薪酬 379

助　推 379

管理日益提升的期望 381

享　受 381

后　记　谷歌人力运营的核心原则 385

致　谢 403

注　释 407

自　序

我在 1987 年夏天拿到了人生第一笔薪水，当时我 14 岁。升入 9 年级之前的那一年，我和最好的朋友詹森·科里受所在高中之邀参加了夏季学校辩论班。第二年，我们就成为辩论班的老师。那一次我们每人赚了 420 美元。

此后的 28 年里，我的个人经历乱七八糟，说成是咨询师的噩梦再恰当不过：我先后在熟食店、餐馆和图书馆工作过；在加利福尼亚辅导过高中生；在日本教过小学生英语；在大学的游泳馆当过救生员，后来又在电视节目里演同样的角色——在《海滩救护队》(Baywatch) 中一段闪回镜头里扮演 20 世纪 60 年代的一名救生员，作为这部老剧的备用镜头，我当了一次群众演员；我参与建立了一个帮助问题青年的非营利机构，还在一家制造施工机械的工厂工作过。我无意中开始了一份负责高管薪酬福利的工作，用尽了一个 24 岁年轻人全部的智慧，认定人力资源是一个没有未来的领域，于是毅然去读 MBA（工商管理硕士）学位。两年后，我加入麦肯锡咨询公司，尽可能不去触碰与人相关的问题。从互联网兴起到 2000 年初的这段时间里，我成为科技公司的顾问，为它们提供咨询建议，以提高公司销售额、增加客户群、改善组织架构。互联网泡沫破裂之后，我又在削减成本、提高运营效率和开拓新业务等方面为科技公司提供咨询服务。

但是到了 2003 年，我备感沮丧。

我感到沮丧，因为即便是最好的商业企划，如果没有人买单，也难逃被废弃的命运。我感到沮丧，因为领导者总是嘴上说着以人为本，对待员工却弃之如敝屣。（我在第一个项目上的最糟糕经历是我向项目经理请教职业建议，他对我说："你们都像是箭袋里的箭。每个人都一样。"）

我当过蓝领，也做过白领；拿过微薄的工资，也有过 6 位数的收入；与高中没有毕业的人和毕业于世界一流名校的博士生都有过共事的经历（也有过被他们管理的经历）。我曾做过倾力改变世界的工作，也做过一心只为老板赚钱的工作。我只是想不通，不管我走到哪里，雇员都难以得到善待。人的一生用在工作上的时间是最多的。[1] 但工作——甚至为一些最好的雇主工作——却令人动力尽失、丢掉本性，这样是不对的。

我认定自己有两条路可以走。一条路是对我的团队好一些，提升他们的绩效，寄希望于随着时间的推移，其他人会效仿我。另一条路是寻求方法影响所有公司的待人方式。我选择了后者，因为我认为这样做有机会影响更多的人，因此我决定找一份人力资源的工作。咨询业的同事都认为我会毁掉自己的职业生涯，但我是经过深思熟虑才做出这个决定的。当时，麦肯锡人才库里有 5000 多人，这些人几乎都是其他公司的咨询人员或是负责帮公司招贤纳才的人。我分析自己接受过的培训和工作经历可以在人力资源人才库中独树一帜，能够使我在用人方面有所创新。或许，只是或许，这样做可以使我走上职业提升的快车道，不必等上二三十年才爬上公司高层；或许我能够更快地走上一个可以影响更多人的岗位。

我希望能在学到更多人力资源知识的地方工作，而当时百事和通用电气是人力资源做得最好的两家公司。我给这两家公司的8位人力资源主管打了电话，但只有通用电气的安妮·阿巴雅给我回了电话。安妮来自夏威夷，能说流利的日语，总能挤出时间来帮助别人。她对我的工作经历非常感兴趣，于是把我介绍给通用电气的其他人。

6周之后，我被录用了。我成为通用电气金融部商业设备融资处分管薪酬福利的副总裁。尽管朋友看了我的名片，都认为我疯了，但我当时兴奋不已。我的第一任上司迈克尔·埃文斯给了我充分的自由度去熟悉公司的情况，还帮助我理解通用电气的人才战略。

1981—2001年任通用电气董事长、首席执行官的杰克·韦尔奇非常重视人的作用。韦尔奇有一半的时间用在处理与人相关的问题上，[2]他与手下的人力资源主管比尔·康纳迪共同建立了广受赞誉的员工管理体系，严格按照绩效表现对员工进行排名，每12个月至18个月重新配置拔尖人才的工作岗位，同时还在纽约的克罗顿维尔建立了全球培训中心。我加入通用电气之前的两年，杰克就已经将公司的管理权移交给了杰夫·伊梅尔特，这使我有机会既见识了通用电气的既有体系，也见证了伊梅尔特将关注重点转移到其他领域之后公司的变迁。

韦尔奇和康纳迪采用了"20-70-10"的绩效排名体系，在这种体系下，他们将通用电气的员工分为三类：最优秀的20%，中间层的70%，末尾的10%。最优秀的员工得到赞扬，作为奖励可以选择工作任务，参加领导力培训项目和享有优先认股权。末尾的10%会遭到解雇。伊梅尔特任职期内，这种强制的员工分类方式被弱化，清晰明了的"前

20%"、"中间 70%"和"末尾 10%"被更加委婉的描述方式取代："顶尖人才"、"极具价值"和"需要改进"。有同事告诉我，这家有 30 万员工的巨无霸公司每年对人力资源工作进行评估的 C 会议（Session C）经常被拿来吹嘘炫耀，但实际上却"已经丢掉了利牙"，"没有延续杰克的关注重点，早已今非昔比"。[3]

我未能有幸在两位首席执行官手下工作，但依然体会到首席执行官的形象和关注点对塑造一家机构的影响有多深。多数首席执行官都很擅长许多事情，但他们之所以成为首席执行官，是因为他们在某一两个方面有非凡的能力，而这一两个方面的能力通常会与一家公司当时的需求相吻合。即便是首席执行官也要确定一个专长。韦尔奇最著名的是他的"六西格玛"（Six Sigma）——提升质量和效率的一系列工具，以及他对人的关注。伊梅尔特则强调销售和市场营销，其中最显著的就是在通用电气品牌性的"绿色创想"上下功夫，使公司生产的产品更加环保，并在人们心中留下环保产品生产商的印象。

在通用电气工作三年之后，2006 年我受聘加入了谷歌，成为人力运营部负责人。我还记得招募我的玛莎·约瑟夫森建议我不要穿西装参加面试。"没人穿西装，"她向我保证说，"如果你穿着西装去，他们会认为你不理解他们的企业文化。"我接受了她的建议，但还是满心疑虑，在夹克口袋里塞了一条领带，以备不时之需。几年之后，我面试了一位身穿精致细条纹西装的应聘者，显然这套衣服是专门为面试准备的，但他实在是太优秀了，我认为公司还是要聘用他。面试最后我对他说："布莱恩，我有一个好消息和一个坏消息。好消息是你或许还要参加更多的面试，但我可以告诉你，你已经得到了一份工作；坏消息是你再也用不上这套西装了。"

我加入谷歌的时候，距离其首次公开募股过去了两年：营业收入年增长73%；Gmail（谷歌邮箱）携前所未闻的千兆字节免费容量（是此前网络邮箱服务容量的500多倍——此举太过疯狂，很多人都以为Gmail是一个愚人节玩笑）[4]刚刚上线；有6000多名员工，而且公司希望每年增加一倍的员工；他们胸怀雄心勃勃的使命，想要集成世界的信息——全部的信息并使所有人都能获取和使用这些信息。

对我而言，这项使命是迄今为止最令人兴奋的一段人生经历。1972年，我出生于罗马尼亚，当时的罗马尼亚由尼古拉·齐奥塞斯库统治。上层人物能够从西方得到好的衣服、日用品、蔬菜和水果，而我的父母第一次吃上香蕉时都已经30多岁了。孩子受到鼓励监视父母。报纸上和广播里真话很少，谎话连篇，它们赞扬政府的伟大，批判美国的邪恶和压迫。我们一家人选择逃离罗马尼亚，寻求自由——想去哪里就去哪里，想说什么就可以去说，想思考什么就可以去思考，想与谁交往就有与谁交往的自由。

想到可以加入一家以使信息对所有人开放为目标的公司就令人兴奋不已，因为自由的状态是以自由表达为基础的，而自由表达又依靠对信息和真实情况的了解。我在各种各样的环境中都生活工作过，见过很多不可行的例子。我想如果这里真是如此，那将会是全世界最好的一份工作。

从我加入之后，谷歌的员工数从6000人增长到近5万人，在全球40多个国家设立了70多个办公机构。《财富》史无前例地将谷歌5次评为美国"最佳雇主"，而在差异巨大的许多其他国家，诸如阿根廷、澳大利亚、巴西、加拿大、法国、印度、爱尔兰、意大利、日本、韩国、荷兰、波兰、俄罗斯、瑞士和英国，谷歌也都获得过无数次"最佳雇主"

的称号。根据领英[5]的统计，谷歌是全球最令人向往的工作地，每年我们会收到大约 200 万份工作申请，申请人遍布世界各地，身份背景千差万别。在所有申请人中，谷歌每年只聘用几千人，[6] 录取率是哈佛[7]、耶鲁[8]和普林斯顿[9]等大学的 1/25。

来到谷歌工作根本就不是毁掉了我的职业，而是让我扬帆起航，踏上了实验和创造的巨浪。在这里有时会精疲力竭，有时会备感沮丧，但永远奋发进取，创造有目的性的、自由的和充满创造力的环境。本书讲述了我们对员工的认识，我们过去 15 年的经验，以及如何才能做到以人为本、改变生活的领导方式。

前　言

谷歌的原则对你也适用
这是个令人惊奇的地方，有令人惊奇的成功，这里的工作正是我们想做的

10 亿小时之前，现代智人出现。

10 亿分钟之前，基督教诞生。

10 亿秒之前，IBM 个人电脑发布。

10 亿次谷歌搜索之前……是今天早上。

哈尔·瓦里安　谷歌首席经济师，2013 年 12 月 20 日

　　2014 年，谷歌 16 岁了，但它许久之前就已经成为我们生活的一部分。我们在网上不是搜索信息，而是"谷歌一下"。每分钟有超过 100 小时的视频上传到 YouTube（世界上最大的视频网站）上。多数手机和平板电脑要依靠谷歌开源[1]操作系统安卓才能正常运行，而安卓系统 2007 年才投放市场。谷歌应用商店中的应用程序下载量已累计超过 500 亿次。

---

[1]　开源（open source），即开放源代码，指能够免费获取并进行修改的软件。比如亚马逊的电子阅读器 Kindle 就是在安卓操作系统的修改版本上运行的。

谷歌浏览器 Chrome 作为一种更安全、更快速的开源浏览器于 2008 年推出，已有 7.5 亿活跃用户，并发展成谷歌笔记本"Chromebook"的操作系统。[10]

谷歌在新探索的道路上才刚刚起步，产品既有自动驾驶汽车，也有利用气球为全球最偏远地区提供网络服务的互联网气球项目（Project Loon）；既有穿戴式计算机设备谷歌眼镜利用右眼上佩戴的一小片透镜将网络与现实连接起来（我们正在研究左眼上佩戴的产品），也有虹膜项目（Project Iris）——一种可为糖尿病患者兼做血糖监测仪的隐形眼镜。

每年有成千上万名访客拜访我们在全球各处的园区。访客中有社会和商业企业家、高中和大学学生、公司首席执行官和社会名流、国家元首以及国王和王后。当然，访客中还有我们的朋友和家人，他们很乐意顺便享用一顿免费午餐。访客都会问及我们如何经营，问及谷歌的工作方式：企业文化是什么？有这么多分心的事情，你们怎么可能切实地完成工作？创新从何而来？员工真有 20% 的时间自由支配吗？

甚至我们自称为"谷歌人"的员工有时也会奇怪：为什么我们要遵循某种方式来做事？为什么我们要花那么多的时间来招聘员工？为什么我们会为员工提供这些福利而不是别的？

在这本书中，我将尝试回答这些问题。

谷歌内部并没有太多的规范手册和管理指南，因此本书介绍的并非公司的底线，而是从关于行为经济学和行为心理学的最新研究以及认为的真实人性角度，阐释谷歌的运行方式及其能够奏效的原因。作为谷歌人力运营部的高级副总裁，我很荣幸也很欣喜能够与数千名谷歌人携手塑造谷歌人的生活和未来。

谷歌第一次获得全美"最佳雇主"殊荣是在我加入公司后的第一年

（并不是因为我的功劳，只不过我加入公司的时机比较好）。奖项的发起方《财富》和卓越职场研究所（Great Place to Work Institute）邀请我与韦格曼斯（Wegmans）连锁店运营高级副总裁杰克·德皮特斯一起上台。韦格曼斯是美国东北地区的一家杂货连锁店，有84家分店，连续17年进入《财富》"最佳雇主"名单，2005年拔得头筹，此后每年都处于前5名。[11]

同时请我们两个人上台是为了展现两种完全不同的管理理念，以说明好雇主并非全是一个路数。韦格曼斯是一家地区性私人零售商，其所在行业的平均利润率仅有1%，员工多为当地人，多数只有高中学历。韦格曼斯成立于1916年前后，一直保持着家庭式经营。谷歌是一家仅有9年历史的全球化科技上市公司，利润率大约30%，员工来自世界各地，很多都是博士生。两家公司有着天壤之别。

然而，我很惊讶地发现，我们两家公司的相似之处比不同之处更多。

杰克解释称，韦格曼斯秉承的理念与谷歌如出一辙："我们的首席执行官丹尼·韦格曼斯说，'用心才能成就成功的企业'。我们的员工都心怀这种愿景，尽心竭力，不让顾客离开时不开心。我们也依此做决定，善待员工，不计成本。"

韦格曼斯给员工充分的自由来决定如何服务顾客，2013年拨款510万美元作为员工奖金，[12]甚至鼓励一名员工在店内建起自己的面包房，仅仅因为这名员工自制的饼干非常好吃。

经过一段时间，我发现并不是只有韦格曼斯和谷歌采用这种管理方式。布兰迪克斯集团（Brandix Group）是斯里兰卡一家服装生产商，它在斯里兰卡有40多家工厂，在印度和孟加拉国也有大量业务。伊尚·丹塔纳拉亚纳是该集团的人力部门主管，他告诉我，他们的目标是告诉员工"保持本色,发挥全部潜能",以此"激励大批女性员工"。除了使员工方便地接触到公司首席执行官和董事会之外,他们还为怀孕的员工提供额外的食物和药品;开展学位教育项目,使员工能够在工作的同时继续学习,甚至还会培养员工成为企业家,帮助员工做自己的生意;在所有的工厂都设立工会,使每一名员工都能对企业产生影响;为员工的孩子提供奖学金,以及其他更多类似政策。此外他们还会回馈社区,比如通过"水与女性"(Water & Women)项目,在员工所在的村子里打水井。"此举提升了我们的员工在社区里的名望,同时也使村民获得了宝贵的清洁水源"。

所有这些努力使布兰迪克斯集团成为斯里兰卡排名第二的出口商,他们也因为良好的雇用条件、社区参与度以及环保实践赢得了无数的奖项。伊尚分析这一切产生的过程时说:"当员工信任领导层的时候,他们就会成为品牌的代言人,从而为其家庭、所处的群体和环境带来积极的改变。员工生产效率提高,企业发展增速,顾客购买热情高涨,商业投资回报也就自然而然地实现了。"

2013年4月24日,在孟加拉国拉纳广场大楼(Rana Plaza)坍塌事件中,几家企业的表现与布兰迪克斯集团的经营方式形成了鲜明的对比。这座8层大楼中有5家服装生产企业、一家银行和几家商店。此前的一天,拉纳广场大楼中的人员因大楼墙体破裂而疏散。第二天,银行和商店安排员工不必上班,但是几家服装生产企业则命令员工复工。1100多人在意外中丧命,其中包括一些在大楼公司幼儿园的儿童。[13]

再讲一个离美国更近的例子。1999年的电影《上班一条虫》(Office Space)不带任何感情色彩地表现出一家虚构的科技公司毫无意义的规矩和官僚作风。这部电影上映之后大热,因为其中表现的情境很容易引起观众的共鸣。在电影中，程序员彼得·吉本斯是这样向一位催眠治疗师描述自己的工作的：

> 彼得：今天我坐在办公室的小隔间里，意识到自从我开始工作以来，每一天都比前一天过得更糟。也就是说你每一天看到我的时候，都是我一生中最糟糕的一天。
>
> 斯旺森医生：那么今天呢？今天是你一生中最糟糕的一天吗？
>
> 彼得：是的。
>
> 斯旺森医生：哦，那可真是糟透了。[14]

当一位 CNN（美国有线电视新闻网）国际频道的记者为一篇未来工作的文章和我做电话采访的时候，我想到了这些迥然不同的例子。她认为，以谷歌为代表的管理方式将是未来的方向——我将其称作"高度自由"的方式，员工享有极大的自由；管理严密、等级森严、指挥控制的管理模式将逐步绝迹——我称之为"低度自由"环境。

这种"低自由度"环境不久将会绝迹，或许会在某一天，时间我也不太确定，但应该不会太久。命令导向型、低自由度的管理方式非常普遍，因为这种管理方式容易产生效益，需要耗费的精力较少，而且绝大多数管理者都畏惧其他管理方式。管理一个按指令办事的团队很容易，但是要向他们解释做某件事的原因时是否也很容易呢？如何和他们讨论做这件事是否正确？如果他们不同意我的观点呢？如果我的团队不想做我安排他们做的事情呢？如果我错了，会不会看起来很蠢？安排团队成员工作，确保他们完成任务，这样工作更迅速、更高效，对吧？

错。地球上最有才华的一批人，其流动性越来越大，科学技术的发展使他们之间的联系也越发紧密，而且更为重要的是，雇主也更容易发现他们。这些全球精英希望在高度自由的企业中工作，而优秀人才都会流向此类企业。能够打造适宜的工作环境的领导者就像磁石一样，吸引着全球最优秀的人才。

但是要打造这样一个工作环境非常难，因为从管理的核心角度来讲，权力的动态方向恰与自由背道而驰。员工要依靠管理者，希望取悦他们。然而，注重取悦管理者意味着与其进行开诚布公的探讨是有风险的。如果你不取悦他，内心就可能惶恐不安或焦躁愤恨，同时他还要保证你实现某些工作成果。如果身陷戈尔迪之结[①]般纷繁的杂事和情绪中，就没有人能够表现出最好的工作状态。

谷歌应对此类问题的方法是打通这个结，我们刻意剥夺了管理者对员工的控制权。下面是谷歌的管理者不能单方面做出的一些决定：

- 雇用谁。
- 解雇谁。
- 如何评估一个人的表现。
- 给某个人加薪多少，给多少分红或分配多少股权。
- 选谁来拿最佳管理奖。
- 给谁升职。
- 代码何时才算合格，才可以纳入公司的软件代码库中。
- 一种产品的最终设计，以及何时投放市场。

---

① 戈尔迪之结（Gordian knot），希腊神话中的一个难题，它是指弗里吉亚的戈尔迪国王系的复杂的结，后被伟大的亚历山大以剑割开。——译者注

上述决定都是由一组同事、一个委员会或一个特别任命的独立团队做出。很多新入职的管理者非常讨厌这种方式，而当他们弄清了招聘员工的流程之后，升职的问题又摆到了眼前，这时他们又会惊愕地发现自己没有权力独自决定给他们认为团队里最优秀的员工升职。其中的关键在于，你和我对"最优秀的员工"的认识有所不同。有可能你的团队中最差的员工比我的团队中最优秀的员工还要好，这种情况下，你的整个团队都应该升职，而我的团队成员都不应该升职。如果管理者想要在整个组织中实现公平最大化，使员工对公司产生更大的信任，使奖励更有意义，那么管理者就必须放弃这种权力，通过群体核定工作成果。

如果不负责执行这些大棒加胡萝卜的软硬兼施的手段，一名管理者该做些什么呢？只有一件事情可以做。按照我们的执行总裁埃里克·施密特的话说就是，"管理者服务于团队"。和其他企业一样，我们当然也遭遇过意外和失败，但是在谷歌这种不干预的领导方式下，管理者的关注重点不是惩罚或奖励，而是清除路障，鼓励团队。我们有一位律师是这样描述他的经理特莉·陈的："你还记得电影《尽善尽美》（*As Good As It Gets*）中杰克·尼克尔森对海伦·亨特说的那句经典台词'你使我想要成为一个更好的人'吗？特莉当经理给我的就是这种感觉。她使我想要——并帮助我努力——成为一名更好的谷歌人、更好的知识产权律师和更好的人！"具有讽刺意味的是，要领悟卓越管理的精髓，最好的办法就是摒弃管理最倚仗的所有工具。

好消息是任何团队的组建都可以遵循谷歌所采用的原则。麻省理工学院的理查德·洛克发现，这种方式即便是在制衣业中也适用。[15] 他对比了墨西哥的两家耐克 T 恤衫工厂的情况。A 工厂给工人更多的自由，请他们帮忙设定生产目标，自行组成小组，决定如何分解工作，授权他们在发现问题时可以停止生产。B 工厂对生产车间进行严格控制，要求工人恪守分派的任务，设定了严格的规则来明确工作的时间和方式。洛克发现 A 工厂工人的生产效率差不多是 B 工厂工人的两倍（每天 150 件 T 恤衫对每天 80 件），工资收入更高，每件 T 恤衫的生产成本要低 40%（0.11 美元 / 件对 0.18 美元 / 件）。

英国谢菲尔德大学的卡玛尔·博迪博士与其他 6 名研究员对 308 家公司的生产效率进行了 22 年的研究，也得出了类似的结论。这些公司都采用传统的运营方式，比如"综合质量管理"和"即时库存控制"。博迪发现，这些运营方式时而会在某一两家公司中实现生产效率的提高，但是从总体上看，"我们没有发现对业绩的全面影响"。换句话说，没有任何证据证明这些运营方式能够对业绩的提升带来持续可靠的影响。

那么什么是有效的运营方式呢？只有公司采用了给员工充分授权的经营方式（比如，剥夺管理者的决定权，并将该权力分配给一些个体或团队），为员工提供工作之外的学习机会，提高团队信任度（给团队足够的自主权，允许员工自行组队），或者组合利用上述方法，业绩才能得到提升。这些因素"在我们的研究中对每名员工的附加值带来了 9% 的提升"。简而言之，只有当企业着手给员工更多的自由时，业绩才能提升。[16]

这并不是说谷歌的方法是完美无缺的，也不是说我们不犯错误。我们在前进的道路上也是跌跌撞撞，这些将在第十三章中讲述。我期望所举的例子和观点能够得到某些方面有益的质疑。我只能说这确实是我们在谷歌的做事方式，这确实是我们采用这种方式管理公司的原因。而类似的方法在布兰迪克斯、韦格曼斯和其他很多大大小小的组织、团队中也都行之有效。

我曾在芝加哥为当地的一些首席人力资源官做演讲，介绍谷歌的公司文化。演讲展示之后，有一位首席人力资源官站起来讥讽道："在谷歌这样做当然没问题。你们的利润率那么高，能给员工很好的待遇。不是所有企业都能这么做的。"

我正准备解释，我们所做的绝大多数事情的费用都极低。即便是只拿死工资的时候，也能把工作做得更好，使员工更有幸福感。其实，越是在经济状况不好的时候，善待员工越重要。

没等我回应，另外一位首席人力资源官就反驳道："你这么说是什么意思？自由是免费的。我们都应该做到。"

他的反驳是对的。

我们只需要坚信员工都是好的，再就是要有足够的勇气，把员工看成是企业的主人翁，而不是把他们当成机器。机器会完成工作，主人翁会竭尽所能帮助企业和团队获得成功。人的一生大部分时间都在工作，但是对多数人而言，工作是一件痛苦的事情，只是一种谋生的手段，而工作可以不必如此的。

我们无法给出所有问题的答案，但是却有一些值得深入体味的发现：如何更好地探寻和发展自由、富有创造力和宽松的环境，使员工在这种环境下工作。

谷歌人力资源管理的成功秘诀是个人和首席执行官都可以在大大小小的组织中复制的。不是所有的公司都能提供免费午餐一类的福利，但是所有人都能复制使谷歌成为伟大企业的秘诀。

第一章 成为一名创始人

我们的员工自称谷歌人,他们是我们公司的根本……我们最大的优势在于有很多重要项目可做,员工可以在这里做出贡献、得到成长……我们致力于打造这样一种工作环境:有才能、努力工作的人会因为他们对谷歌的贡献以及为世界成为更好的世界所做的努力而得到奖励。

拉里·佩奇　谷歌联合创始人

谷歌的起源：质疑一切，发挥创造力

每一段传奇都有一个起源故事。

罗慕路斯与勒莫斯还是婴儿的时候被遗弃在台伯河（Tiber River）河畔，吃母狼的奶和啄木鸟喂的食，后来由好心的牧羊人养育成人。罗慕路斯长成一名年轻人之后，建立了罗马城。

婴儿卡尔－艾尔（Kal-El）从爆炸的母星氪星（Krypton）乘火箭来到地球，落在堪萨斯州斯莫威尔，由善良的玛莎·肯特和乔纳森·肯特夫妇养育成人。后来他来到大都会，穿上了超人斗篷。

托马斯·阿尔瓦·爱迪生于 1876 年在新泽西门洛帕克建立了一间实验室。他带领一名美国数学家、一名英国机械师、一名德国吹玻璃工和一名瑞士钟表匠，一起研制出一种白炽灯灯泡，可以连续照明超过 13 个小时，[17] 为爱迪生通用电气公司的成立奠定了基础。

奥普拉·温弗瑞出生时母亲才十几岁，生活贫苦不堪，她孩童时期饱受虐待，颠沛流离，后来则成长为一名优等生，成为位于纳什维尔西洛杉矶学院电视台最年轻的，也是第一位黑人女主播，并最终成为世界上最成功的访谈主播和最励志的商人。[18]

传奇故事有千万种，却如此相似。神话学者约瑟夫·坎贝尔认为，全世界绝大多数神话故事都可以归结到很少的几个原型故事上。我们受到召唤去冒险，经历了各种磨难，变得更明智，最后云淡风轻、心平气和。我们人类生活在过往的叙事中，透过自述的故事来看历史。难怪我们在彼此绚烂的生活中能够发现那么多的共同点。

谷歌也有一个起源故事。多数人都认为这个故事起源于谷歌创始人拉里·佩奇和谢尔盖·布林在斯坦福大学一次新生校园参观时的相遇。其实这个故事的起源更早。

拉里的视野由其家庭历史塑造。"我的祖父是一名汽车工人，我手里有一件他制作的武器，他上班的时候会随身带到公司防身用。那件武器是一根大铁棍，棍子头上是一大块铅块。"[19]他解释说，"工人在静坐罢工的时候用于保护自己。"[20]

谢尔盖一家在1979年逃离苏联，寻求自由，躲避苏联政府的反犹太主义政策。谢尔盖解释说："我觉得我之所以叛逆是因为出生在莫斯科，这种性格一直伴随我到成年。"

拉里和谢尔盖对于工作的认识也同样受到早年学校教育经历的影响。谢尔盖曾说过："我真心认为蒙台梭利教育法使我受益良多，这种教育方式给学生更多的自由，让他们按照自己的节奏做事情。"[21]时任谷歌产品管理高级副总裁、现任雅虎首席执行官的玛丽莎·梅耶尔在史蒂芬·列维的《走进谷歌》（*In the Plex*）一书中对他说："除非你了解拉里和谢尔盖都是蒙台梭利教育法教育出的孩子……否则你无法理解谷歌。"[22] 这种教育方法针对孩子的学习需求和个性因材施教，鼓励孩子质疑一切，按照自己的意愿行动，发挥创造力。

1995 年 3 月，22 岁的拉里·佩奇来到位于加利福尼亚帕洛阿尔托的斯坦福大学参观。他即将完成在密歇根大学的研究生学习，正考虑加入斯坦福大学的计算机科学博士项目。谢尔盖当时 21 岁，提前两年从马里兰大学毕业[①]，并已进入斯坦福大学参加了该博士项目。谢尔盖志愿为未来的同学做参观向导。当然，拉里被安排在谢尔盖做向导的一组里。[23]

他们很快就成了朋友，开始了善意的戏谑玩笑。几个月之后，拉里来到斯坦福大学，成为这里的一名新生。拉里沉迷于万维网，对网页之间关联方式的兴趣尤为浓厚。

1996 年时的万维网还是一片混乱。简单说来，搜索引擎想要展示相关性最强、最有用的网页，但是展示的网页排名主要根据网页上的文字与输入的搜索词之间的相似度决定。这样就出现了一个漏洞。网页的拥有者可以耍一些花招儿来提高网页在搜索引擎中的排名，比如在网页上隐蔽地加入一些流行的搜索词条。如果你想要人们访问你的宠物食品网站，就可以用蓝色字体在蓝的网页背景上写一百次"宠物食品"，这样你的网页搜索排名就会提升。另外还有一种花招儿就是在生成网页的源代码中不断重复人类读者看不到的一些词。

但是如果编写一个程序，能够识别万维网上所有的链接，同时用表格列出所有网站之间的关联度，则是人类难以企及的复杂问题。所

---

① 谢尔盖高中提前一年毕业，又在三年的时间里完成了大学学业。

第一章 成为一名创始人 005

幸的是，谢尔盖发现这个问题的魅力恰如其难度一样令人着迷。他们开发出了 BackRub，即一种反向链接索引，从你所浏览的网站返回刚刚浏览过的网页。1998 年 8 月，太阳微系统公司（Sun Microsystems）的联合创始人安迪·贝希托尔斯海姆在"谷歌股份有限公司"成立之前就签了那张非常著名的 10 万美元支票。相对不那么广为人知的是，不久之后，他们又收到斯坦福大学教授戴维·切瑞顿签的一张 10 万美元支票。正是在这位教授办公室的门廊里，他们遇到了安迪。[24]

拉里和谢尔盖不愿离开斯坦福大学去创立公司，于是尝试卖掉谷歌，但没有人接手。他们打算以 100 万美元的价格卖给远景公司（AltaVista），没有成功。他们又在凯鹏华盈风险投资公司（Kleiner Perkins Caufield & Byers）的合伙人维诺德·柯斯拉的力劝之下找到了 Excite 搜索引擎公司，并降价到 75 万美元，Excite 没有接受。[①]

这些事情都发生在很早之前，在 2000 年谷歌第一款关键词竞价广告系统 AdWords 推出之前，在谷歌网上论坛（Google Groups，2001 年推出）、谷歌图片（Images，2001 年推出）、谷歌图书（Books，2003 年推出）、Gmail（2004 年推出）、Apps（商用电子表格和文档等，2006 年推出）、街景（Street View，2007 年推出）以及其他数十种我们每天使用的产品推出之前。那时谷歌搜索还没有 150 种

---

① 谷歌的历史给我们最深刻的一点教育就是使我们认识到，想要成功，不仅需要真知灼见、恰当的时机、非凡的团队……还需要运气。尽管他们当时并不觉得自己幸运，但是没有卖掉公司真是一件万幸之事，恰如拉里和谢尔盖在校园参观中碰面以及其他数十个事件一样。对外宣称我们的成功源自聪明才智和辛勤工作其实很简单，但这并非事实。聪明才智和辛勤工作是成功的必要条件，但并非充分必要条件。我们确实有几分运气。这也给了我们网站主页上的"手气不错"按钮一个全新的解释。

搜索语言；那时我们还没有在东京设立第一家国际办公室（2001年建立）；那时还远没有安卓手机预先震动提醒你航班延误；那时你也不能对着镜框上的谷歌眼镜说，"好啦，眼镜，照一张相，发送给克里斯"，然后就知道克里斯会看到你眼中所见到的景象。

谷歌创始人的雄心：挥洒激情，创造关怀

拉里和谢尔盖的雄心远不止开发出一种伟大的搜索引擎。他们开启事业的时候就清晰地了解他们希望怎样对待用户。尽管听起来有些不切实际，但他们希望创造出这样一家公司：工作有意义，员工可以尽情发挥自己的激情，他们和他们的家人都能得到关怀。"等你研究生毕业时，"拉里发现，"你就可以做任何想做的事情。真正的好项目会有很多人想要去做。我们把这种认识带到了谷歌，它给我们带来非常非常大的帮助。如果你正在改变世界，那你所做的就是重要的事情。你早上会兴冲冲地起床。你想要做有意义、有影响力的项目，而世上这样的事情真的很少。我认为我们在谷歌还有这样的事情可做。"

如今谷歌很多最有意义、令人钟爱、有效的实践方法都是由拉里和谢尔盖亲手播下的种子萌芽而来。最初我们每周的全体员工例会开始的时候，"全体"员工的数量手指头都数得过来，现在尽管谷歌已经有了一座城市的规模，但例会的传统还是延续了下来。拉里和谢尔盖一直坚持要求雇用员工的决定由群体做出而不是由经理一人拍板。员工召集会议单纯地分享他们正在做的工作，后来演变成我们每月都要举行的数百次技术演讲。创始人最初的慷慨，带来了前所未有的公司所有权共享的状况：谷歌是同等规模的企业中极少几家全员持股的

公司之一；我们吸引更多的女性开展计算机科学研究，这一努力早在员工不到 30 人时就在谢尔盖的直接要求下开始了；我们欢迎带狗上班的政策在公司只有 10 人规模的时候就已经开始了（至于我们对猫的态度，体现在我们的行为准则中："我们喜欢猫，但是我们是一家爱狗的公司，因此一般说来，带猫上班会使我们感觉不太自在。"[25]）；当然，还有我们提供免费餐的传统是从最早的免费麦片和超大碗的 M&M's 巧克力豆开始的。

2004 年 8 月 19 日，谷歌上市的时候，谢尔盖在投资者招股说明书中讲述了公司创始人对他们手下 1907 名员工的印象。下面是他本人的话：

> 我们的员工自称谷歌人，他们是我们公司的根本。谷歌是围绕着吸引和发挥出众的技术专家和商务人士的能力而打造的。我们有幸招募了很多具有创造性、有操守和不辞劳苦的工作明星。我们希望未来能招募更多这样的人。我们会奖励他们，对他们好。
>
> 我们为员工提供很多不同寻常的福利，包括免费餐、医生和洗衣机。我们很细致地考虑这些福利对公司的长远利益。随着时间的推移，我们不会削减这些福利，而会有所增加。我们认为在可以节省员工大量时间、改善他们健康状况、提高他们生产效率的福利方面不能贪小失大。
>
> 谷歌非比寻常的员工所有制成就了今天的我们。因为员工的才能，谷歌在几乎每个计算机科学领域都做着振奋人心的工作。我们所处的行业竞争激烈，而我们的产品是行业中最过硬的。有才能的人被吸引到谷歌，因为我们为他们提供了改变世界的动能；谷歌

有大量的计算资源，足够个人一展身手。我们最大的优势在于有很多重要项目可做，员工可以在这里做出贡献、得到成长。我们致力于打造这样一种工作环境：有才能、努力工作的人会因为他们对谷歌的贡献以及为世界成为更好的世界所做的努力而得到奖励。

谷歌很幸运，我们的创始人对期望打造的公司类型有着坚定的信念。

不过拉里和谢尔盖并非开先河之人。

亨利·福特最广为人知的是他对组装生产线的广泛使用，人们不太了解的是他对表彰和奖励优秀工作的哲学在当时也是非常先进的：

> 在工作中竭尽所能的工人是最难得的。如果得不到应有的认可，就不能寄希望于他们毫无保留地奉献……如果一个人感觉日常的工作不仅保证了他的基本需求，而且为他提供了些许慰藉，使他们能够为儿女创造一些机会，为妻子的生活增添一份愉悦，那么他就会认为这是一份体面的工作，就会放下所有包袱，尽力工作。无法从日常工作中得到一定满足感的人，就失去了薪酬中最好的一部分。[26]

亨利·福特是在 1922 年写下这段话的，但他的这些观点与谷歌的理念如出一辙。而且他亲身实践，在 1914 年给工厂工人的工资加倍，提高到每天 5 美元。

更早之前，即 1903 年，米尔顿·S. 好时不仅是好时公司的奠基人，同时也为宾夕法尼亚好时镇的建立打下了基础。19 世纪至 20 世纪初期，全美有超过 2500 个公司镇，顶峰时期这些公司镇的人口占全美国人口的 3%。[27] 但与多数公司镇不同的是，好时"避免建成一座只有成排房子、毫无特点的公司镇。他想要建成一座'真正的家乡'，有成排的树，有独栋或两家合住的砖房，还有修剪整齐的草坪"。

米尔顿·S. 好时的成功为他自己带来了强烈的道德责任感和仁慈心。他的雄心远不止制造巧克力那么简单。好时构想出一个围绕工厂建立的全新社区。他为员工建起一座模范镇，镇上有舒适的家，公共交通也不贵，公立教育系统质量很高，还有大量的游乐和文化场所。[28]

我并不是说福特和好时的所有观点都是适宜的，有一些就很令人憎恶。福特因发表反犹太作品而广受责难，后来还因此道歉。[29] 好时也纵容种族主义评论在他领导下的好时镇报纸上发表。[30] 但是同样明显的是——至少对一部分人而言——上述两位创始人认识到关心员工要比生产投入的意义更为重大。

再近一些时候，有一位道德评价争议较小的典型人物——梅文·J. 凯利，他于 1925 年加入贝尔实验室，1951—1959 年任实验室总裁。[31] 在他的任期内，贝尔实验室发明了激光和太阳能电池，铺设了第一条跨大西洋电话电缆，开发出微型芯片的核心技术，使微型芯片的崛起成为可能；另外，他们在此期间对二进制码体系的研究为信息理论奠定了基础。这些都建立在贝尔实验室早期的工作基础之上，其中包括 1947 年发明的晶体管。

成为总裁之后，凯利采用了一种很另类的管理方式。首先，他改变了位于新泽西默里·希尔的实验室大楼设计。凯利摒弃了传统的办公场所布局，即不是按照员工的研究领域对办公楼的每一层分区，而是坚持能够迫使部门之间进行交流的楼面设计：一条很长的走廊贯穿整个楼层，办公室分布在走廊两侧，这样走过大厅时同事之间就会碰到，他们不可避免地会融入彼此的工作中。其次，凯利建立了弗兰肯团队，每个弗兰肯团队中包含"思考者和行动者"以及来自各种互不相干领域的专家。作家乔·格特尼在他所著的《贝尔实验室与美国革新大时代》(*The Idea Factory*)[32]一书中描述过这样一个团队："晶体管项目中刻意混杂了物理学家、冶金学家和电气工程师，并肩工作的有理论专家、实验专家和制造专家。"

最后，凯利给人自由。格特尼继续写道：

> 凯利先生认为自由是至关重要的，对于科研工作而言作用尤为明显。他的一些科学家享有高度自主权，经常是授权某人做一项工作之后接连几年都不对工作进展做任何干涉。比如他组建研究晶体管的研究团队时，两年多才有了研究成果。此后，当他组建另外一个团队来负责晶体管的批量生产时，他将任务要求扔在一位工程师的腿上，指示他制订一份行动计划。他告诉这名工程师，他在这段时间要去欧洲出差。

凯利的例子非常有趣，因为他并非贝尔实验室的创始人，甚至都不算是冉冉升起的新星；相反，他因为感觉自己的项目没有得到足够的资金支持，两次提出辞职申请（两次都因为将会得到更多资金支持的许诺而被吸引回岗位上）。他很善变，而且有些臭脾气。早先的一位经理 H. D. 阿诺德"很长时间里只给他安排很少的行政管理工作，因为不相信他的判断力"。[33] 因为这段经历,他的职业生涯提升得很慢。他做了 12 年的物理学家才成为电子管研发主任,又过了 6 年才成为研发部主任。他加入贝尔实验室 26 年之后才成为实验室总裁。

我之所以喜欢这个故事是因为凯利的作为就像一位创始人和主人翁。他不仅关心贝尔实验室的产出,还关心贝尔实验室能营造怎样一个工作环境。他希望有才华的人能够免受管理层的监视,不必受天才行政管理人员的掣肘。办公大楼设计和通道布置本非他应关心的事情,但这样做使他成为这家名列史上最具创新性组织的精神创始人。①

回到谷歌的故事上来,拉里和谢尔盖刻意留出空间,使其他人也能像创始人一样行事,有识之士也有机会创造自己的谷歌。多年来,由苏珊·沃西基、萨拉尔·卡曼加和玛丽莎·梅耶尔组成的"三驾马车"被称作"迷你创始人"。作为早期谷歌人,他们的作用举足轻重。他们将会同斯里德哈·拉马斯瓦米、埃里克·维奇、艾米特·辛格尔和尤迪·曼伯等才华横溢的计算机科学家继续构建并领导我们的广告、YouTube 和搜索业务。快进 10 年,谷歌人的表现仍然像主人翁一般:克雷格·科尼利厄斯和里希·科海坦决定为谷歌制作一个切罗基语的界面,为保存濒危语言尽绵薄之力。[34] 乌佳依·辛格和阿卜杜勒卡里

---

① 不仅只有男性致力于创造丰富多样的工作环境。在巴黎,时装设计师、企业家玛德琳·薇欧奈 11 岁开始工作,成为一名裁缝学徒。1912 年,在她 36 岁的时候创立了以她本人命名的时装商店。此后的 10 年里她引入了斜裁法,用修身、紧身材料替代了束身内衣。根据西北大学教授德博拉·科恩的说法,即便是在大萧条期间,她的员工也能得到"免费医疗、牙医保健、产假、婴儿照看服务以及带薪假期等"。资料来源:http://www.vionnet .com/madeleine-vionnet; http://www.theatlantic.com/magazine/ archive/ 2014/05/the-way we look-now/359803/。

姆·马蒂尼与来自推特（Twitter）的工程师合作，关注到埃及政府在 2011 年初的封闭网络事件，推出了 Speak2Tweet 的产品，接收语音信箱信息，并将信息转化成推特消息向全球广播。[35] 这种产品可以利用拨号转入语音信箱，倾听彼此，为埃及人提供了一种与全球同步交流的方式。

创始人思维：引领潮流，而不追随他人

建立杰出的团队或组织的起点是有一位创始人，但是成为一名创始人并不意味着要建立一家新的公司。不管你是一家公司的第一名雇员，还是一家有数十年历史的公司中的一员，任何人都有能力成为一名创始人，也可以成为所在团队的文化创造者。

在谷歌，我们不认为自己碰巧发现了员工成功的唯一模式，我们当然也不能解答所有问题。我们搞砸的时候远比预料的要多，但我们却证明了拉里和谢尔盖最初的很多本能想法是正确的，揭穿了一些管理学理论的不实之处，一路上有很多令人震惊的发现。我们期望通过分享自己的经验教训给不同工作岗位的人们一些启发。

俄国小说家列夫·托尔斯泰写过"幸福的家庭都是相似的"。[①] 所有成功的组织也都是相似的。它们不仅对生产何种产品有同感，而且对它们是怎样的组织和想要成为怎样的组织也有共识。在它们的愿景中（或许有些狂妄自大），它们不仅思考自身的起源，还会思考它们的命运。

---

① 选自列夫·托尔斯泰的《安娜·卡列尼娜》。他忧郁地总结道："不幸的家庭各有各的不幸。"

我写这本书的愿望之一就是，希望阅读本书的人能站在创始人的角度看待自己。或许你不是一家公司的创始人，但是可以成为一个团队、一个家庭或一种文化的创始人。谷歌的经历带来的最根本的一点经验就是，你必须先决定自己想要成为一名创始人还是一名雇员。这个问题关乎的不是实际的所有权，而是做事的态度。

用拉里的话讲："我想到我们的企业相比以前的企业有了多大的进步，那时的工人还要保护自己免受企业迫害。我作为领导者要确保公司里的每个人都有良好的机遇，要让他们感觉到自己产生了有益的影响，为社会的向善贡献了力量。放眼全球，我们在这方面做得越来越好。我的目标是要谷歌引领潮流，而不是追随他人。"[36]

这是创始人应该有的思维。

不管是学生还是高管，想要所处的环境使你和周围的人能够蓬勃进取，首先就要为这个环境负起责任。不管在你的工作描述中有没有这样一项责任，甚至不管你是否被允许这样做，这个事实都不会改变。

而最伟大的创始人会创造出空间，供其他创始人与自己携手同行。

等到有一天，你的团队也会有一个起源故事，一个创业神话，恰如罗马、奥普拉或谷歌一样。思考一下你想要怎样一个故事，思考一下你想要向世人展现出何种面貌，思考一下人们会怎样讲述你的故事、你的工作和你的团队。今天你有机会成为这个故事的缔造者，选择你想要成为一名创始人还是雇员。

我知道我会选择哪一种。

谷歌工作法则

- 把自己看成一名创始人。
- 像创始人一样行动。

第二章　谷歌文化塑造谷歌战略

从公司成立的第一天起,我们就在担忧公司文化,感觉公司的文化一直在变化。所以我们要持续战斗,保持核心文化繁荣。

史黛西·莎莉文 谷歌首席文化官

我在工作中会收到很多稀奇古怪的东西，通常是由那些想要来谷歌工作的人寄来的。我收到过用丝线绣出简历的 T 恤衫，收到过谜题，甚至还收到过运动鞋。我把其中一些多彩有趣的贴到墙上，其中有一封信，信里有这样一句话："文化可以把战略当早餐一样吃掉。"我之前从未听过这句话，但是这句话透着点儿傻气，可以作为管理学那些五花八门理论的样例。

如果你在谷歌图片中搜索"谷歌文化"（google culture），就会看到与图 2-1 屏幕截图相类似的图片。

这些图片浓缩了首次来到谷歌的参观者对谷歌文化的看法。色彩鲜艳的地板、墙面和豆袋坐垫，免费的美食，疯狂的办公室（你没看错，确实有人在办公室里骑自行车），还有开心的人们携手工作，享受快乐时光，这些都说明这里的工作是寓于玩乐之中的。这样说确有几分真实，但是谷歌的文化植根于更深之处。从麻省理工学院斯隆商

图 2-1 搜索"谷歌文化"出现的页面典型图片
版权归谷歌所有

学院退休的艾德·斯凯恩在授课中讲过，一个群体的文化可以通过三种方式了解：查看他们的"人造物品"，比如实体空间和行为；研究群体成员的信仰和价值观；深究这些价值观背后反映出的深层意义。[37] 来到谷歌，很自然地会将注意力放在实体空间上：不管是小憩用的午休室，还是色彩鲜艳的地板。宾夕法尼亚大学沃顿商学院历史上最年轻的终身教授亚当·格兰特这样对我说："因为陈设是最显眼的，所以人们往往会根据人造物品陈设来阐释盛行的文化，但是价值观及其深层意义反而比陈设更加重要。"

亚当说得对。

快乐：谷歌文化特征的外在表现

事实上，"快乐"是谷歌人最常用于描述谷歌文化的词。[38]（通常员工说自己多爱公司会令我起疑，但是这些调研都是匿名进行的，即便结果与事实不符，也应该说些更难听的话！）谷歌早期的时候，我们决定"认真不在着装"，并将这种想法放进了"我们所知道的10件真实的事情"，这10件事正是指引我们经营公司的十大信条。[①]

我们甚至还拿自己的品牌——很多公司将品牌看得非常神圣——来开一些玩笑，时常用谷歌涂鸦（Google Doodles）来替换网站上惯常使用的公司图标。我们第一次尝试是在1998年8月30日，当时发布了一条拉里和谢尔盖请假不在公司的搞笑通知：他们去参加火人节了——一年一度在内华达沙漠举办的关于艺术、社区和自给自足的节日。图标中间的小人代表的就是"火人"（见图2-2）。

图 2-2　火人谷歌涂鸦
版权归谷歌所有

2011年6月9日，为了纪念电吉他先驱之一莱斯·保罗，我们引入了一种互动式的涂鸦（见图2-3）。如果你用鼠标或手指弹拨吉他琴

---

① 这10件事包括：以用户为中心，其他一切水到渠成；专心将一件事做到极致；越快越好；网络上也讲民主；信息随时随地可以获得；赚钱不必作恶；信息无极限；信息需求无国界；认真不在着装；追求无止境。

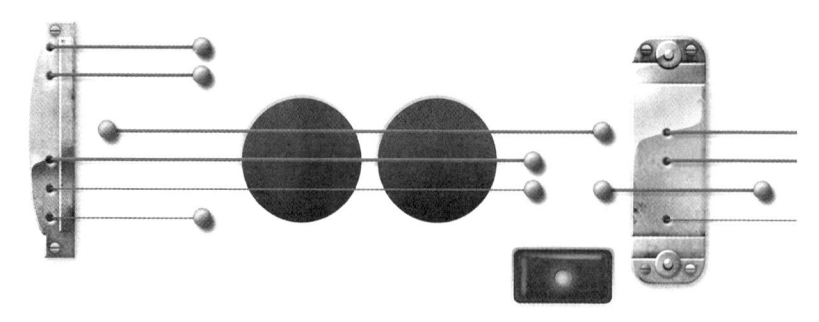

图 2-3 莱斯·保罗谷歌涂鸦
版权归谷歌所有

弦，就能制作自己的音乐。你甚至可以按下红色按钮，录下并分享自己的作品。据统计，那一天我们的网站访客用在制作音乐上的时间超过 530 万个小时。[39]

我们每年都庆祝愚人节。2013 年 4 月 1 日，我们宣布 YouTube 实际上是一次长达 8 年的评选，旨在选出史上最好的视频，而那一天我们准备宣布获胜者。我个人最喜欢的一个恶作剧作品是谷歌动物翻译（Google Translate for Animals）——英国一款安卓（我们开发的手机操作系统）应用程序，它可以将动物的声音转换成英文。这不同于谷歌翻译真正可以翻译转换成的语言，比如《大青蛙布偶秀》（*Muppet Show*）中"瑞典厨师"（Swedish Chef）用的语言，可以转换成"Bork, bork, bork!"①，或海盗（Pirate）用的语言可以转换成"Arrr！"。2012 年 4 月 1 日，在谷歌应用商店搜索音乐的人都会看到

---

① 这里指一种模仿《大青蛙布偶秀》中布偶角色瑞典厨师发音而形成的语言。瑞典厨师在《大青蛙布偶秀》中经常说"Bork, bork, bork!"，其发音重音通常落在元音上，"w"发"v"的音，"o"发"u"的音，类似于瑞典人说英语的发音。——译者注

安卓程序生成的坎耶·维斯特跳出来说:"你是要搜索碧昂斯吧。"

我们还会拿正在运行的产品找乐子。每年我们都会推出"追踪圣诞老人",方便孩子跟踪圣诞老人全球环游的足迹。还有,下次登录 Google.com 或使用谷歌浏览器的时候,输入"do a barrel roll"(翻滚),看看会有什么惊喜。

这些快乐看起来都很浮浅,不值得认真对待,但是在谷歌,快乐是非常重要的一部分,使人不必谨小慎微,可以发挥开发和探索的能力。然而,快乐并非我们的根本特征,而是我们自身特征的外在表现。快乐并不能解释谷歌的运行方式,也无法解释我们为何选择当前的经营方式。要理解这一点,你需要探索我们公司文化的三个根本元素:使命、信息透明和发声的权利。

谷歌文化的第一块基石:有意义的使命

谷歌的使命是公司文化的第一块基石。我们的使命是,"整合全球信息,使人人都能访问并从中受益"。[40] 我们的使命与其他公司的有什么区别呢?下面是其他一些公司 2013 年公司使命的内容摘录(重点之处做了着重处理):

> IBM:我们致力于引领行业最先进的计算机系统、软件、存储系统和微电子等信息科技的发明、发展和制造。**我们以自身的专业级解决方案和服务,将上述先进科技转化为客户价值**,为全球提供商业咨询服务。[41]
>
> 麦当劳:麦当劳的品牌使命是要成为顾客最喜爱的用餐环境

和方式。我们在全球的运作都围绕着制胜计划——人员、产品、环境、价格、促销——的全球战略开展，以非凡的客户体验为核心。**我们致力于持续提高运作水平，提升客户体验**。[42]

宝洁：我们将提供超高品质和价值的品牌产品与服务，提升当前和未来数代人的生活品质。因此，**消费者将会回报我们行业领先的销售额、利润和价值创造**，使我们的员工、我们的股东以及我们所生活和工作的社区能够繁荣发展。[43]

这些都是非常合理、有责任感的公司使命。

但是阅读这些公司使命会立即发现两件非常明显的事情。第一，我很抱歉要让你费力读完这些公司使命的陈述，或许这是人类最糟糕的一种文学形式。第二，谷歌的使命与众不同，既因为其简洁明了，又因为其未曾言及的方面：没有言及利润或市场，没有言及顾客、股东或用户，没有言及为何选此作为公司使命，也未曾言及如何实现这些目标。相反，"整合全球信息，使人人都能访问并从中受益"的谷歌使命是一件不言自明的好事。

这样的使命使个人的工作有了意义，因为它不是一种商业目标，而是一种道德目标。史上最有影响力的运动都要有道德动机，或是追求独立，或是追求平等权利。我并不想在这个概念上做过多展开，但是公正地讲，革命更多的时候关乎理念而非利益或市场份额是有其原因的。

归根结底，我们永远也无法达成我们的使命，因为总有更多的信息需要集成，总有更多的方式可以使人们从中受益。这样就给我们创造了动机，促使我们不断创新，探索新的领域。一旦实现"市场领导者"这种公司使命,就难以带来更多的激励。谷歌范围宽泛的使命使我们能够循着指南针而不是追着速度仪前进。尽管分歧在所难免——我们将在第十三章浅述其中几例——但是这项使命背后的共有信念团结了大多数谷歌人。这项使命是一种试金石,使我们公司从几十个人成长为数万人之后仍然保持着浓厚的公司文化。

2007年推出谷歌街景就是使命促使我们探索未知领域的一例。[44]推出街景的目的简单却令人难以想象,即要从街道的层面记录下整个世界的模样,绘制一份历史记录。街景是建立在谷歌地图成功的基础之上的,而谷歌地图得以实现则是靠约翰·汉克和布莱恩·麦克伦登打下的基础:他们在2001年创立了一家名为钥匙孔(Keyhole)的公司,三年后被谷歌收购(他们两人现在仍是谷歌的副总裁)。

看过几年的俯视图之后,拉里问为什么我们不从人们切身的视角——从地面上看——来捕捉图片。这也是可以帮助我们见证社区随时间推移成长和变迁的信息,或许从中能得到一些有趣的发现。

确实得到了有趣的发现。

凯旋门!

凯旋门始建于1806年,历时30年建成,用于纪念为法国战斗和献身的人们。地球上多数人一辈子也没有机会去巴黎,不能在凯旋门广场漫步,不能现场观看凯旋门基座上的永恒之火(见图2-4、图2-5)。

但是20多亿有网络可用的人立刻就能在谷歌地图上看到。他们还可以参观珠峰大本营(见图2-6)[45],或与加拉帕戈斯群岛间的海狮一起"畅游"(见图2-7)。[46]

我们在践行公司使命时,也带来了令人惊喜的实用价值。在

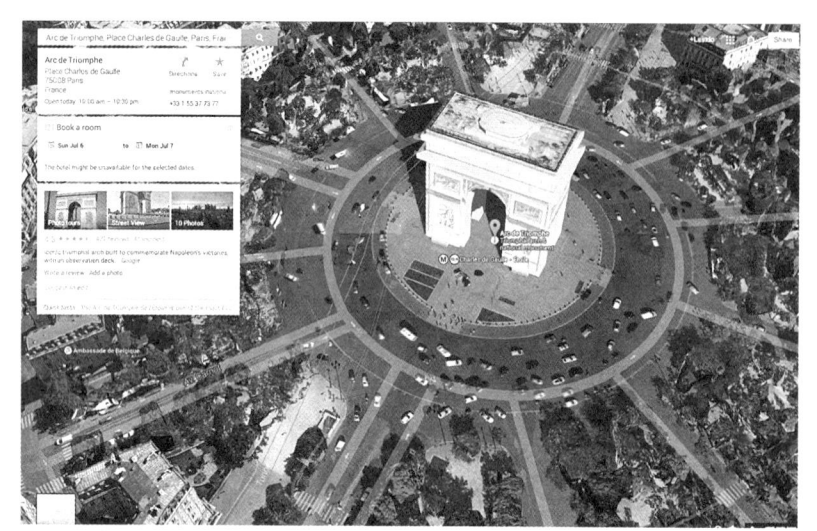

图 2-4 在谷歌地图上看到的法国巴黎凯旋门俯视图
版权归谷歌所有

图 2-5 从谷歌街景街道级别图上看到的凯旋门
版权归谷歌所有

图 2-6　珠峰南坡昆琼营地
版权归谷歌所有

图 2-7　加拉帕戈斯群岛畅游的海狮
版权归谷歌所有

第二章　谷歌文化塑造谷歌战略　027

我们公司之外，麻省理工学院媒体实验室的菲利普·萨拉希斯、卡特雅·斯科彻特和塞萨尔·伊达尔戈，将波士顿、纽约的影像与奥地利林兹、萨尔茨堡的影像做了对比，以探寻某个社区的哪些特征——比如街道的脏乱程度、街灯的数量等——会给人留下贫穷还是富有的感觉，以及这些经济和阶层的指示信号与安全情况有何联系。[47]他们的研究可以帮助城市决定如何分配稀有资源是最合理的：如果种植更多的树木或修葺道路，社区居民能否更有安全感，生活是否会更安全？

谷歌的地图产品搭建了一个平台，有超过 100 万个网站和应用开发者利用这个平台构建自己的业务，从爱彼迎（Airbnb）到优步（Uber），从社交地图位智（Waze）到 Yelp（美国最大的点评网站）[48]，谷歌地图每周要为超过 10 亿用户提供服务。[49]平心而论，确实也有谷歌人和用户担忧捕捉街道级别的影像会带来隐私问题。我们尽力避免此类问题。比如，我们采用的方法是模糊人脸和车牌号码，以此确保不泄露信息，从图 2–8 泰姬陵的照片中就能看到。与此同时，我们采用的程序算法会有些过分严密，比如隐去了我们那些动物朋友的面貌特征（见图 2–9）。

如果是在为顾客创造价值或提高利润等相对传统的公司使命指引下，我们不可能推出谷歌街景。这与计算反向链接的数量从而确定网站排名的工作相差太远。但是，我们更加宽泛的公司使命给了谷歌人去创造美妙事物的空间。这些创造和成就的涌现直接源自谷歌需要不断追寻的使命，这恰恰超越了我们想象的疆域。

地球上最有才华的人才需要能够激励人心的抱负。领导者所面临的挑战就是要创造出这样一个目标。即便是在谷歌，我们也发现并非

图 2-8　印度阿格拉的泰姬陵
版权归谷歌所有

图 2-9　纽约中央公园，一名男子与他的狗。谷歌街景为保护隐私将其面部做了模糊处理（图片由珍·林提供）
版权归谷歌所有

所有人都感觉自己的工作与公司的使命有紧密联系。比如，在2013年对谷歌人进行的一次调研中显示，我们销售团队中有86%的人非常赞同"我看到我的工作与谷歌的目标之间清晰的关联性"。相比之下，谷歌其他部门的员工选择该项的比例为91%。同样的使命，同样的公司，却产生了不同层次的关联度和动机。你怎么看这种现象？

亚当·格兰特有他的见解。他在著作《沃顿商学院最受欢迎的思维课》（*Give and Take*）一书中写到目标的力量，他说目标不仅可以提升幸福感，还能提高生产效率。[50] 他的见解一如很多其他非凡的洞见，一经指出便令人感觉浅显明晰，而真正令人大为惊异的是其巨大的影响。

亚当调查了某大学筹资电话中心的带薪员工状况。他们的工作就是给潜在的捐赠者打电话，募集资金。他将这些员工分成三组：A组是实验对照组，只做自己的工作；B组阅读其他员工的故事，了解到他们从这份工作中获得的益处是知识和金钱；C组阅读奖学金获得者的故事，了解到奖学金对获得者生活的改变。A组和B组员工的表现并没有任何区别；相反，C组员工每周争取到的捐赠次数提高了155%（由每周9次提高到每周23次），每周筹集的资金提高了143%（由1288美元提高到3130美元）。

亚当想到：如果单纯读过某个人的故事就能带来如此大的变化，那么与某个人见面会不会产生更大的影响？一组筹资员工得到与奖学金获得者面对面交流的机会，并有5分钟的时间问他们问题。结果是：之后的一个月，每周筹集的资金增加了400%。

他发现此类影响在其他工作中也有所体现。阅读过拯救溺水者故事的救生员在照管游泳者的时候活跃度提高了21%。负责编辑同学来信的学生，如果之前见过来信的作者，就会花费额外 20% 的时间处理来信。[51]

那么亚当到底得到了什么启示呢？让员工与他们正在帮助的人见面是最有效的激励因素，即使会面只有几分钟。此举可为一个人的工作带来非凡的意义，胜过他们对职业生涯和金钱的渴求。

在内心深处，每个人都想找到工作的意义。我们举一个比较极端的例子。一名切鱼工的工作是否有意义？查普特·夏尔巴·皮纳沙认为是有意义的。他在曼哈顿一家做熏鱼、百吉饼和特色食品的食品供应商多特斯餐厅（Russ & Daughters）工作。这位 40 岁的男人从 10 多年前开始在多特斯餐厅工作，但是他出生在喜马拉雅山东麓的一个小山村里，从小生活在小木屋中，是 4 个孩子中最小的一个。15 岁时，他开始工作，扛着 90 磅（约 41 千克）重的补给袋登上珠峰大本营，供登山者使用，还会陪同外国徒步旅行者翻山越岭。他现在的工作相比帮助人们登顶世界最高峰的工作是否不那么重要？"这两份工作没有特别不同，"他对《纽约时报》的记者科里·科尔甘农说，"两份工作都要帮助他人。"[52] 皮纳沙领会了工作的深层使命，而很多人则"只是"把他现在做的这份工作看成是切鱼。

我们都希望自己的工作有意义，没有什么比知道自己正在改变世界能起到更强有力的激励作用。耶鲁大学的艾米·瑞斯尼斯基告诉我，人们可能会把自己的工作简单地看成一份工作（一种必需品，在他们的生活中并非重要的积极方面）、一项事业（需要"赢取"或"提升"的事情），或一种命运的召唤（你所做的是有益于社会的事情，是喜悦和满足感的一种来源）。

你可能会认为某些职位相比之下更容易被视作一种使命，但是研究发现却出人意料———一项工作能否成为一种使命完全取决于一个人的想法。艾米调研过医生和护士、教师和图书管理员、工程师和分析师、经理和秘书。每一类职业的人都大约有三分之一将自己的工作看作一种使命。这样做的人不仅更快乐，而且更健康。[53]

这样一解释，好似一切都不证自明了。但是，到底有多少人花时间探寻自己工作中的深层意义，又有多少公司会经常给所有员工，特别是那些远离工作一线的员工，与顾客接触的机会，使员工能够亲眼见证他们的工作对人类带来的影响？这样做会很难吗？

在谷歌，我们已经开始实验采用此类互相接触的方式，将每一名员工与我们公司的使命联系到一起。我最近与300多名销售人员做了一次交谈，他们全天都在网上帮助小微企业宣传他们的产品。对于谷歌人而言，这项工作有些死板无聊。但是，我告诉销售人员，这些小微企业主来寻求帮助是因为在你们看来很简单的问题，对他们而言则很难。你们组织过数百次广告宣传活动，但是这对他们来说却是第一次。当亚利桑那州诺加莱斯生产定制牛仔靴的保罗·邦德皮靴公司（Paul Bond Boot Company）想要拓展口口相传的销售模式时，他们在谷歌投放的第一批广告就带来20%的销售额提升。保罗公司突然与一个更大的世界联系到了一起。我们第一次与谷歌人分享他们的故事视频时，谷歌人都异常兴奋，深受鼓舞。时任谷歌全球业务高级副总裁的尼科什·阿罗拉将其称为"魔力时刻"。观察他们，分享他们的故事，使谷歌人与公司的使命联系在一起。如果这种联系所带来的益处能达到亚当所发现的一半，那么在这上面的投入就算极好了。

谷歌文化的第二块基石：信息的透明度

信息透明是我们公司文化的第二块基石。"默认开放"（default to open）是在开源社区中时常会听到的一个短语。谷歌开源总监克里斯·迪博纳是这样定义这个短语的："应该假设所有的信息都可以与团队分享，而不能假设任何信息都不能分享。限制信息传播都是有意而为，最好有充足的理由再这样做。在开源领域，隐藏信息有悖于主流文化。"这个概念并非谷歌创造出来的，但是我敢说谷歌就是这样做的。

举个例子：想象一下谷歌的代码库，存储了保证我们所有产品运转的全部源代码（或称作电脑程序）。其中包含了我们几乎所有产品的代码，如谷歌搜索、YouTube、AdWords 和 AdSense（相关广告，你在谷歌网页上看到的那些小字号的蓝色文字广告，是针对网站主的广告服务）。我们的代码库中包含了谷歌的算法和产品的秘密。在一般的软件公司中，新入职的工程师只能看到自己负责产品的代码库；而在谷歌，新聘用的软件工程师在上班第一天就可以使用几乎所有代码。我们的企业内网中有产品路线图、产品上市计划、员工每周状况报告，以及员工、团队的季度目标〔"目标和关键结果"，简称 OKR（Objectives and Key Rusults）……我将在第七章中做详述〕。这样一来，每一名员工都能看到其他同事正在做的事情。每个季度开始几周之后，我们的执行总裁埃里克·施密特会带领全公司回顾几天前在董事会做过的演说展示。我们分享一切，也信任谷歌人能保守秘密。

在我们每周的 TGIF（感谢上帝，今天星期五啦）全员会议中，拉里和谢尔盖主持会议，向全公司的员工（数千人在现场或通过视频参加会议,另有数万人在网上看重播)通报过去一周的最新情况,做产品展示,欢迎新员工。而会上最重要的是30分钟现场问答时间,公司里的任何员工都可以提问,问题类型也不设限。

问答环节是最为重要的。

问题中有琐事,比如"拉里,你现在已经是首席执行官了,会开始穿西装吗?"答案肯定是"不会";有与商业相关的问题,比如"谷歌电视棒的制作成本多高?";有技术类问题,比如《卫报》和《纽约时报》今天披露了一份美国国家安全局的内部文件,宣称他们正在秘密改变密码产品,以便插入漏洞,而我作为一名工程师,如何帮助我们的用户数据安全加密?";也有与道德相关的问题,比如"对我来说,隐私也包括能够在网上表达观点,但不需要暴露自己的真实姓名——在YouTube上公开评论一段匿名戒酒互助会视频不会暴露我自己也是酗酒者的真相,谷歌现在还支持此类隐私吗?"(在这个问题及用户的建议之下,我们在2014年决定允许用户在社交网站Google+上使用昵称替代真名。)任何问题都可以提出来进行辩论,任何问题都可以质疑,任何问题也都会有一个答案。

就连选择问题的过程也秉承了透明的原则。我们采用了谷歌环聊(Hangouts)上的一种称作"问答"(Questions)的工具。用户不仅可以提交问题,还可以就问题进行讨论和投票。这种众包过程能够选出最能反映用户兴趣的优先问题。

2008年,当选总统奥巴马的过渡团队在"答各方问"的活动中就采用了这种工具,他们在全美范围内的多处市政厅中邀请全国人民提交问题,由总统回答。参与者共提交了1万多个问题,投票次数超过100万次,从中决定出哪些问题最重要(参见图2–10的屏幕截图)。

图 2-10　2008 年奥巴马－拜登过渡团队使用的谷歌"问答"界面

开放性如此之高的好处在于公司中的所有人都了解公司的状况。这些听起来可能很琐碎，但其实不然。大型组织内经常会产生不同团队因不知情而重复劳动的情况，浪费了资源。信息分享能使每一个人都了解不同团队的目标差异，避免内部竞争。此举有别于一些公司宣扬内部竞争且各团队之间信息沟通不畅的做法。很著名的是阿尔弗雷德·斯隆就任通用汽车首席执行官期间打造的公司文化。这种公司文化在通用汽车最风行的时候，公司中有 5 个主要品牌，每个品牌的销售都在不同程度上存在竞争关系。比如，丰田的中等价位品牌轿车只有凯美瑞一款。而在同档轿车中，通用汽车旗下别克有诱惑（Allure）和 Lucerne 两款，有凯迪拉克 CTS，雪佛兰有羚羊（Impala）和迈锐宝两款，有庞蒂克 G8，还有土星光环（Saturn Aura）[54]。即便通用汽车的某个品牌销售很好，其他 4 个品牌也将失去市场。

我们在谷歌有时也会推出类似的产品，但是我们会让谷歌人了解到竞争的存在，并向他们解释允许竞争存在的原因，以使不健康的竞争最小化。此时"后期绑定"将得到充分利用。后期绑定是一种编程术语，我们刻意误用是为了指出等待之后再做决定的意义。比如，我们推出了两款操作系统：Chrome（基本用于笔记本电脑和网络浏览器）和安卓（基本用于智能手机和平板电脑）。从某个层面来讲，没有道理让消费者从笔记本电脑使用的 Chrome 和手机使用的安卓系统中做出选择。二者都是谷歌的产品，难道不应该是一样的吗？但是，这两个团队各自优势不同，对技术的侧重方向有所区别。Chrome 启动更快，无线网功能更强；而安卓开发出更多的应用群，可以在应用商店中下载。迄今为止，同时拥有两种系统所带来的创新和知识，其意义要超过二者同时运行的费用。

我们还采用了科技公司中很常见但名字有些不雅的方法，叫作"吃狗粮"。在这种方法下，谷歌人要成为第一批尝试新产品的人，并提供反馈意见。[①]"吃狗粮"的人最先试驾了我们的自动驾驶汽车，在车辆的日常使用方面提出了很有价值的反馈意见。通过这种方式，谷歌人了解到公司中发生的事情，团队也能尽早得到真实用户有价值的反馈意见。

---

① "吃狗粮"的说法流行起来源自 1988 年，微软的保罗·马瑞兹在一封公司内部电子邮件中督促员工使用微软自己的服务器产品。而卡尔坎宠物食品公司的母公司玛氏集团高管早就开始吃自己产的狗粮了。《独立报》的记者乔尔·布莱纳在 1992 年 7 月 26 日的一篇报道《在玛氏的生活》中写道："我们站在加利福尼亚州弗农市的玛氏宠物食品部的'剪辑室'。销售副总裁约翰·墨菲没有一丝犹豫，把干净的手伸进狗粮里，从浓稠的肉汤中拣出一块湿乎乎的紫色东西，一下子扔进了嘴里。'这对动物是不可抵挡的美味和诱惑。'他评价道，'真的，味道就像冷的炖肉。'" 20 世纪 90 年代中期，我参观了同一个房间，也见证了同样的事情。

信息透明还带来了一点意外好处，那就是通过分享数据，员工表现会得到提升。马里兰州巴尔的摩市约翰·霍普金斯医院的外科医生马蒂·马卡瑞提到，纽约州最初要求医院通报冠状动脉旁路手术时的情况。之后的 4 年里，心脏手术的死亡率降低了 41%。[55] 只需要简单地要求手术过程透明就足以改变很多病人的命运。

有一些公司在透明度方面做得比我们还要深入。世界上最大的对冲基金、拥有 1450 亿美元资产[56]的桥水联合基金（Bridgewater Associates）采用了这样的方式：每一次会议都记录下来，供所有员工参考。桥水基金的创始人瑞·达利欧解释称："我所信奉的最重要的一条准则就是，理解真相……是渐入佳境的关键。我们坚持彻底的透明化，抛开自我意识的阻碍，以此获取真相，探寻自身错误和个人的弱点，从而取得进步。"[57]

会议记录不仅可以作为沟通媒介，还可以成为学习工具。管理者可以定期收到编辑好的会议记录，这些会议记录为他们提供了重要的公司时讯，阐释了做出决定的过程，分享了即便最高层的管理人员也在不断学习和成长。会议记录还被用于鼓励严谨的思维和沟通。如果能够回顾真正发生过的事情，就不再会出现"我从没说过这些话"或"我说的不是那个意思"的情况了。此举还有一个相对隐含的目的，就是减少耍手腕的机会。如果能够回顾会议的讨论内容，就很难在背后说他人坏话了。

信息透明的价值在桥水联合基金被看作重中之重，是公司员工人生观和实践的根基。而且保持透明度在这里确实行之有效。他们良好的诚信记录、浓厚的公司文化和数十年来超乎市场的表现让人很难辩驳。

此外，桥水联合基金的透明度比谷歌更高，这在一定程度上是由于我们强烈地感觉到隐私是个人应有的权利。比如，用户信息在谷歌就得到了严密的保护。即使是出于法律原因执法机关要求提供用户信息时——我们还会力争确认法令到底正当与否——我们也会发布透明度报告（www.google.com/transparencyreoprt），将我们可以公开的此类事件都公之于众。而当我们犯了错误时，我们会立刻采取措施修正这些错误，并避免同类错误在未来继续出现。比如2010年时，某一辆街景车在行进中无意间从某一未加密无线网络中搜集到一些工资数据。

我们确实也探索出一些途径来解决桥水联合基金积极处理的一些问题。比如我们解决"背后中伤"问题的方法是，如果你写了一封说别人坏话的电子邮件，当邮件转发给对方时也不要惊奇。我记得我第一次在电子邮件中抱怨某个人的时候，我的经理立刻将邮件转发给那个人，迫使我迅速解决了与那个人之间的问题。这个过程给我上了深刻的一课，使我认识到与同事直接交流的重要性。

这样说来，透明度和默认开放都有不同的程度区分。多数组织在这些方面没有任何风险，因此他们并不会损失什么，反而会获得很多。总而言之，如果你们的组织说"员工是我们最重要的资本"（多数组织都会这么说），而且真心这样认为，那么你就必须默认开放，否则你就是在欺骗员工、欺骗自己。你嘴里说着员工很重要，却没有善待他们。公开信息可以向员工证明你相信他们是可信的，相信他们的判断力。把当前发生事情（以及情况如何和发生的原因）的来龙去脉更多地讲给他们听，这样可以使他们更高效地完成工作，做出在自上而下管理模式下难以想象的贡献。

谷歌文化的第三块基石：真正的话语权

这是谷歌文化的第三块基石。发声的权利意味着给员工真正的话语权，决定公司如何运营。你需要决定是否相信员工，是否欢迎他们发表意见。对很多组织而言，这样做令人恐惧，但是只有这样才能秉持公司的价值观。

我们很多人力资源政策都是由员工发起的。比如，在美国的税法制度下，同性伴侣必须要为同性恋伙伴获得的健康福利缴纳所得税，而异性已婚伴侣则不需要支付这种税。有一位谷歌人给我们的福利副总裁伊冯·阿格耶写了一封电子邮件，解释这种做法是不公平的。伊冯回信说："你说得对。"[58] 她立刻采取了一项政策，给同性恋伴侣额外支付一笔钱，补贴额外的所得税。谷歌是第一家采取这种政策的大型公司，也是第一家在全球采取这种政策的公司。

除了能够彰显公司的价值观，给员工发声的权利还有很多其他益处。地处奥斯汀的得克萨斯大学的伊森·贝尔雷斯发现，"长久以来，给员工表达观点的机会一直都是做出高水平决策和组织高效性的关键推动因素。关于发声权利的研究显示，员工毫无保留地表达观点，对于决策的水平、团队和组织的表现都有积极的影响"。[59]

2009 年，在我们的一次年度调查中，谷歌人说现在做成事情越来越难了。他们说得没错。我们的规模翻了一番，员工数量从 2006 年底的 10674 人上升到 2008 年底的 20222 人，营业收入从 106 亿美元提高到 218 亿美元。我们的首席财务官帕特里克·皮切特没有要求采用自上而下的公司机制，而是将权力放到谷歌人手里。他推出了"官僚主义克星"（Bureaucracy Busters）的活动，现在这一活动已经发展成为一个年度项目。谷歌人在活动中可以说出最令自己沮丧的方面，并协助改变现状。第一次开展这项活动时，谷歌人提交了570个想法，投票次数超过55000次。多数令谷歌人沮丧的事情都是一些能够立刻解决的小问题：日程表无法添加分组，因此大型会议的组织非常繁杂；预算批准限额很低，非常恼人，转账很小的金额都需要经理签字；节约时间的工具很难找到（真讽刺）。我们把谷歌人提出的解决意见落到了实处，他们开心极了，而实际上我们的工作也更容易开展了。

与此相反，我回忆起过去与全美排名前十的一家公司人力资源主管的一次探讨。"我们的首席执行官希望公司能够更有创新性，"她说，"他让我给你打个电话，因为谷歌的创新文化广为人知。他有一个想法是建起一间'创造房间'，屋子里布置桌上足球机、豆袋坐垫、熔岩灯，还要放很多零食，这样员工就能有很多疯狂的点子。你觉得这样做怎么样？你们在谷歌是怎么做的？"

我给她简要讲了讲谷歌文化是如何运作的，还提议或许她的首席执行官可以尝试录下管理层会议，与员工分享，这样他们就能了解公司的运营情况，明白哪些是领导者看重的事情。这只不过是我脑中浮现出的一个疯狂想法，但是我真的认为这样或许是与员工分享决策过程的一种有效方式。我当时还不知道桥水联合基金在这条路上已经走得很远了——他们录下了所有的会议。"不，"她回应道，"我们不会这么做的。"那么让一位低级别的员工参加领导层会议，做会议记录员，之后他可以将在会上了解到的信息传递给整个公司，这样做怎么样？（我们以前的产品高级副总裁乔纳森·罗森伯格是这种做法的先驱。）"不，我们不能与低级别的员工分享这些信息。"

"嗯……好吧。要不这样,当你们的首席执行官给员工开会的时候,鼓励员工问一些员工害怕去问的、尖锐的、难处理的问题,如何?""哦,不行,他肯定不会答应的。想象一下这样他会收到多少离奇古怪的电子邮件。"另一种方式是设置意见箱——她觉得或许可行——而后每个季度让员工自行选举出来的一组员工决定施行哪些建议,或许还可以给他们一些预算来完成这些事情。"哦,不行,这样做不可行,谁知道他们会做些什么呢?"

这家在其他方面都可圈可点的公司不敢给员工哪怕一点点直抒胸臆或与首席执行官面对面对话的机会。那么,我只能祝她好运,希望那些豆袋坐垫和熔岩灯能管用。

公司这三种文化基石——有意义的使命、信息透明和真正的话语权——是我们讨论谷歌在中国运营时优先考虑的。由于中国的法律和政策要求比较复杂,2006 年我们推出了 www.google.cn,希望做一些新的尝试。鉴于我们的网站是在中国开放,我们就要遵从当地法律。必须过滤掉一些信息的时候,其他搜索引擎只是简单地删除这部分结果,而我们会在屏幕下方另加一行字:"根据当地法律法规和政策,部分结果未予显示"。有时信息的缺失本身也是一种信息。

我们希望自己的举动可以鼓励其他公司提供类似的通告。但事实上,在我们提示用户搜索结果是否经过过滤的同时,我们注意到有时网速会变慢。

尽管如此,我们还是继续在中国发展。

但随着服务器遭受的限制越来越多,我们内部就如何做才是正确的展开了激烈的争论。埃里克每周都组织管理层召开会议,会议时长大约两个小时,而在这些会议中,我们经常至少花 30 分钟的时间讨论中国的业务。

公司内部上下都在进行着辩论。这些辩论在产品评审会上进行，在 TGIF 全体员工会议上进行，同时通过数千人参与的长邮件辩论展开，在我们的大厅和餐厅里也都随处可见。

一方面，如果我们认为公司的使命需要严肃对待，如果我们坚信透明的意义，如果我们的公司在文化和准则上有所妥协，我们可不可以坚持我们的原则，放弃中国市场？

另一方面，中国社会的变化需要时间，我们是不是应该考虑不以一年来计算，而是以 10 年为基数来谋划改变？如果我们不去解决这个问题，谁又会去解决呢？一些正确的方法尽管作用有限，但是总比什么都不知道要好。

2010 年，经过数千个小时的讨论，听取了全球员工的意见后，我们决定停止在中国设立的网站 www.google.cn 的搜索功能。

但是我们不想放弃中国的用户。访问我们 Google.cn 页面的用户会看到一条消息，推荐他们访问我们在中国香港设立的主页 www.google.hk。这让我们既忠实于公司文化，又不放弃中国市场。中国内地用户在使用设在香港的主页时也经常登录缓慢，但这样至少可以为用户保留一个当地的中文谷歌网站。自此以后，谷歌在中国的搜索份额萎缩了，但这样做是不错的选择。

公司文化的正向传播

令我出乎意料的是，"文化可以把战略当早餐一样吃掉"这句话竟然非常恰当。我真正意识到这一点是在来到谷歌三年之后，当时

《思考季刊》(*Think Quarterly*)请我就谷歌文化写一篇文章。[60]我回想起我们领导层进行过的各种辩论，发现我们就像对待中国业务问题时一样，所做的决定都不是基于经济考虑，而是基于如何才能践行公司的价值观。我们屡次依靠谷歌文化的三大基石——有意义的使命、信息透明和真正的话语权——稳住态势，解决困难和分歧。我们围绕着三大基石进行争论，并最终归纳出清晰的战略：我们的文化塑造了我们的战略，而不是战略塑造了文化。

我又花了几年的时间搜寻这句话的来源。我了解到有人杜撰称，这句话出自极具影响力的管理学大师彼得·德鲁克。[61]2006年，福特公司总裁马克·菲尔兹将这句话悬挂在福特汽车公司战略室的墙上，用以提醒浓厚的文化对成功的重要意义。

如果你沿着此路前行，将会遇到诸多坎坷。文化不是一成不变的。比如谷歌人就曾说过："谷歌的文化一直在变化，现在已经不是我刚加入公司时的样子了。""我还记得公司只有数百人的时候，和现在比完全就是不同的公司。现在的我们就好像其他大型企业一样。""我们这里已经不再是快乐的地方了。"

上面引用的几句话都是谷歌人在慨叹公司迷失了方向。

引用的第一句话是2000年（不过几百名员工）说的，第二句是2006年（6000名员工）说的，最后一句是2012年（5万名员工——具有讽刺意味的是，那一年谷歌人最常用来描述谷歌文化的词就是"快乐"）说的。事实上，谷歌历史上的每一个时刻都会有人感觉公司的文化在衰退。几乎所有谷歌人都向往着在谷歌青春年少时自己度过的"青葱"岁月……他们通常将其定义为最初进入谷歌的几个月。这既反映了在谷歌工作的头几个月是多么激励人心，同时也反映出谷歌持续发展的速度之快。

我们近乎偏执地担忧丢掉公司文化,而且对当前的公司文化一直有一种如鲠在喉的不满。这是一种好的迹象!如履薄冰,担忧公司文化会丧失,能促使人们警惕威胁公司文化的事情。如果员工不再担忧,反而更会引起我的关注。

要摆脱这种担忧有一种方法是开诚布公地探讨,疏导沮丧情绪,引导员工努力巩固公司文化。在谷歌,我们有一个秘密武器:史黛西·莎莉文。史黛西1999年开始受雇于谷歌,成为第一任人力资源主管。史黛西是一名一流的网球手,毕业于加州大学伯克利分校,曾在多家科技公司供职,经验丰富;她聪明,有创造力,直率,很能鼓舞士气,也极具魅力。简而言之,她属于谷歌喜欢雇用的那类人,因此由她来协助打造谷歌的招聘目标也就合情合理了。现在史黛西任谷歌的首席文化官,是第一位享有这个头衔的人,职责是确保谷歌的文化能保持本真。她解释说:"从公司成立的第一天起,我们就在担忧公司文化,感觉公司的文化一直在变化。所以我们要持续战斗,保持核心文化繁荣。"

史黛西建立起一个名为"文化俱乐部"(Culture Clubs)的全球网络,在我们全球70多处分支办公室中,每一处都有当地志愿者团队负责维护谷歌的文化。他们的预算很有限(通常每年只有1000美元或2000美元),而他们的职责是推动当地办公室的文化建设,保持与谷歌的联系,鼓励愉快而真诚的讨论。文化俱乐部中并不任命领导者。你只要表现得像个领导者,就算是领导者:负责当地办公室的活动,多表达自己的意见,更重要的是,在他人想知道怎样才算"很谷歌"的时候会询问你的意见。

最后，史黛西就会找到你，请你来承担这个角色。[62]

我在前文中提过，要建立成功的企业有很多方法，低自由度和高自由度模型下的公司都有成功的案例。谷歌明显属于后者。一旦你选择要像一位创始人一样思考和行动，你的下一个决定就应该是打造哪种类型的文化，你对员工怀着怎样的信念，你有没有勇气如你心中所怀信念一般对待员工。以我个人的经历和专业经验，如果你能给员工自由，他们就会为你创造惊喜。他们有时也会令你失望，但是我们也都知道人无完人。这并非宣扬自由的檄文，只不过是权衡利弊后的选择。

找出一个能够激发兴趣的使命，做到信息透明，给员工话语权，这些做法在某种意义上来说是很符合实用主义的。全球有才能、具有流动性、目标明确的专业人士和企业家需要这种环境。未来的数十年里，地球上最具天赋、工作最努力的一些人都会涌向允许他们做有意义的工作、帮助塑造组织命运的地方。同时这又是一个道德问题，恰如那句至简格言：己所欲，施于人。

谷歌工作法则

- 将工作看作一种命运的召唤，而且工作要有富于意义的使命。
- 给人以稍多于你舒适区的信任、自由和自主权。如果你没有感到紧张，那是因为你给的还不够。

第三章　谷歌的人才聘用原则

顶尖工程师的价值相当于普通工程师的 300 倍……我宁愿错过整整一批工程类毕业生，也不愿放掉一位出众的技术专家。

艾伦·尤斯塔斯　谷歌研发高级副总裁

并购和培训招不到顶尖人才

想象一下你中了美国历史上最大金额的彩票头奖：6.56亿美元。你可以做任何事情。你出人意料地选择组建一支冠军棒球队。

你有几种选择：可以用大把的现金，雇全球最好的球员为你的球队比赛；也可以采用电影《少棒闯天下》(Bad News Bears)中的方式，组织一些互相合不来的乌合之众，靠着教练的指导、努力的训练以及对动机和人性的深刻洞见，将这支球队打造成胜利的队伍。①

哪一种方式更容易让你的球队夺冠？幸运的是，两种方式都经过了实践检验。

---

① 年纪尚轻不知道《少棒闯天下》的读者可以想想《大联盟》(Major League)、《野鸭变凤凰》(The Mighty Ducks)、《勇敢小巨人》(Little Giants)、《绝世天劫》(Armageddon)、《完美音调》(Pitch Perfect)……具有类似情节的电影有很多。

美国职业棒球大联盟开始于 1903 年，至今已经进行了 108 场总决赛。纽约扬基队（The New York Yankees）参加过其中 40 场，赢得 27 次总冠军。扬基队所得的冠军次数几乎是夺冠排名第二位的圣路易斯红雀队（St. Louis Cardinals）的 4 倍。

扬基队保持夺冠纪录的一个主要原因在于他们有明确的战略，即付顶薪请最好的球员，2013 年球队的工资总额达到 2.29 亿美元。[①] 从 1999 年起，他们的工资总额一直是联盟中最高的，此前的一年是全联盟第二。事实上，自 1998 年起，38% 的美国职业棒球大联盟冠军都由工资总额最高的两支球队获得——或是扬基队，或是波士顿红袜队；有 53% 的概率，工资总额最高的两支球队会出现在季末总决赛中。[63]

这个结果非同寻常。如果获胜的概率是随机的，职业棒球大联盟中的队伍每年获得季末总冠军的概率为 3%。那么为什么工资总额高的球队赢得更多，却不能总赢呢？

要知道哪些棒球球员更优秀，有相对直接的判定方法。球员的表现是可以观察到的，因为每一场比赛都是公开且有录像的，规则和场上位置也都得到了充分的理解，业内已经形成了一套具有延续性的

---

① 工资总额是主要因素，但并非唯一因素。比如，扬基队在 20 世纪上半个世纪得益于其对美国职业棒球大联盟的影响—参见杰夫·卡兹 2007 年出版的《堪萨斯竞技队以及扬基队错误的半个世纪》（The Kansas City A's and the Wrong Half of the Yankees），以及下半个世纪锋芒毕露的市场管理。那些年旧金山巨人队的球迷经历了非常痛苦的观球史。付钱请顶级的运动员在其他体育运动中似乎也能带来成功。《经济学人》分析了英国足球队在 1996—2014 年的表现，发现"任何一个赛季积分变化中的 55% 可以通过工资费用情况来解释"。不过《经济学人》也表示，这种相关性并非证明二者存在因果关系。[参见《经济学人》2014 年 5 月 10 日刊，57 页，《全力而为》一文（"Everything to Play for"）。]

评估标准，而且每一名球员的工资也都众所周知。虽然迈克·刘易斯写作《点球成金》(Moneyball)——记录奥克兰运动家队（Oakland Athletics）巧妙地利用数据分析的方法来评估运动员的表现——的时代早已过去，但是至今还是很难判定到底哪一名球员是最棒的，也很难预测谁会打出伟大的赛季。不过，要判定最顶尖的5%或10%的球员并非难事。

如果钱不成问题的话，一支球队就可以聘用前一个赛季表现极好的所有球员，这样组建一支棒球大联盟冠军球队的机会也就相当大了。然而，请来联盟上一个赛季最好的球员并不能保证他们在下一个赛季还是表现最好的，实际情况也确实很少能如愿。但是你可以相当自信这支球队的整体表现至少能处在联盟上游或是所有球队的前1/3。

当然，采用这种方式有个不利的方面，就是成本问题：2013年扬基队的工资总额涨到2.29亿美元，上涨两倍多，比1998年增加了1.63亿美元。如今，选择高薪球员这种方式的有效性遭到普遍质疑，即使在扬基队也出现了质疑的声音。乔治·史坦布瑞纳是购买最好棒球手战略的缔造者。他的职位已由其子哈尔继任，而哈尔计划将扬基队2014年的工资总额降低到1.89亿美元以下，以避免缴纳棒球大联盟的奢侈税。[64]

首席执行官也喜欢采用这种战略。玛丽莎·梅耶尔曾是谷歌的第20号员工，对我们的品牌塑造和搜索方法定位都起到很大的作用，她在2012年7月16日成为雅虎的首席执行官。之后的一年里，雅虎至少并购了19家公司，[65] 包括Jybe（活动和媒体推荐）、Rondee（免费会议电话）、Snip.it（新闻简报）、Summly（新闻摘要）、Tumblr

（图片博客）、Xobni（收件箱和联系人管理）以及 Ztelic（社交网络分析）。所有的收购中只有 5 笔的价格公之于众，总额达 12.3 亿美元。上述列出的几笔收购中，除了 Tumblr 的产品仍在使用，其他品牌的部分或全部产品在被收购之后都已停止使用，几家公司的员工被整合到雅虎的现有团队中。

并购公司然后关闭其产品，是近期在硅谷常见的一种现象，人们给这种现象起了一个奇怪的名字——"并购雇用"。此举的直接目的在于聘用被并购公司的部分员工，这些人通过其制造的产品展现出了足够的能力，若非并购也不会主动加入你的公司。

并购雇用到底是不是一种构建成功组织的好方式暂时还不明晰。首先，这种做法非常昂贵：雅虎并购 Summly 花费了 3000 万美元，关闭了这家公司，解雇了几乎所有人，只留下了 17 岁的创始人尼克·达洛伊西奥和其他两人。[66] 折算下来每人 1000 万美元。即使"便宜"的并购雇用成本也很高：31 名 Xobni 雇员每人花掉了 130 万美元。[67] 除此之外，还要像对现有员工一样，为并购雇用的员工支付薪水、奖金和股权。

并购雇用的员工还要眼看着自己的产品被关闭，这是一段痛苦的经历。尽管原本认为金钱可以弥补这种创伤，但是我听说在硅谷中很多并购雇用的工程师只不过在熬时间，等待彻底平静下来之后再辞职单干。另外，并购雇用的员工所创造的业绩是否要优于正常雇用的员工也难见分晓。有些时候效果确实好一些，但是我并没有发现切实的证据。

如果被并购后的某家公司产品和业务得到保留时，超过 2/3 无法创造价值，[68] 那么一定是并购雇用的员工有特别之处才会实施并购。

我们并不是说并购雇用是个糟糕的主意，只不过这种做法并非一个显而易见的好主意。

要组建一支棒球队，买最好的球员似乎行得通，但要建立一家公司则棘手得多。雇佣市场没有棒球运动员的市场透明。判定某个人表现的唯一证据就是他们的简历和他们（有时是他们的推荐人）告诉你的经历，而不是他们工作时的真实录像。棒球场上任何一个位置的打法在各家球队中都大体相似，只不过在一垒的战术上有很多变化。但是在工作中，比如，市场营销工作就有很多不同做法。提供更高的工资只意味着你能吸引到更多的求职者，而不能说明你能找到更好的求职者，或者从普通的求职者中筛选出最优秀的人才。

出于上述诸多原因，虽然不愿意承认，但是多数组织都会采用《少棒闯天下》中的战略。高管会告诉你，他们招募的是最好的员工，然后培养、训练、辅导他们成为一流员工。我们有三个理由对这些说法保持怀疑。

第一，如果他们真是这样做的，那么不是应该有更多的组织有冠军级的表现吗？扬基队参加总决赛的概率为37%，参加总决赛的时候，67%的概率都是他们赢。很少有哪个组织能有这种水平的表现，能保持上百年的则更是凤毛麟角。

第二，如果他们的招聘工作真的做得比其他公司好，那么他们的招聘难道不应该有些特别之处吗？然而大多数组织的招聘方式都大同小异：公布职位，筛选简历，面试，选出要聘用的人。没有什么复杂的。如果所有的招聘都是同样的方式，为什么有一些组织招聘的结果能够不同于竞争者呢？从道理上讲，这就意味着所有公司招募的人才水平都相对平均。当然，每一家公司都会招到一些明星员工和一些糟糕员工，大家都一样。但总体说来，他们新聘用的员工水平大体相当。

第三，多数人根本不擅长面试。我们认为自己招聘的员工是最棒的，是因为我们自认为能很好地判断一个人的品性。我们开始面试的时候，是不是会立刻评判应聘者，感觉自己很好地把握了他们的性格和能力？如果我们不回顾过去，将我们的面试笔记（如果我们受累做了一些笔记的话）与受聘人在几个月和几年后的实际表现做对比，结果会怎样呢？我们会打心底认为自己招聘的是最优秀的员工。

但其实我们错了。

人们在招聘的过程中所采用的方法恰似加里森·凯勒描绘的虚构小镇乌比冈湖一样，在那里，"所有的孩子都在平均水平之上"。我们认为自己很擅长招聘，但从不反思过去，因此永远也得不到进步。有大量数据显示，对应聘者的评估多半都在面试的头三到五分钟（甚至更快）形成,[69] 余下的时间都是在证明这种先入为主的印象；面试官潜意识中会倾向于比较像自己的应聘者；多数的面试技巧都是没有任何意义的。还记得乔治·布什在与弗拉基米尔·普京会面之后称："我看着这个男人的眼睛……我感觉能够触碰到他的灵魂。"[70]

我们除了自认为是出众的面试官之外，还总是暗自相信所选的候选人也都在平均水平以上。毕竟，若非如此，我们也不会给他们工作机会。但是，一次非常成功的面试之后虚无的乐观与面试一年之后评估受聘人表现平淡的现实之间形成了强烈的反差。少数几名明星员工给我们留下深刻的印象。而我们已经忘记自己曾信誓旦旦地保证聘用的每一个人都将成为业界的明星。

这样说来，招聘的员工基本都是平均水平。

我们能否通过培训加以弥补，使员工变得优秀？不是有很多公司因其领导力学院、全球培训中心和远程教育而闻名吗？这些举措难道不能发掘出新员工的伟大之处吗？

不太可能。设计有效的培训是一件非常困难的事情。有些专家甚至称，90%的培训都无法在员工表现和行为改变方面带来持续的改善，因为培训设计或培训过程欠佳。[71]招聘一名平均水平的员工，想要通过培训将其培养成明星员工，几乎是一项不可能完成的任务。有些人或许会辩称这并非不可能，此话确实不虚（我们将在第九章介绍我们的方法）。也有一些平凡的人变得伟大，尽管此类成功的案例多是因为环境和工作类型的变化，而不是得益于培训。

譬如阿尔伯特·爱因斯坦，他最初应聘老师未能成功，后来在瑞士专利局工作也未能得到晋升。他没有参加课程将自己打造成瑞士历史上最优秀的专利审查员，也没有读一个教育学位赢取各种教学奖项。他的成功是因为日间工作满足不了他太多的聪明才智，[72]因此他能够自由地探索一个完全不相干的领域。

这样说来，我们只有两种方法可以吸纳非凡的人才。你可以聘用最优秀的人，或是聘用平均水平的员工，然后将他们培养成最优秀的。坦白讲，你更希望身处下面两种情况中的哪一种？

- 我们聘用水平超过90%应聘者的员工，一上手就能做好工作。
- 我们聘用平均水平的员工，通过我们的培训，希望他们最终能够超过90%应聘者的表现。

如果这样讲就不难做出选择了，特别是当你意识到有足够的预算招募最优秀的人才——现在这些钱只不过用到了错误的地方。根据企业执行委员会（Corporate Executive Board）的调查显示，各家公司在培训上的投入仍远远高于在招聘上的投入。[73]

表 3-1　公司在培训现有员工上的费用高于招聘新员工的费用

	培训费用	招聘费用
每名员工	606.36 美元	456.44 美元
占人力资源费用	18.3%	13.6%
占营业收入	0.18%	0.15%

资料来源：2012 年数据。

而后，这些公司会将缺点说成好处，吹嘘公司在培训上的巨大花费。但是从什么时候起成本支出变成了过硬的工作业绩？人们会自夸"我的身材很好，我这个月花了 500 美元办了一张健身房会员卡"吗？巨额的培训预算并不能证明你对公司员工的投入，只能证明你从一开始就没能招聘到合适的员工。在第九章，我会介绍一些降低培训预算的方式，之后你可以据此重新设定招聘目标。

谷歌招聘的两个巨大改变

在谷歌，我们将人力资金投入前置，这就意味着我们在人力上投入的大部分时间和金钱都用于吸引、评估和培养新聘用的员工了。我们在招聘上投入的资金占人力预算的比例是所有公司平均水平的两倍。如果我们前期选人的时候能做到更好，也就意味着聘用他们之后在这些人身上投入的精力会减少。聘用水平超过 90% 应聘者的员工，最糟的情况他们也能有平均水平的表现。这些员工几乎不可能成为公司里表现最差的。但是如果招聘平均水平的员工，不仅会耗费大量的培训资源，而且很可能他们的表现会低于平均水平而不是高于平均水平。

我们为什么要采用这种非常规的招聘方式，将人力资金投入前置呢？我们别无选择。

谷歌是由两个人在一间宿舍里创办的，公司身处竞争激烈的行业，用户只需动动手指点一下鼠标就可以抛弃我们，投奔我们的竞争者。公司刚起步时，我们就知道唯一的竞争之道就是打造全世界最精准、最快速的搜索产品，但是同时又知道我们永远也不可能请到足够的工程师来打造我们需要的一切：识别网络上一切信息并进行分类的网络爬虫，筛选有意义信息的算法，翻译80多种语言的工具，确保所有产品正常运行的测试，储存和提供所有这些数据的数据中心，还有其他数百种需要开发和支持的产品。阻碍我们发展的瓶颈一直都是寻找伟大人才的能力。

多年来，我们一直不具备扬基队所拥有的巨大优势：钱。和其他很多组织一样，在谷歌成立初期，任性地买来最优秀的人才并非可行的选项。1998年，谷歌还没有任何营业收入，薪酬连续数年都是行业最低水平。直到2010年，加入谷歌的大部分人仍然要接受大幅降薪，部分员工降薪比例高达50%甚至更高。说服他人降低薪水，加入这样一家刚起步的疯狂小公司并非易事。和其他很多人一样，我加入谷歌时也接受了降薪。至今我还记得当时通用电气的部门首席执行官在我工作的最后一天说过的话："拉斯洛，这个谷歌听起来像是一家可爱的小公司。祝你好运，但是如果在那里工作不顺，就给我打电话，我会给你安排一份工作。"

谷歌在搜索业务上起步也比较晚，雅虎、Excite、搜信（Infoseek）、莱科思（Lycos）、远景公司（AltaVista）、美国在线（AOL）和微软都已经做得很大了。我们必须给应聘者留下深刻的印象，激励他们，让他们相信谷歌能带来一些特别的东西。但是，在我们能够说服应聘者加入谷歌之前，我们不得不想出一种新的聘用方式，确保我们的招聘结果优于其他公司。

想要筛选出非凡的员工，我们就应该彻底改变传统的招聘思维方式，在接下来的两章中我会详细介绍我们在谷歌的做法。好消息是，这个过程不需要花太多钱，但是在如何看待招聘的问题上，你需要做出两个巨大的改变。

慢工招人才

应聘者中只有10%（最多）会成为顶尖人才，因此你需要筛选很多应聘者，进行很多次面试。我说"最多"，是因为各个行业绝大多数的顶尖人才并没有在找工作，他们在现有的岗位上享受着成功。因此你在投简历的应聘者中招聘到顶尖人才的概率非常低。

但等待是值得的，恰如我们的研发高级副总裁艾伦·尤斯塔斯经常说的："顶尖工程师的价值相当于普通工程师的300倍……我宁愿错过整整一批工程类毕业生，也不愿放掉一位出众的技术专家。"[74]

杰夫·迪恩就是这样一位了不起的技术专家，他是谷歌建立初期的成员，是搜索算法背后的核心人物，他研究的算法实现了全球最快速、最精准的搜索。杰夫与几位同事携手，多次颠覆了我们的搜索方式。比如很早之前，杰夫、桑杰·格玛沃尔特和本·戈麦斯研究出将索引存入内存中而不是从磁盘中读取的方法。此举将效率提升了两倍。

杰夫的人缘也非常好,在同事中备受尊敬。我们有一个内部网站,谷歌人会在上面提交有关杰夫的"故事":

- 杰夫·迪恩的键盘没有 Ctrl 键,因为杰夫·迪恩总是控制一切。
- 亚历山大·格雷厄姆·贝尔发明电话的时候,他看到有一个来自杰夫·迪恩的未接来电。
- 有一次索引服务器坏了,杰夫·迪恩在两个小时的时间里手动回答用户的查询问题。Eval(评价)数据显示,查询质量提升5%。
- 1998年,科学家在12月31日增加了一闰秒,给杰夫·迪恩时间解决所有人类所知的系统中的千年虫问题。
- 有一次杰夫·迪恩向一位看热闹的人解释芝诺悖论,这位看热闹的人再也没有移动过。
- 对于杰夫·迪恩来说,"NP"意味着"No Problem"(没有问题)。[1]
- 如果全球核战争一触即发,他们不会让超级计算机 WOPR(战争行动计划响应)之间互相对抗,而会让 WOPR 与杰夫对抗。
- 牛顿曾说过:"如果说我比别人看得更远一些,那是因为杰夫·迪恩将站在我的肩膀上。"

---

[1] 我曾向密友格斯·马特玛尔请教"NP"的含义,他有数学、物理学和商学学位,还是精英辅导和考试准备公司"硅谷优势测试"的主管。我想如果有什么人能够解释 NP 的意义,那肯定非他莫属了。格斯告诉我:"NP 课程包含所有的计算问题,比如相应决策问题可以在非确定性图灵机上利用多项式时间解决。"嗯……而后他帮我翻译了一下:"如果你不是一位计算机科学家,就只需要知道'NP 问题'代表'非常非常难解决的问题'。"

像杰夫这样对我们非常重要的人不止一个。萨拉尔·卡曼加远见卓识，创造出搜索条目的竞价形式。他与工程师埃里克·维奇默契合作，建立起谷歌的第一套广告系统。比如在出版领域，杂志会列出每一百万读者阅读的收费标价。萨拉尔没有进行预先收费，而是希望依据用户搜索的每一个单词或短语进行竞价。谷歌不会独断专权决定广告的展示顺序；相反，由希望登出广告的公司竞标，决定他们希望在广告列表中的排位，价格从每个单词不足 1 美分到超过 10 美元不等。这些有洞察力的想法为我们的股东创造了数十亿美元的价值，为登广告的公司带来了数千亿美元的新商机，而且用户也更加高兴，因为现在他们能够从整个网络中准确地找到需要的信息。

其他一些非凡的谷歌人中还包括黛安娜·唐——为数不多的几个获得谷歌研究员（Google Fellow）荣誉的工程师之一，该荣誉仅颁给那些有巨大技术贡献的人。多年来，她带领团队努力拼搏，确保了广告质量持续提升，最近她又接手了 Google X 的一个保密项目。哈尔·瓦里安博士写过微观经济学的书，领导着我们的经济学团队。我们金融团队的伦敦分部成员夏洛特·莫尼克是一位奥运赛艇运动员，也是 6 位谷歌奥林匹克运动员之一。温顿·瑟夫是我们的互联网传道者，因其对互联网的开创性贡献被人们称作"互联网之父之一"。光学鼠标的发明者迪克·里昂，Excite 的创始人乔·克劳斯和联合创始人格雷厄姆·斯宾塞，Ushahidi（非营利性危机预警平台，民众和目击者可以报道发生在非洲的暴力事件）软件发明人奥瑞·奥科罗，谷歌浏览器 Chrome 负责人桑达尔·皮查伊和莱纳斯·厄普森，以及社交新闻网站 Digg 的创始人凯文·罗斯，他们与数万名其他非凡的员工携手努力，并肩工作。

只聘用比你更优秀的人

你如何能够判断自己到底有没有找到一名非凡的人才？我所遵循的首要原则，也是你在招聘时需要做出的第二个改变——只聘用比你更优秀的人。

我所聘用的人都在某些方面比我更优秀。比如，人才分析和薪资副总裁普拉萨德·塞迪在问题分析方面就更富有洞察力。我们的人才发展副总裁凯瑞·梅思维更加缜密周全，或许是因为他的情商要比我高很多。领导公司多样化和青年教育项目的南希·李勇敢无畏、目标清晰，令我羡慕不已。我们的员工安置和服务副总裁苏尼尔·钱德拉的行动纪律性和洞察力非常强，似乎总能为用户找到更快、更经济、更好的问题解决方案。未来这些人都可能接手我的工作。我每周都从他们身上学有所得。为了聘用他们，我也等待了很长时间。凯瑞连续4年都拒绝了我的邀请，最后才同意加入谷歌。找到这些非凡的人才需要更长的时间，但是这样的等待是值得的。

除了愿意等待更长时间，等待某个比你更优秀的人出现，你还需要说服管理者放弃招聘的权力。我应该预先说明，谷歌新聘用的管理者非常讨厌这种做法。管理者希望挑选自己的团队成员，但是，即便心怀最大诚意的管理者，在旷日持久的搜寻过程中也会在选人标准上做出妥协。比如，多数公司在招聘的第一天，在行政助理岗位的能力要求上都会设置非常高的标准，但是90天之后，只要应聘者愿意接听电话，不管人怎么样，管理者都会接受。更糟糕的是，管理者个人可能会存在偏见：他们希望聘用一位朋友或是招聘一名实习生，卖个人情给某位高管或大客户。最后，让管理者决定聘用事宜，会使他们在团队人员组成方面掌握过大的权力。（我将在后续章节中讨论谷歌要最小化管理者权力的原因。）

6个月左右之后，我们的新管理者会发现，聘用的人员水平比他们以往在其他地方见过的都要好，他们周围全是卓越的人才，而且这些人才也经过同样严酷的选拔才进入团队。我不能说他们不喜欢做聘用决定，但是他们赞赏这种放弃招聘权力的做法。

这种严酷的招聘选拔过程也让我们意识到一个问题，即最优秀的人才并不总像我们预料的那样都来自最好的学校。当谷歌规模尚小，每年只招聘几百人的时候，严格把控出身背景还相对简单高效：我们只聘用斯坦福大学、哈佛大学、麻省理工学院及同类学校的毕业生，只在最受推崇的企业工作过的员工中选人。随着公司规模的壮大，每年需要数千名新员工，我们发现很多最优秀的人才并不在这些学校里读书。或许你并不会感到惊奇，但是坦白地讲，在谷歌成立初期，我们在招聘时更推崇精英主义。直到今天，我们仍凭借最好的本能去处理人力资源问题——我们的本能或许也如所有人一样有缺陷，但我们不会靠数据去分析。

因此，我们开始寻找一些表现出韧性和善于克服困难的应聘者。现在我们更愿意聘用一位聪明、努力、从某州立大学毕业的尖子生，而不愿意聘用常春藤盟校中那些中等甚至中等偏上的毕业生。我们对大学教育背景的重视远不及对你所取得成就的重视。有些职位，你没有上过大学都没关系，重要的是你为公司带来了什么以及你如何展现出卓越的能力。从某种意义上讲，我们的招聘工作本应如此，因为我们公司的创始人中就有一位没有完成大学学业。尽管我们在全美300多家学校和全球很多学校中招聘计算机科学家，但是我们有一些最优秀的员工从未涉足大学校园。

不过，在此如果不提醒一句，就难免有些疏忽了。2001年安然公司倒闭后，马尔科姆·格拉德威尔为《纽约客》写了一篇题为《人才的谬见：聪明人是否被高估了？》的文章，批判安然和麦肯锡对"聪明人"的痴迷："麦肯锡的全面衰败及其追随者安然的崩塌原因在于，他们认为组织的智慧仅仅是员工智力的一种简单体现。他们相信明星员工，因为他们不相信体系。"[75]

这些话与我在麦肯锡的经历有些出入。麦肯锡有完善的内部人员发展体系，也建议客户建立同样的体系。我也赞同盲目地聘用头脑聪明的人，给他们无限的自由做事，难免会造成公司突然和灾难性的败落。我们当然都希望聘用最优秀的人才，但"最优秀"不是只靠智力或专业能力等单一方面的属性定义的。

恰如我将在第八章中介绍的内容一样，在某一环境下的明星员工换到新环境中就不一定能成为明星。因此，确保某人在你们的环境中能够大展身手就会变得至关重要。在第五章，我将介绍我们在谷歌是如何通过广泛分析应聘者多方面的属性实现上述目标的，比如最重要的谦逊和责任心。其他一些属性在我们的招聘过程中也非常重要，促使本·戈麦斯和克利什纳·伯哈拉特——他们参与和发明了谷歌在搜索方面前三个专利中的两个——发现："这真是一个值得关注的现象：面试比你更优秀的人，然后拒绝他们。"

从《人才的谬见》一文中得到的教训不是"不要聘用聪明人"，而是"不要只聘用聪明人"，这才是至理名言。出色的招聘工作不仅在于聘请到名气很大的人、顶尖的销售人员或最聪明的工程师，还在于搜寻到在你所处组织的环境下能够成功的最优人才，以及能使周围每个人都更加成功的人才。

招聘是一家公司最重要的人力资源工作，而我们绝大多数人并非如自己所想一般擅长这份工作。调整你们公司的人力资源工作重心，聚焦招聘工作，此举几乎比任何培训项目带来的回报都要高。

谷歌工作法则

- 资源有限的情况下，将人力资源费用首先投入到招聘上。
- 慢慢来，聘用最优秀的人才。而且只聘用在某些特定方面比你更优秀的人。不要让管理者独自做团队人员聘用决策。

第四章 谷歌寻找人才的多元化体系

最令人钦佩的是,你们(谷歌)的团队打造了世界上第一台自我复制的人才机器。你们建立的体系不但能够招聘到非凡的人才,而且这些人才能够与公司同发展,使每一批员工都更加优秀。

保罗·欧德宁　谷歌董事、英特尔前首席执行官在一次谷歌的董事会顺利召开之际,英特尔前首席执行官、谷歌董事会成员保罗·欧德宁总结称:"最令人钦佩的是,你们的团队打造了世界上第一台自我复制的人才机器。你们建立的体系不但能够招聘到非凡的人才,而且这些人才能够与公司同发展,使每一批员工都更加优秀。"当时我就好似一名马拉松运动员,在冲过终点线的一刻如释重负。当时是2013年4月,谷歌在之前的两年里招聘了1万多名新员工。

事实上,我们几乎每年都要招聘大约5000名员工。要实现招聘目标,我们要从每年100万到300万名应聘者开始着手,也就是说只有0.25%的应聘者能够得到职位。作为对比,哈佛大学2012年的入学比例为6.1%(34303人申请,录取了2076人)。哈佛大学是一所很难进的大学,但是进谷歌公司的难度是它的25倍。

创始人搭建人才体系的基础架构

拉里和谢尔盖，加上乌尔斯·霍尔兹勒（谷歌最早的 10 位员工之一、现任谷歌技术基础架构高级副总裁），共同建立了谷歌招聘体系的基础。他们最初的期望只是想要招聘到最聪明的人。后来，我们又对招聘流程进行了优化，因为单纯的高智商并不能确保一个人有创造性或善于团队协作，不过以招聘高智商的人作为起点的确是个不错的选择。

乌尔斯这样解释道："我有亲身体会，我曾创办过一家只有 7 个人的小型创业公司，后来被太阳微系统公司收购，团队迅速从 7 人增加到大约 50 人，但是我们的产出反而不如以前。因为新加入的 40 多人大多数没能很好地融入团队。他们带来的价值尚不及我们耗费的时间，如果我们的团队只有 15 个人或许会更好。你懂的，每个人都非常优秀的那种。我多少有些担心，谷歌拥有 50 位工程师的时候反而不及只有 10 位工程师时产出高。"

公司创始人意识到招聘工作由一个委员会完成的重要性，他们经常围坐在一张乒乓球桌旁面试应聘者，而这张乒乓球桌同时也是谷歌当时唯一一张会议桌。他们本能地意识到，任何个体的面试官不可能每次都做出正确的选择，他们的这种本能后来发展成我们在 2007 年进行的群体智慧研究，这项研究的具体内容将在后文探讨。就连谷歌第一间车库办公室的主人、与拉里和谢尔盖交好的苏珊·沃西基，当初应聘我们的第一任市场营销主管时也要参加面试。

重要的是他们还将这种意识确定为招聘的一种客观标准，极为理想地由一位最终核心审核人对标准进行把控。现今我们将这项标准把控的责任分由两个高级领导者团队承担，一个团队由产品管理和工程师组成，另外一个团队由销售、融资和其他部门成员组成。而且对于每一位应聘者——是的，每一位——我们都有一位最终审核人：我们的首席执行官拉里·佩奇。

成立这两个团队的目的仅仅是确保我们能够坚持公司创始人设立的高质量标准。如果你创立了一家公司或组建了一个团队，你会明确地知道自己希望聘用怎样一名新员工：像你一样充满动力、聪明、风趣，对新公司充满激情。你最初招聘的几名员工能够达到这样的标准，但是他们主持招聘时很难保持你的标准。这并不是因为他们人不好或能力不足，而是因为他们无法准确地理解你希望招聘到怎样的人。

因此招聘的每一批新员工都要比前一批稍差。随着公司的壮大，就有更多外在诱惑出现，例如想要招聘一位朋友，例如为了帮客户的忙或加强与他们的关系而聘用他们的孩子。这些举动都会导致招聘质量的下降，结果就是你从一个只招聘明星员工的小公司或团队变成一家招募平均水平员工的大公司。

谷歌早期的"龟速"招聘

2006 年之前，谷歌人用尽了一切方式去寻找应聘者。我们尝试了传统的方式，比如在 Monster 之类的网站上公开招聘。这些方法起到了一些作用，但并不尽如人意。我们每聘用一位员工，就要筛选掉数万名应聘者。①

---

① 2012 年春天，我们采用了一种算法，可以更好地将应聘者与职位匹配。到 2013 年中，聘用比例已经提高了 28%，也就是说，每 1000 位应聘者中，我们聘用的人数比例比以前高 28%。我们在筛选蜂拥而至的应聘者时花费了大量的时间。

和其他所有公司一样，我们也会做背景调查，但与此同时，我们还会建立自己的应聘者追踪系统，将应聘者的简历与现有谷歌人的简历做对比。如果二者有重叠，比如，与一位谷歌人是同一所学校的同年级校友，或同时在微软工作过，通常这位谷歌人就会收到一封自动邮件，询问他是否认识这位应聘者、如何评价这位应聘者。此举是考虑到应聘者提供的应聘材料总是金光闪闪，而我们认为，这些相关者的参考资料会更加真实。这种方法能够筛选掉"溜须拍马和狐假虎威"[①]的人。

　　包括上述信息在内的一些信息将汇总成一份招聘信息包，每名应聘者有50页甚至更多的介绍，然后由招聘委员会审阅。我们会组建很多招聘委员会，每一个委员会的成员都熟悉招聘的职位，但是与该职位没有直接利害关系。比如，线上销售职位的招聘委员会将由销售人员组成，但是成员不会包括招聘经理和任何将与应聘者有直接工作关系的人。此举旨在确保客观性。

　　我们与一些外包招聘公司签过合同，但是他们很难理解我们寻找人才的目标，因为我们希望聘用的是"聪明的通才"而不是专家。这些公司很疑惑，我们为什么更喜欢聘用一些聪明且有好奇心的应聘者，而不是真正了解所做工作的人。当我们坚持按照成功聘用的人数

---

① "kiss up and kick down"，这个短语最早出自荷兰内梅亨大学教授鲁斯·凡科。1998年，她在《个性与社会心理学杂志》上发表的一篇题目极好的论文《黏液效应：讨好上级的行为所带来的猜疑和厌恶》("The Slime Effect: Suspicion and Dislike of Likeable Behavior Toward Superiors", *Journal of Personality and Social Psychology* 74, no. 4 (1998):849-864）中，借用了荷兰习语"对上溜须拍马，对下打压"（Licking upward-kicking downward）。她在论文中介绍了多项实验，第一项实验的目标在于证明有此种表现的人"（a）极度令人厌恶，（b）非常虚伪"。

付钱而不是像大多数客户一样缴纳固定佣金时,他们的疑惑渐渐变为沮丧。不仅如此,我们要求进行数十次面试,拒绝 99% 以上的应聘者,并且通常给应聘者的薪水也比他们当前的薪水要低。

我们尝试过一些疯狂的做法。2004 年,我们在马萨诸塞州的坎布里奇和加利福尼亚 101 号高速公路边上各竖起一块广告牌,广告牌上登出一道神秘的谜题(见图 4-1),希望有好奇心和雄心的计算机科学家能够解出这道谜题。

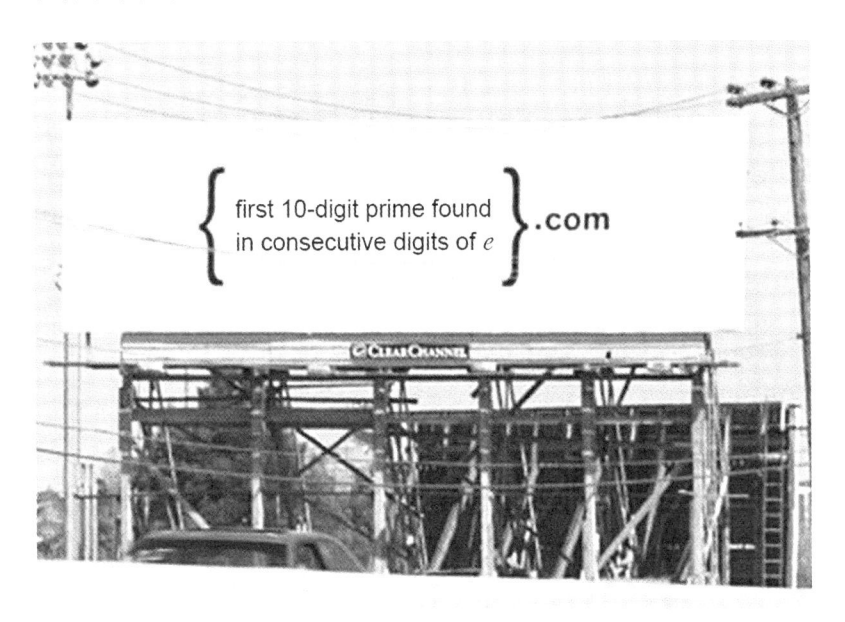

图 4-1 神秘的广告牌[76]
谜题译文:在自然常数 e 的连续数字中找到第一个 10 位质数

解出谜题的正确答案(以防你好奇,答案是 7427466391)之后就能找到下面的网页,网页上有第二道谜题(见图 4-2)。

> 恭喜,你成功升到第2级。登录 www.Linux.org,输入登录名 Bobsyouruncle,下面方程的答案为登录密码。
>
> f(1)=7182818284
> f(2)= 8182845904
> f(3)= 8747135266
> f(4)= 7427466391
> f(5)= _____

图 4-2　第二道谜题
版权归谷歌所有

如果你能够解出第二道谜题[1],就能看到图 4-3 的奖励网页。

结果呢?我们一个人也没招到。2013 年,我们复查了招聘记录,查看结果是否仍然如此。我们没有因为广告牌直接招聘到任何人,不过有 25 名现在的谷歌人说他们见过这些广告牌。他们都以为广告牌是一次有趣的营销活动,但是其中一人指出:"题目很棒,但是在高速公路边的广告牌上印上很长的神秘文字可能不是很好的宣传方式。"或者说会使高速公路不那么安全!广告牌带来了很大的宣传效果,但其实是在浪费资源:招聘团队需要处理大量的简历和问询。多数人无法同时解出两道题。在面试解出两道题的应聘者时,我们发现在个人竞争中表现好的人并不总能成为优秀的团队伙伴。赢得这些比赛的人或许很聪明,但通常只是在某一领域有所专长,这或许是因为他们习惯于解决有明确终点和确定答案的问题,而不是掌控现实世界中的复杂状况。我们在谷歌就有这样的要求,我们寻找的人不仅能够解决今天的问题,还能够解决未来可能出现的各种未知问题。

---

[1] 自然常数 e 中相加等于 49 的 10 位数字,f(5) 的结果是 6819025515。

> Google (LABS)
>
> 恭喜。
>
> 干得漂亮。恭喜你已成功进入谷歌实验室,我们很高兴你能来到这里。
>
> 我们在建立谷歌的时候认识到一件事情:如果你所寻找的恰在寻找你,那么所寻找之目标将更容易达成。我们现在所寻找的是全球最优秀的工程师,而你已经来到了这里。
>
> 你应该能够想象,我们每天都要收到很多简历,因此我们发明了这个小小的选拔过程,以提高"信噪比"。很抱歉耽误了你这么长时间,结果只是想请你考虑为我们工作。我们希望当你看到我们当前正在开展的一些有趣项目时,会感觉这个过程是值得的。从下面的链接中你将了解更多关于我们的信息,但是在你沉浸于机器学习和遗传算法之前,请将简历投递到 problem-solving@google.com。
>
> 我们正在处理很多或许难以解决的计算机工程难题。如果能够成功,将会带来巨变;如果不能成功,尝试一下也很有趣。我们希望用你聪慧的大脑帮助我们解决这些难题。
>
> 下面是我们当前项目的一些信息:
> - 你为什么应该来谷歌工作?
> - 你在寻找对数百万人有意义的有趣工作吗?
> - http://labs.google.com。

图 4-3 解出两道谜题的奖励
版权归谷歌所有

在招聘过程中,我们会针对每一位应聘者采纳多角度的观点,因为我们认为任何单一方面的观点都可能存在偏见,但是我们所收集的观点中有一些是不相关的。每一位应聘者都需要提供 SAT(美国大学录取考试)成绩、研究生考试成绩(如果有的话)和大学成绩单。我参加面试的时候,根本不敢相信谷歌会要求我给大学去电话,要来 13 年前的大学成绩单。对于那些已经毕业二三十年的人来说,这种要求就更加古怪了。①

我们认为要求提供成绩和成绩单有助于从侧面帮助寻找聪明人，此举也确实淘汰了一些在成绩上作假的应聘者。但是在2010年，我们通过分析发现，学业表现除了预测大学毕业后头两三年的工作表现外并没有更多的作用，因此我们只要求刚刚毕业的学生提供成绩单，对其他应聘者则不再做此要求。

21世纪第一个十年中期，面试官可以问应聘者任何问题，但是并没有一定的面试结构可循，因此面试官提供的反馈意见经常缺乏足够的洞察力。另外，面试官之间缺乏必要的沟通协调，造成经常忘记问询某些特别的方面，因此需要应聘者做多次面试。

这使很多应聘者的应聘经历非常痛苦。当时的媒体也曾长篇累牍地报道谷歌招聘过程中的可怕故事："他们把你当成一次性消耗品一样对待"；[77]"我不得不遗憾地说，关于这家公司傲慢、粗鲁的报道……并不夸张"。[78]

你或许能够想象，我们的招聘机器就像冰川运动一般缓慢。得到谷歌的聘用可能要用上6个月甚至更久，应聘者拿到工作机会之前可能要参加15~25次面试。一名谷歌人可能要从申请一份工作的成百上千人中选出十几人进行面试，对其中每一位应聘者就要用上10~20小时进行面试和撰写反馈报告，再乘以每位成功的应聘者要经历的15~25次面试，每聘用一位应聘者，就要谷歌人投入150~500小时，这其中还不包括招聘人员、招聘委员会、高管和创始人投入的时间。

---

① 尽管我们一直都要求提供成绩和成绩单，但总是能够注意其局限性，这一点我将在第五章中介绍。我们一直都尽力全面地了解应聘者。

但是回顾往事，当时采用这种方式也是权衡利弊之后的正确选择。这台招聘机器的设计本身非常保守。它全力避免误报——在面试过程中看起来不错，但在工作中表现不尽如人意的人——因为我们宁愿错过两个了不起的员工，也要避免聘用一名表现糟糕的员工。小公司雇不起一个最终表现很糟糕的人。表现糟糕的员工和耍心机的人会给整个团队带来病毒式反应，需要持续投入管理时间对其进行引导或劝退。谷歌发展非常迅猛，处于利害攸关的时期，无力承担此种风险。因此在我们找到完全合适的人选之前，会一直保持某个职位的空缺。恰如埃里克·施密特曾对我说的："现实情况中确实有些员工应该被淘汰掉，但是招聘的目标应该是根本不聘用这样的员工！"

我们期望，严苛的聘用标准结合对招聘工作不遗余力的重视，能够实现成功招聘优秀人才的目标。在谷歌最初的100位员工中，有一些会继续做（雅虎和美国在线的）首席执行官、风险投资人、慈善家，当然还有一些继续作为谷歌人，领导谷歌最重要的一些活动。比如苏珊·沃西基，先是领导我们的广告产品团队，后又主管YouTube团队。

事实上，16年过去了，谷歌最初的100位员工中有大约1/3仍然留在谷歌。[1]对年轻的创业公司来讲，早期员工能够坚持这么久是非常罕见的，更为罕见的是他们还会随着公司规模从数十人到数万人的

---

[1] 其中包括萨拉尔·卡曼加、乌尔斯·霍尔兹勒（两人都是公司副总裁）、杰夫·迪恩和桑杰·格玛沃尔特（两人都是谷歌高级研究员）、珍·菲茨帕特里克、本·史密斯和本·戈麦斯（都是谷歌工程副总裁）、史黛西·莎莉文（副总裁兼首席文化官）、马特·卡茨（垃圾网页团队的牵头人，谷歌相关问题最坦率、最公开和最清晰的思考者之一）、米兹·麦格拉斯（监督广告质量的主管）、克利什纳·伯哈拉特（谷歌新闻的创始人，谷歌班加罗尔分部的创始人），以及其他很多人。

增长，在个人品质和专业能力上持续进步。

事实上，我们如此重视公司的发展有一个重要原因，就是能为我们的员工提供足够的大展身手的工作。拉里曾解释道："从员工数量上讲我们是一家中等规模的公司。我们有数万名员工，市场上有些公司有数百万雇员，这差不多是百倍的差别。那么想象一下如果我们的员工数量是现在的100倍，我们能做多少事情。"他经常对员工说，未来他们每个人都可以经营一家规模等同于今天谷歌的公司，但同时仍然属于谷歌的一部分。

这样的招聘体系是实用的，但是还远远算不上自我复制的人才机器。2006年我加入谷歌的时候，我感觉在硅谷遇到的每一个人都有过一段在谷歌冗长缓慢的招聘体系下的痛苦遭遇：一位软件工程师告诉我，面试他的谷歌人非常傲慢；我的房产经纪人的兄弟曾被谷歌拒绝过，但一周之后又接到谷歌的招聘电话，请他面试同一个工作；当地一家餐馆的服务员有一位朋友曾参加过谷歌的面试——过去的8个月一直都在面试！就连谷歌人也在抱怨招聘流程的冗长和武断，尽管他们都认同这种做法能够保证很高的招聘质量。

很显然，我们存在一些问题。如果每招聘一名员工就需要花去谷歌人250小时的时间，即使每年只招聘1000人，我们也需要投入25万个小时的时间。换言之，需要125个人全职工作才能招聘1000人。而且在2007年之前，我们甚至都没有招聘目标。我们接到的命令是聘用尽可能多的聪明人，因此我们不断成百成百地增加招聘人员，用去谷歌人越来越多的时间。我们的招聘流程耗费了巨大的资源，用去了太多的时间，对应聘者而言太过痛苦。

从 70 亿人中找到最好的应聘者

谷歌成立初期及之后的多年时间里,我们最优质的应聘者源自现有员工的推荐。曾经一度,我们聘用的人当中有超过半数是其他员工推荐的。然而,从 2009 年开始,我们发现员工推荐应聘者的数量开始下降。因为员工推荐是我们公司成立最初 10 年里最重要的员工来源,所以这种现象的出现非常令人担忧。

最简单也是最浅显的应对方法是提高成功推荐的奖励。其背后的逻辑在于,如果平均每个谷歌人推荐 7 个人能够成功一次,得到 2000 美元的推荐奖励,那么他们理当推荐更多的人,以期获得更多的奖励。后来我们把推荐奖励提高到 4000 美元。

此举并没有为我们带来推荐率方面的任何提高,即谁也没有因为推荐奖励而激发出有益的动机。我问谷歌人为什么不推荐朋友和原同事来谷歌,他们的反应很强烈,令我有些茫然:

- "你在开玩笑吗?这是最棒的地方!我非常希望朋友来这里工作。"
- "这里的人都酷毙了。我认识一个人很适合在这里工作。"
- "我在为一项伟大的事业奋斗,有多少人能有此等荣幸?"

我的第一反应是:"这些人到底喝了多少酒?"但是当我和更多的人聊过并看过我们的调研结果之后,发现这些人的想法并非特例。谷歌人确实很喜欢自己的工作,希望能与他人分享,只不过很少有人提及推荐奖励的事情。

推荐奖励是一种外在的激励因素。其他的外在激励因素还包括社会认同、加薪、晋升、奖杯或旅行奖励。内在激励因素与其相对，源自内心主动的想法。内在激励因素包括回馈家庭或社区的期望、满足好奇心以及完成一项复杂任务所带来的成就感或自豪感。

我们了解到，谷歌人做推荐完全出自内在因素。我们或许可以将每一个推荐奖励提高到 1 万美元，但是结果不会有太大区别。

但是有一点解释不通。如果员工是因为内在因素而做推荐的话，那么为什么推荐率会下降呢？是因为员工在谷歌不那么快乐吗？难道我们偏离了公司的使命？

不是。我们只不过是在管理被推荐人方面工作做得不到位。尽管从被推荐人中成功聘用的受聘人比例要比通过网络或招聘公司聘用的更高，但是其比例也只有 5%。这令谷歌人非常沮丧。如果 20 个人中才有 1 个人能够得到聘用，那么为什么还要继续推荐优秀的人来呢？更糟糕的是，应聘者要忍受太多的面试，而且推荐人对朋友的面试情况也不会再跟进。

为了解决这些问题，我们大幅减少了每一位应聘者的面试次数。我们还为被推荐人提供了周到且质量上乘的服务，推荐来的应聘者将在 48 小时内接到我们的电话，而推荐应聘者来的谷歌人每周都会收到关于应聘者的情况通报。相比而言，谷歌人和应聘者对这个流程更满意，但是推荐人的数量还是没有变化。当时我们也没有弄清为什么推荐的应聘者越来越少。

我们对推荐聘用方式的过分依赖已经穷尽了谷歌人的交际圈。为了解决这个问题，我们引入了"辅助回忆"活动。辅助回忆是一种市场调研方法，即向被试人展示广告或告诉被试人某种产品的名称，询问他们是否接触过。比如，你可能被问及过去的一个月内是否记得看过某种洗衣粉的广告，之后你可能会被问及是否记得看过汰渍洗衣粉的广告。诸如此类的提示总能有助于人们回忆。

在做推荐的事情上，人们通常会最先想到几个人。但是他们很少会一个不差地想到自己认识的所有人，尽管有一位谷歌人推荐了自己的母亲，而且被聘用了！他们也不可能完全了解所有空缺的职位。我们采用了类似市场调研的方式唤起谷歌人的记忆，使推荐人的数量增加了三分之一。比如，我们会询问谷歌人在某一个特定职位上会推荐谁："你共事过的同事中，谁是最优秀的财务人员？""谁是最棒的 Ruby 编程语言工程师？"我们还会将二三十个谷歌人组成小组做资源汇集。我们请谷歌人按照系统的方法仔细查看自己的 Google+、脸书（Facebook）和领英联系人，招聘人员随时待命，一旦谷歌人推荐出很优秀的应聘者，招聘人员就可以立即跟进。将一个宏大的问题（"你知道我们应该雇谁吗？"）分解成很多易于控制的小问题（"你认识什么人可以在纽约做一个不错的销售人员吗？"），帮助我们找到了更多、更优秀的被推荐人。

但这些努力不足以满足谷歌巨大的招聘需求。即使将现在的平均聘用率提高 10 倍，我们每年也需要超过 30 万名被推荐人，才能满足期望的发展需求。然而最好的年份，我们也才收到 10 万个推荐而已。

在这个过程中，我们注意到一些令人吃惊的状况：最优秀的人并没有在寻找工作。表现极为优秀的人在现在的工作岗位上很开心，满足感很强。他们不会进入人们的推荐名单中，因为人们会想：为什么要推荐一些在现在岗位上很开心的人呢？而且他们肯定也不会考虑新的工作。

于是我们重建了招聘团队。过去他们关注更多的是筛选涌入的信息：筛选简历和安排面试；现在他们已经发展成一个内部招聘公司，目标在于寻找并培养出全球最优秀的人才。通过内部研发的应聘者数据库 gHire，辅以多种强化工具对应聘者进行筛选和跟踪，经过一段时间甚至数年，数百名杰出的招聘人员发现并培养出了这些优秀的个体。

结果我们每年聘用的人中超过半数是由内部招聘公司找到的，这种方式比利用外部招聘公司的成本要低很多，对市场的认识更深入，同时也为应聘者提供了一种更温暖舒适的体验。

一年又一年过去，科技的发展使寻找人才的工作越来越简单。我们当然要感谢谷歌搜索以及其他类似领英一类的网站，搜索不同公司里的人可以相对直接得多。事实上，现在几乎可以找出某个公司或行业中的所有人，再通过这些资料决定招聘哪些人。我们将其称作"可知的宇宙运动"：系统地在每一种工作、每一个公司或应聘者类型中定位每一个人。

想要知道康奈尔大学的所有毕业生有哪些？2013 年年中，我在领英中输入"康奈尔"，不用一秒钟就得到了一份 216173 人的名单。如果团队中的某个人恰好也在康奈尔读过书，就可以使用全部的校友数据库信息。不管你想从某个学校或公司招聘，还是想根据职业或个人背景招聘，都可以简单直接地生成一份包含数百名或数千名潜藏在应聘者的名单。

甚至某人放在网上但后来删除的信息在某些时候也可以找到。互联网档案馆（Internet Archive）提供了一种时光机（The Wayback Machine）服务，会对 2400 多亿个网页做备份存档，可查询的记录可以追溯到 1996 年。我们只有在认为可以帮到应聘者的情况下才会使用时光机服务。比如，我们有一位应聘者在 2008 年建立过一个网站："很好！"后来被"非常好！"收购了，但是现在这个网站上的内容有非常严重的女性歧视倾向（啊哦），虽然我们在言论自由方面非常开放，但其中的内容还是超越了我们的底线。这位应聘者就要被拒了，但是因为我发现多数走到面试这一步的应聘者都是好人，因此我提议查看这个网站早期的模样。我们发现他最初建立的网站更像是一种大学报纸，报道体育、电影和名人消息，直到他的公司被收购。他离开这个网站之后，其中的内容才发生了变化。最后我们聘用了他。

我们利用这些方法对几家非常出色的公司进行了分析，汇总了一份名单，几乎包含他们的全部员工，评估了（不可否认确实有一定的不足）哪些人适合来谷歌工作。显然我们是针对其他大型科技公司的员工进行的此类调研，我们相信其他大型公司也对我们的员工整理了一份类似的名单（如果他们没有，我敢保证看到这里他们会立刻开始行动）。我们整理出一份名单之后，会与在该领域有专长或可能了解这些候选员工的谷歌人一同审阅部分资料。我们会在网上抽检一些资料，寻找可能帮助我们判断这些候选人能否在谷歌取得成功的信息。而后我们会去接触候选人的人际网络，建立关系，比如通过一封电子邮件或一个电话，甚至是在一次会议上见一面。通常，关系的建立由招聘人员完成，但有时最好的联络人是某位工程师或主管。或许当时没有机会，但是候选应聘者很有可能在一年后遭遇不顺，回忆起与谷歌招聘人员的那次愉快交谈。曾长期担任谷歌广告和应用程序工程高级副总裁的杰夫·胡贝尔——现隶属于 Google X，为谷歌研发下一代具有重大意义的产品——亲自招聘过超过 25 名高级工程师，其中有一位他跟进了 10 年，历经 3 家公司，最后才被说服加入了谷歌。

现在，我们自己的谷歌招贤纳士（Google Careers）网站是谷歌人才库最好的来源，尽管现在想要把这个网站做得更好有些困难。我们的招聘网站曾经比较糟糕：搜索困难，上面全是些概要性的工作简介，根本弄不清到底是什么工作、你将成为哪个团队的一员，也没有任何反馈告知你是否适合某一项工作。我们从 2012 年开始着手解决这个问题。比如，应聘者现在不仅可以提交一份简历，还可以制作一份个人技能概览。利用 Google+ 的"圈子"（你所选择的一个群，群里的人只能看到你希望分享的内容，不用再担心分享一些朋友疯狂单身派对的照片被老板看到了），他们可以选择与谷歌、其他员工或任何他们希望看到这些内容的一些人和组织分享。他们可以与在职的谷歌人联系，了解在谷歌工作的真实情况。经过申请人的允许，我们就可以与一些其技能在当前我们不需要但未来可能用得上的人保持联系，在未来我们的需求发生变化时与他们接触。

我们用的招聘公司并不多，不是因为这些公司不好（我最好的朋友中就有几位是这些公司中的高管，真的），而是因为我们的招聘标准和流程太严苛、太特别，再考虑到我们现有的招聘能力，很少有招聘公司能帮到我们。而在需要招聘公司帮助的时候，他们的价值不可估量。比如，有些国家我们去得很少，对当地的人才库并不了解。我们在韩国的办公室有 100 多人，相比韩国当地的门户搜索网站 Naver，我们的发展滞后较多（但是正在不断壮大）。在韩国，多数人都在为全国性的大财阀或家族企业工作，谷歌只能算作刚刚兴起的公司。在聘用高级职位员工时，通过可靠的招聘伙伴推荐有着无法估量的价值。

有时寻找雇员的过程中会遇到保密或敏感的问题,此时招聘公司的专业性就会带来很大的帮助,他们可以帮忙接洽那些工作处于危急状态,甚至在和另外一家公司接触的应聘者。过去几年里,有几家公司起到了尤为重要的作用,但是我们发现比猎头公司更重要的是与我们合作的一些猎头顾问的水平。换言之,猎头公司内部的人员水平区别比猎头公司之间的区别更大,因此选择合作的猎头顾问比选择猎头公司更为重要。

与大多数公司一样,我们的最后一种应聘者来源是招聘网站。雇主可以付费在这些网站上发布招聘信息,之后会收到大量的求职申请。比较流行的此类招聘网站包括 Monster、凯业必达(CareerBuilder)、Dice 和 Indeed 等。依谷歌的经验,招聘网站可以带来很多工作申请者,但最后真正能够招聘到的人寥寥无几。我们假定谷歌在今天已经广为人知,动机相对强烈的应聘者会按照要求表现出一点积极主动性来,登录谷歌招贤纳士网站直接申请职位;动机相对较弱的应聘者会通过招聘网站向很多家公司申请很多种工作。我们通过招聘网站成功聘用的员工比例太低,因此 2012 年我们决定彻底停止这种招聘方式。

不过有时我们听闻有异乎寻常的优秀人才,就会不惜一切代价把他们请来,甚至有时会聘用整个团队,并为他们设立新的办公室。在成为扬声器和智能手环制造商捷波朗的人力运营部副总裁之前,兰迪·纳福利克是谷歌人力资源部的核心领导者,负责整个欧洲、中东地区和非洲的技术人员招聘。[1] 他负责我们在丹麦奥胡斯的团队招聘,

---

[1] 兰迪的人力运营部副总裁头衔是参照谷歌而来的,我很高兴他能这么做。

那个团队将继续带来浏览器运行速度的革命。"我们了解到奥胡斯有一个杰出工程师组成的小团队,"兰迪告诉我,"他们卖掉了此前的公司,正在探寻下一步将要做的工作。微软听闻他们的情况,正在全力争取。微软想要聘用他们整个团队,但是要求他们搬到微软美国总部雷德蒙德。那些工程师说'不可能'。于是我们乘虚而入,采取了一些非常积极的招聘行动,对他们说,'在奥胡斯工作,为谷歌建立一个新的办公室,创造伟大的产品'。我们聘用了整个团队,正是这个团队编写了谷歌浏览器的脚本语言(JavaScript)引擎。"

回顾过去的许多年,谷歌很幸运,从成立的第一天开始,公司创始人就坚持高品质的人才招聘。但是单纯地关注招聘品质还不够,我们还广撒网,实施多元化的人才战略,而且我们的招聘工作也比以前更快捷。

建立招聘机器的第一步就是将所有员工都变成招聘人员,推荐应聘者。但是你需要找到某位持客观态度的人做聘用决定,以避免我们对朋友自然而然的偏向。随着组织的发展壮大,第二步就是请人际网络最发达的员工花更多的时间搜寻优秀的员工,其中某些人可能会成为全职招聘人员。

最后一步就是要愿意尝试。我们认识到招聘网站不可行,因为我们尝试过。我们在奥胡斯的经验教会我们,有时按照应聘者的要求而不是公司的要求聘请他们的整个团队更合情合理。

如果你已经明白该如何寻找人才,那么你该如何确定到底聘用哪些人、拒绝哪些人呢?在下一章,我将说明要做出了不起的聘用决定为何那么难,另外会用一个故事说明我们是如何依靠百年的科学研究和一些偶发灵感建立起独特的招聘体系的。

谷歌工作法则 🔍

- 要详细说明寻找人才的标准,依此找到最优秀的被推荐人。
- 使招聘成为每个人的工作。
- 不要害怕尝试疯狂的事情,以此引起最优秀人才的注意。

第五章 谷歌与众不同的招聘流程

我们的面试要切实地测试应聘者的技能。比如，编写一段代码、解释代码的含义，对吧？不是看看应聘者的简历了事，而是要真正地看一看应聘者能做什么。

乌尔斯·霍尔兹勒　谷歌高级副总裁

"你不会有第二次机会给人留下第一印象"是海飞丝洗发水在20世纪80年代的广告宣传语。不幸的是,这句宣传语也概括了绝大多数的面试状况。关于如何把握好面试"前5分钟"的指导文章不胜枚举,这些文章论述的是面试官如何做出初步评估,而余下的面试时间都是在证明自己的评估。[79] 如果他们喜欢你,就会寻找更加喜欢你的理由。如果他们不喜欢你的握手方式或拙劣的自我介绍,那么面试就基本宣告结束,因为面试官在余下的面试时间里会一直寻找拒绝你的理由。此类用于做出后续相对重大决定的细微瞬间被称作"薄片"。

　　托莱多大学的两名心理学学生特里西亚·普利克特和内哈·贾达姜与其导师弗兰克·伯尼瑞合作,在2000年发表了一项研究成果,他们研究认为,一次面试的前10秒钟里做出的判断可以预测整个面试的结果。[80] 他们录下真实的面试情境,之后请研究项目参与者观看其中的一些小片段,依此做出论断。

片段是从每一次面试中截取的，从应聘者敲门开始到坐下之后 10 秒钟止，视频片段会展示给经验很浅的观察者看。观察者从就业能力、竞争力、智力、雄心、可信度、自信心、紧张程度、热情、礼貌、亲切度和表达能力方面评分。通过"薄片"做出的判断，11 个变量中有 9 个与现实中面试官所做的最终评价有显著相似性。因此，通过握手或简短介绍得到的即时印象能够预测结构化招聘面试的结果。

问题在于，根据前 10 秒钟的印象做出的预测是没有任何意义的。这前 10 秒钟的预测使我们在整个面试过程中都在试图证明我们对某个人的印象，而不是真正地去评估他们。心理学家将这种现象称作证实偏见（confirmation bias），"倾向于寻找、解释或优先考虑那些能够支持我们观点或假设的信息"。[81] 我们根据非常简短的交流，潜意识中匆匆地做出了判断，这种判断受到我们内在偏见和信念的巨大影响。在不经意间，我们已经从评估应聘者转变成寻找证据证实自己的最初印象。① 马尔科姆·格拉德威尔与密歇根大学的心理学家理查德·尼斯贝探讨过我们不自知的自欺欺人：

> 错觉的基础在于我们不知从何而来的自信，认为自己掌握了状况，认为自己能够读懂一个人的品性……你在面试某个人的时

---

① 证实偏见只是我们的潜意识在不经意间促使我们做出糟糕决定的一种。为了建立一个偏见更少、更具有包容性的工作环境，我们在谷歌不遗余力地减少潜意识的偏见。我们在一篇名为《你不知道自己不知道：我们的潜意识如何破坏工作环境》的文章中介绍了我们尝试的一些方法——该文选自谷歌官方博客，2014 年 9 月 25 日，http://goo.gl/kxxgLz。

候，与他们相处一个小时，你不认为这个过程是在提取一个人行为的样本，更不会认为那是一个存在偏见的样本，但实际并不如你所想。你认为自己看到的是全景，虽然小而模糊却是完整的个体。[82]

换言之，多数的面试都是在浪费时间，因为99.4%的时间都用在证实面试官最初10秒钟的印象，不论印象好坏。"请做一下自我介绍。""你最大的缺点是什么？""你最大的优势是什么？"这些都毫无价值。

同样毫无价值的还有很多公司采用的案例面试和智力题。这类题目包括："你的客户是一名造纸厂商，正在考虑建第二座工厂，他是否应该建？""估测一下曼哈顿有多少加油站。"最烦人的问题是："一架波音747飞机里能放下多少颗高尔夫球？""如果将你缩小到5美分硬币大小，再将你放进榨汁机里，你将如何逃脱？"

在此类问题上的表现最多只能算得上一些独立技能，通过练习可以得到提升，对评估应聘者没有可用的价值。最坏的情况是，通过这些问题从应聘者身上得到的一些琐碎信息或洞察，仅仅使面试官以为自己聪明，得到自我满足。这些问题对预测应聘者在未来工作中的表现几乎没有任何作用。[83]其中部分原因在于这些问题与工作任务不相关（你在日常工作中什么时候估测过城里有多少加油站？），还有部分原因在于流动智力（可以预测工作表现）与智力题等顿悟性问题毫不相干，另有部分原因在于无法区分天赋异禀和通过练习获得技能的人。

事实上，谷歌正在使用类似的问题，并且我敢保证以后也会继续使用。对此我很抱歉。我们尽可能避免采用这些面试方法，因为这样做确实是在浪费所有人的时间。包括我在内的公司高管每周在审阅应聘者材料的时候，都会忽略对这些问题的作答。与我们对招聘网站投放信息的问题看法类似，我们认为有些评估方法根本没有效果。令人高兴的是，2013年的电影《实习大叔》中两位失业的手表销售员决定来谷歌当实习生，给出了榨汁机问题的答案，至少这个问题不会在面试中再出现了。①

科学的面试评估技巧大比拼

1998年，弗兰克·施密特和约翰·亨特发表了一篇综合分析文章，总结了85年来关于评估预测人才表现方面的研究成果。[84]他们研究了19种评估技巧，发现典型的、非结构化的测试对于预测应聘者被聘用之后表现的结果很不理想。非结构化测试的 r^2 ② 值为0.14，即对员工

---

① "正确的"答案是，虽然在这个问题中你被缩小了——改变了你的体积，但是其他一切都没有改变，你的力量体积比就增加了，你可以轻而易举地跳出榨汁机。在回答出正确答案之前，文斯·沃恩和欧文·威尔逊扮演的角色还猜测榨汁机会发生故障——因为他们以前卖过榨汁机，所以知道，于是他们会很安全。然后，"就有两个5美分大小的人自由地生活在世间，"他们大喊道，"畅想一番吧！……太阳镜修理？我们就能站到那些小螺丝上！或者把我们附着在送入人体内部的装置中去战胜病魔？……我以为我们被困在榨汁机里，但现在我们又能救死扶伤了?!……真是一次难忘的经历啊！"

② 我在此处做了简化处理。更准确地说，r^2 是一种度量，用于表示某一个或多个变量对结果的预测有效度。如果 r^2 的值非常高并接近100%——考虑到生活的纷杂混乱，社会科学中很少会出现这种情况——我们就可以充满信心地根据模型中的其他数据对结果进行预测。如果 r^2 的值接近0，预测的结果将会很不准确。r^2 的值要根据各个变量之间潜在的关联或几个事件同时发生的概率来确定。r^2 和关联性并非因果关系。换言之，高的关联性，比如 $r^2=0.9$，并不意味着A会引起B，只是A和B同时发生。比如，如果我每天早上6点都去跑步（我要能这样严于律己该多好啊），出门之前，我都会把狗放到院子里，我跑步的时间与狗出门的时间有关联性；反之亦然。二者倾向于同时发生，但二者互相不为因果。然而，如果你有足够多的数据控制其他因素，做一些数据测试，确保结果是可靠的，那么依据这种关联性对哪些可行和哪些不可行做判断，将是一个不错的出发点。在招聘的问题上，面试表现当然不会完全是随后的工作表现，但是如果控制了其他变量，这个过程可以帮助预测某个人在未来工作中能有怎样的表现。

未来表现的预测准确性为14%。这种方法要优于背景调查（预测员工未来工作表现的准确性为7%），优于工作年限（3%），也远优于"笔迹学"或笔迹分析（0.04%）——我很惊奇竟然还会有人采用这种方法，或许有些医院会测试医生笔迹的易辨认性。

预测某人在工作中的表现的最好方法是工作样例测试（29%）。这种方法需要安排应试者完成一项与其将要负责岗位工作中类似的工作样例，评估他们的表现。这种方法也无法毫无偏差地预测工作表现，因为实际的工作表现还要取决于其他技能，比如与同事合作的能力、如何应对不确定性，以及学习能力。更糟糕的是，很多工作岗位无法选取合适有效的样例供应聘者完成。客户服务中心或任务导向型的工作岗位招聘时，你可以（而且应该）采用样例测试的方法，但是许多工作每天都有太多的变化因素，很难选取工作样例。

不管是工程师还是产品经理，我们聘用的所有技术人员都需要通过某种工作样例测试，要求应聘者在面试过程中解决实际技术问题。根据乌尔斯·霍尔兹勒所说："我们的面试要切实地测试应聘者的技能。比如，编写一段代码、解释代码的含义，对吧？不是看看应聘者的简历了事，而是要真正地看一看应聘者能做什么。"埃里克·维奇补充说："面试由大批工程师进行，会询问大量数据导向型的问题。问题不仅仅是'给我讲讲你曾经……'，而是'给我编写一段算法，解决这个问题'。"

预测工作表现有效性的第二种方法是一般认知能力测试（26%）。与工作样例测试和智力题不同，一般认知能力测试是真正的测试，有明确的正确或错误的答案，与智商测试的题目有些类似。一般认知能力测试之所以能够有效预测工作表现，是因为一般认知能力包括学习能力，而高智商与学习能力的结合足以使大多数人在大部分工作中取得成功。然而其中的问题在于，此类标准化测试绝大多数都有歧视非白种人和女性测试者的倾向（至少在美国是这样的）。SAT 一直以来都低估女性和非白种人在大学的表现。菲利斯·罗塞尔在 1989 年对 SAT 进行的研究中比较了能力和大学表现相近的高中女孩和男孩，发现女孩在 SAT 考试中的成绩要低于男孩。[85] 导致这一现象的原因包括测试的形式（在大学预修课程测试中就没有性别差异，因为这项测试采用了简答题和短文测试的题型，而不是选择题），测试计分方法（男孩在排除一个选项之后更容易猜出正确答案，因而提升了他们的分数），甚至还有问题内容（女孩在回答有关人际关系、审美和人文科学等类型的 SAT 问题时做得更好，男孩在有关体育、自然科学和商业方面的问题上表现更佳）。① 此类研究重复过多次，尽管类似的标准化测试已经很好了，但仍有不足。②

---

① 可惜的是，罗塞尔的研究虽然指出了这些差异，但并没有解释出现差异的原因。有一种可能的解释是，女孩和男孩解答任何问题的能力都相似，但是性别都受困于一种心理学现象——"刻板印象威胁"。如果有一种很显见的刻板印象存在，人们就会按照这种刻板印象行事。比如，研究显示，当被测试人在进行测试之前了解到某种刻板印象，他们的表现就会发生变化。在一项基础研究中，有一组女孩在进行数学测试之前被告知这项测试能够体现性别差异，而在测试结果中也真的出现了性别差异，女孩的成绩会远低于男孩。而另一组女孩在做同样的测试之前被告知这项测试不会体现任何性别差异，测试结果中就没有出现任何性别差异。资料来源：Stephen J. Spencer, Claude M. Steele, and Diane M. Quinn, "Stereotype Threat and Women's Math Performance," *Journal of Experimental Social Psychology* 35, no. 1(1999):] 4-28。[86]

② 2014 年，负责设计和管理 SAT 考试的美国大学理事会宣布他们再次对 SAT 考试做了改进，以解决此类及其他一些问题。尽管这些努力是成功的，但是此举也帮不了我们这些已经上了大学，且正在申请研究生学校或已经工作的人，我们已经不太可能再去参加 SAT 考试了。资料来源：Todd Balf, "The Story Behind the SAT Overhaul", *New York Times Magazine*, March 6, 2014。

举一个例子，位于南加州的一所文理学院——匹兹学院，对于高中各科成绩平均积分点（GPA）3.5以上或年级排名前10%的学生，将测试成绩作为入学申请的可选递交材料。自此以后，他们接收的学生GPA提高了8%，而且有色人种学生的比例增加了58%。[87]

与一般认知能力测试效果相当的是结构化测试（26%），应聘者在面试中将被问及一系列问题，这些问题都有明确的应答评估标准。结构化测试在调查研究中经常使用。结构化测试的好处在于对应聘者的评估完全基于应聘者的表现，而不是取决于面试官的评价标准高低或问题的难易。

结构化测试有两种类型：行为测试和情境测试。行为测试要求应聘者讲述过去的成就，并将其与当前的工作要求做对比（比如，"给我讲讲你曾经……"）；情境测试会虚拟一个与工作相关的场景（比如，"假如……你会怎么做？"）。一位资深的面试官会深入评估应聘者所讲故事背后的诚实可信度和思考过程。

结构化测试对非结构化的工作也具有预测效果。我们还发现通过这种测试，应聘者和面试官都有了更好的面试体验，而且人们也都认为这样的面试结果非常公平。[88]

既然这样，为什么没有更多的公司采用这种方法呢？因为很难编排这样的测试题：你必须编写出试题，测试这些试题，确保面试官能够按照设定提问。而后你还需要不断更新测试题，以免应聘者互相沟通面试情况，来参加面试时就已经知道答案了。这需要做大量的工作，但是换成常用的面试方式就是浪费所有人的时间，因为这种方式或主观性太强，或存在偏见，或二者兼具。

还有一种更好的方法。研究显示，评估技巧的组合比单一的评估技巧更有效。比如，一般认知能力测试（预测未来表现的准确性为26%）与尽责性评估（10%）相结合对未来谁将在工作中取得成功有更好的预测（36%）。以我的经验，在尽责性评估中得分高的人"工作完成方罢休"的人，他们要彻底完成工作才会停下来，而不是做得差不多就行），对团队和所处的环境有更强的责任心。换言之，他们更可能表现得像主人翁而不是雇员。我还记得来谷歌的第一个月前后，有一次找到我们的技术支持团队成员约什·奥布莱恩，请他帮忙解决一个 IT（信息技术）问题。那是个周五，下午 5 点多，我对他说可以等到周一再接着完成。"没事儿，我们干完再下班。"他继续解决我的问题，直到彻底解决。[89]

说到这里，我们都采用了哪些评估技巧呢？

我们的面试流程旨在预测应聘者加入工作团队之后的表现。我们以科学为依据达成的目标是，结合行为和情境结构化测试，评估认知能力、尽责性和领导力。[①]

为了帮助面试官，我们开发了一种名为 qDroid 的内部工具（见图5-1），面试官可以从上面选择自己正在筛选应聘者的工作岗位，查看应该进行的测试，同时还会收到一封面试指导电子邮件，里面包含一些用于预测应聘者在该项工作上未来表现的问题。这使面试官更容易找到一些很棒的面试问题。面试官还可以在面试小组里分享文件，这样所有人都可以协作，从各种角度评估应聘者。

当然，如果面试官愿意也可以设计自己的问题，而此举的巧妙之

[①] 我们人力分析团队的梅丽莎·哈勒尔博士补充道："转而采用结构化测试是明智之选，因为这种方法能更好地预测应聘者未来的工作表现。"而且这种方法有利于多样化，因为有预先设定好的问题和评分标准，可以降低潜意识中的偏见。[90]

图 5-1 qDroid 页面样例
版权归谷歌所有

处在于提供了经过实践证明的有效问题，使面试工作变得简单了一些，也可使面试更有效、更可靠。

面试问题举例如下：

- 给我讲一下你的行为对团队带来积极影响的一次经历。（追问：你最初的目标是什么？为什么？你的队友如何反应？之后你有什么计划？）
- 给我讲一下你有效管理团队实现目标的一次经历。你采用了什么方式？（追问：你的目标是什么？你是如何面对团队的每位成员和整个团队的？你在对待不同的个体时是如何调整领导方式的？这个特定的形势下传递出什么关键信息？）
- 给我讲一下你与某人（可以是同事、同学或客户）共事遇到困难的一次经历。什么原因使你与这个人难以共事？（追问：你采取了哪些措施解决这个问题？结果如何？你可以采取哪些不同的做法？）

这本书还是草稿的时候，一位早期读者告诉我："这些问题太泛泛了，有些令人失望。"他说得对，但又不对。是的，这些问题确实平淡无奇，因为真正引人注目的是问题的答案。但是，这些问题能够为你提供持续可靠的依据，帮助你从优秀的应聘者中筛选出极其优秀的一些人，因为极其优秀的应聘者在做出选择的时候会有好得多得多的例证和理由。你可以看到伟大与普通之间清晰的分界线。

当然，问一些诸如"哪一首歌能够最好地描述你秉持的职业道德？""你独自在车里面会想些什么？"的问题会很有趣，这两个问题都是其他公司的真实面试问题，但是面试的目的是要识别最适合这个工作岗位的人选，而不是纵容自己问一些能够激起心理偏好（"我的天啊！我在车里的时候也在想这些事情！"）却无法证实应聘者能否完成工作的问题。

然后，我们会按照统一的标准[①]对面试进行打分。我们对一般认知能力测试的评分包括5个部分，第一部分为应聘者对问题的理解。

在每一部分中，面试官要说明应聘者的表现，而且每个表现的等级都有明确标志。随后面试官要明确记下应聘者是如何展示他们的一般认知能力的，以便后续面试官做出自己的评估。

得知我们的面试问题和评分表之后，之前那位持怀疑态度的朋友

---

① 统一的标准指行为锚定等级评价法。

不假思索地说："切！不过是些陈词滥调和公司套话。"但是回想一下你最近为同一个职位面试过的 5 个人：你问这些人的问题很相似，还是问每个人的问题都有不同？你对他们每个人都问了所有该问的问题吗？时间是否够用？你对他们都严格保持同样的标准，还是因为疲倦、暴躁或心情不好而刁难其中某个人？你有没有记下详细的笔记，以便后续面试官参考使用你的见解？

凝练的招聘标准应该涉及所有这些问题，因为这样可以将纷杂、模糊且复杂的工作环境浓缩成可度量、可比较的结果。比如，设想你正在面试一个应聘技术支持工作的应聘者。对于"寻求解决方案"的一般答案可以是"我按照用户的要求修好了笔记本电脑的电池"。非常突出的答案应该是这样的："我意识到，既然他过去抱怨过电池的续航能力，而且还准备出去旅行，我还应该为他准备一块备用电池，以备不时之需。"采用一种看似无聊的标准是量化、应付复杂现实问题的关键。

如果你不想独自完成所有这些工作，也可以轻松地从网上找到结构化测试问题的样例，稍加改变就可以用在你的实际面试中。比如，美国退伍军人事务部设有一个网站（www.va.gov/pbi/questions.asp），上面有差不多 100 个样例问题。利用这些问题，你在招聘工作上将立刻取得巨大进步。

还要记得，你不仅要评估应聘者，还要让他们喜欢上你。真的，你得让他们有一次非常棒的体验，处理好他们关心的问题，使他们感觉刚刚经历过一生中最快乐的一天。面试是很尴尬的一件事情，因为你要与一个刚刚见面的人进行亲密的交谈，而且应聘者处于非常脆弱的地位。投入时间使应聘者在面试结束时感觉良好是很值得的，因为他们会把自己的经历讲给他人听，同时这也是待人的正确方式。

有时，只需要简简单单地留一些时间做交谈。面试时太容易过分关注你的需求：你很忙，需要尽快评估完这个人。但是他们所做的决定比你的更大。毕竟，公司有很多员工，而一个人只能有一份工作。我一直特别注意询问应聘者对招聘过程的看法，而且至少留出10分钟的时间供他们问问题。

面试之后，我们会用一种称作VoxPop[①]的工具对每一位应聘者进行调查，弄清他们对招聘过程的看法，之后再根据他们的反馈意见调整我们的流程。根据VoxPop，我们现在开始尝试"办公室快速游"活动，时间允许的情况下提供午餐，要求每一位面试官至少留出5分钟的时间供应聘者问问题。应聘者还告诉我们，我们给他们报销往返路费的时间太长，于是我们就将这个时间减半。

相比过去硅谷里每个人都有一段痛苦的谷歌面试经历，今天80%参加过谷歌面试而被拒的人都表示会推荐朋友到谷歌应聘。考虑到他们并没有被雇用，能够有这样的结果已经相当了不起了。

4个面试问题测试你能否成为谷歌人

过去我们以为只要聘用最聪明的人就足够了，但是一群加里·卡斯帕罗夫（国际象棋特级大师，是一位超级天才）可能并不适合一起协作解决真正重大的问题。因此，从2007年起，我们在1万名左右已聘用的员工和数百万名未聘用的应聘者中寻找某些重要特征。除了测试技术应聘者的工程技术能力之外，我们意识到还有4个方面的特

---

① VoxPop是拉丁语"vox populi"的缩写，意为"民众心声"。

质可以预测某个人能否在谷歌取得成功。

一般认知能力

一点都不奇怪的是，我们想要聘用有学习能力、可以适应新环境的聪明人。要记住，一般认知能力在于理解应聘者在现实生活中如何解决难题和如何学习，而不是查看他们的 GPA 和 SAT 成绩。

领导力

同样不足为奇，每一家公司都想要领导者。但是谷歌寻找的是某种特别类型的领导能力，我们称之为"新兴领导力"。这种形式的领导力不关乎正式的头衔。在谷歌进行的各种工作中，极少有正式的领导者。

我还记得有人问我，一个最高可实现全公司员工收入 10% 提升的项目"执行发起人"是什么意思？我解释说，我不清楚这是什么职务，而且在谷歌这个职务是没有任何意义的。一名新员工或许会把此类名头放在我的名字前，因为我的头衔是高级副总裁，但是我在这个项目上的角色和其他人都一样：发表见解，做一些分析，协助得出正确的成果。我们在谷歌期望一个团队在其存续期内，不同时期能够用上不同的技能，这样就可以有很多人站上领导的位置，做出贡献，而且也是同样重要的是，特别技能需求的时期过后，能够退回团队成员的位置。我们非常不喜欢唯我独尊的领导者，这类领导者言必称"我"而不是"我们"，只关注自己的成就而不是取得成就的过程。

"像谷歌人一样"（"Googleyness"）

我想要那些能够在谷歌蓬勃发展的人。这个概念并没有明确的定义，但是包括一些特质，比如喜欢享受快乐（谁又不想呢？），谦逊一些（如果不能承认自己可能存在错误就很难去学习），责任心很强（我们想要的是主人翁，而不是雇员），能够接受模棱两可的状况（我们也不清楚公司的业务将如何发展，应对谷歌的内部事务需要接受很多模棱两可的事情），能够证明你在生命中走过勇敢或有趣道路的证据。

与职务相关的知识

至今为止，我们在筛选应聘者的过程中关注最少的一种特质是应聘者是否真正了解自己将要承担的工作。依我们的推理和经验，多年来成功地完成过同样工作的人，在谷歌遇到事情的时候很可能复制以前的做法。恰如心理学家亚伯拉罕·马斯洛写过的："我认为，如果你仅有的工具只是一把锤子，那么就很容易想要把一切都当成钉子对待。"[91]这种做法的问题在于你丢掉了创新的机会。

相反，以我们的经验看来，有好奇心、有诚意学习的人，在绝大多数情况下都能想出正确的答案，而且创造出一种全新解决方案的可能性也大很多。① 在工程技术或产品管理等技术岗位上，我们会深入评估应聘者的计算机科学专业水平，但是即便在这些岗位上，我们也更倾向于聘用对计算机科学有整体认识（不过要达到专业水准）的人，而不是仅具备某一领域知识的人。而且平心而论，我们的招聘原则已经超越了单纯聘用通才那么简单，而是开启了一种更加精妙的方式，我们会审视公司的人才库，确保通才和专家的数量达到平衡。最

---

① 当然，在某些岗位上需要特定的专业技能。你不可能在税务部全部安排一些不懂如何填写纳税申报单的人。但是即便是在这些部门中，我们也尽量安排多种背景且具有创新思维的人。

奢侈的事情莫过于不但能够建立深度专业化的领域，而且在这些领域中我们还能够确保随时补充新鲜血液，加入非专家的想法。

确定了这几项特性之后，我们开始要求所有的面试反馈意见中都要针对每一项特质做特别评估。不需要每一位面试官针对所有特质进行评估，但是每一项特质都至少需要两名独立的面试官做评估。我们要求书面反馈意见中包括对特性的评估、所问的问题、应聘者给出的答案以及面试官对答案的评估。这种反馈意见的形式经证实有很高的价值，因为能够保证后续每一位应聘者的评估人可以独立地对应聘者进行评估。比如，如果你面试过我，对我印象一般，但是你记下了你问的问题和我给出的答案，后来的审核人可以根据自己的意见评估我给出的答案到底好不好。（当然，如此详细地记录面试过程可能有些尴尬——几乎所有谷歌的面试最开始都是由面试官询问："你介意我做笔记吗？"有些面试官甚至会在笔记本电脑上做笔记，这可能会使应聘者有些不安。）

此举不仅能在某种程度上给应聘者第二次机会，还能够帮助我们评估面试官本身是否善于评估他人。如果我们发现某个面试官持续"犯错误"，我们要么会对其加以培训，要么要求其停止做面试工作。

一台不断核查调整的招聘机器

你可以想象，我们在招聘优秀人才方面的投入非常巨大。但是我们有一个业务经营假设，即我们所做的任何事情都可以做得更好。谷歌 1998 年建立的第一个搜索索引包含 2600 万个独立的网页；到 2000 年，网页数达到 10 亿个；到 2008 年，网页数达到 1 万亿个。

根据我们搜索团队的杰西·阿尔波特和尼森·哈扎伊所说,我们的搜索引擎比以前更加全面且高效:"我们的系统从谷歌最早用于应答查询问题的一系列网络数据至今已经取得了长足的发展。在过去,我们做的每一件事情都要分批进行:单个工作站可以在几个小时内做出 2600 万个网页级别(区分搜索结果优先次序的一种算法)图表,而这些网页将在固定的一段时间里作为谷歌的数据库使用。2008 年,谷歌不停地做着网页搜寻,搜集更新的网页信息,每天都要多次重新处理整个网络连接图。这 1 万亿个 URL(统一资源定位符)的图表就好似有 1 万亿个交叉口的地图。每天我们都要完成数次计算,工作量等同于全面探查全美所有道路的每一个交叉路口。只不过我们这幅地图有美国地图的 5 万倍大,道路和交叉路口也是美国的 5 万倍。"当然,这已经是 5 年多以前的事情了。现在的谷歌是 2012 年投入运行的版本,可以预执行你需要知道的事情。比如,你的手机可以下载即将乘坐的航班登机牌,会提醒你高速路上堵车,这样你就可以走小路,还会告诉你一些在周边发生的有趣事情。

恰如我们的产品可以不断变得更好,我们的招聘机器也可以。我们不断地核查调整,平衡我们的速度、错误率以及应聘者和谷歌人的招聘体验。比如,现任我们一个商务团队人力资源主管的托德·卡里塞博士,当时还是招聘团队的一名分析员,他对每名应聘者要经历多达 25 次面试到底有没有实际效用的问题发表了自己的看法。他发现,面试官通过 4 次面试就可以有 86% 的自信确定是否聘用某个人。4 次面试之后的每一次面试仅可提高 1% 的效用,所以不值得为此既浪费谷歌人的时间,又让应聘者饱受煎熬。因此我们推行了"四次准则",限定应聘者现场面试的次数(尽管我们允许个别情况下出现特例)。

单单这一项改变就将面试的中位时间从以前的 90~180 天降低到现在的 47 天，为我们的员工节省了数以十万小时的时间。

直到今天，我们从未认为自己每次做的都是对的。我们会重新查看被拒绝的应聘者的申请，评估我们是否犯了错误，加以改正，并吸取经验。我们的"再访项目"首先会将某一特定职位（比如软件工程师）所有在职的员工简历通过某种算法找出最常见的关键词。其次由精心挑选的一组招聘人员和管理人员审阅并补充关键词列表。比如，如果 IEEE（the Institute of Electrical and Electronic Engineers，电气与电子工程师协会）成为一个常见的关键词，他们或许就会将其他专业协会的名称加入其中。然后通过另外一种算法运行更新之后的关键词列表，在过去 6 个月的应聘者中寻找合适的人，根据每个关键词在成功和不成功的简历中出现的频率分配一定的权重。最后，我们对之后 6 个月投来的简历按照分配权重的关键词进行评分，重点标明被拒的高分应聘者，以便我们的招聘人员能够再次核查。2010 年，我们通过这个系统对 30 万份被拒的软件工程师简历做了筛选，再访了 1 万名应聘者，从中聘用了 150 人。为了聘用这 150 人，做这么多工作好像有些过于劳师动众，但是 1.5% 的聘用率是我们 0.25% 的总体聘用率的 6 倍。

我们不仅从应聘者的角度来看招聘工作，面试官也会收到反馈意见，评价他们在预测某人是否应该被聘用方面的能力。每一位面试官都能看到过去自己的面试评分记录，以及被面试人是否被聘用（见图 5–2）。这样一来面试官就能知道他们对潜在谷歌人的评估是否恰当，督促他们回顾之前的面试笔记，发现其中的错误或疏忽。此举也可以使后来审核每一位应聘者信息包的审核人了解某一位面试官的面试意

应聘者分数：3.9
面试官：销售经理克雷格·鲁本斯
面试官经验：总计 117 次面试，111 次现场面试

最近一次面试
4月23日上午 11:30（东部夏令时）——现场
4月23日下午 4:18（东部夏令时）——反馈意见收讫

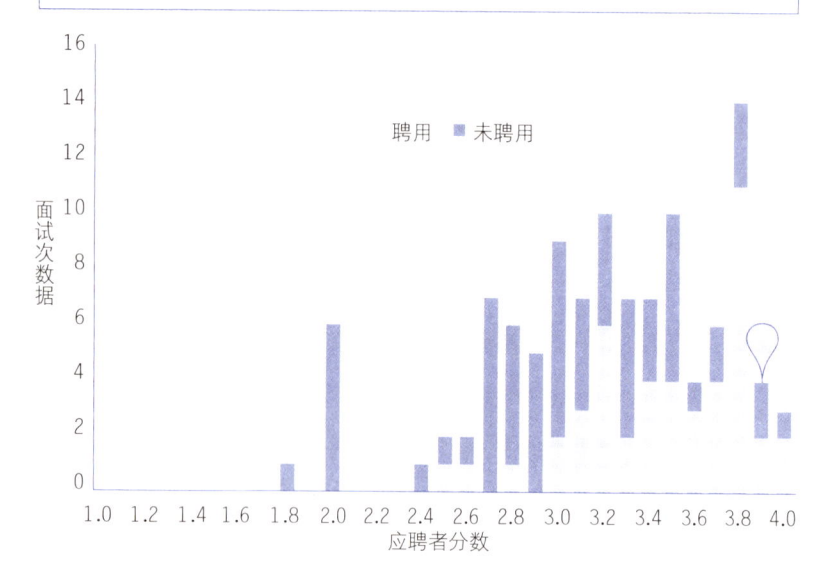

图 5-2　面试官的说明性反馈
版权归谷歌所有

见是可靠的还是应该忽略。

六大举措保证招聘质量

到目前为止，我们谈论的重点在于寻找应聘者和面试，但这只是招聘流程的两个部分。表面上看来，所有组织的招聘流程都是一样

的，都非常无聊：发布招聘公告、收简历、审阅简历、面试、聘用。听着就要打瞌睡了。

再深入一些研究就会发现，谷歌采用的招聘方式从应聘者申请一项工作之后就开始出现很大不同（见图5-3）。我们的筛选过程

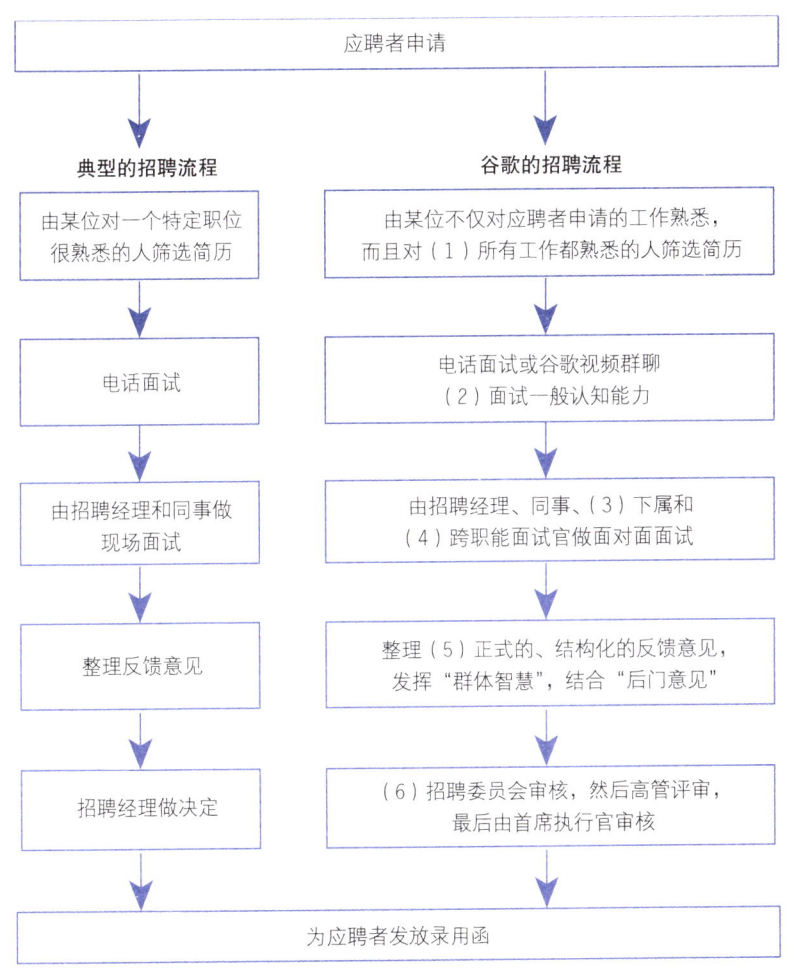

```
                          应聘者申请
                              │
              ┌───────────────┴───────────────┐
              ▼                               ▼
      典型的招聘流程                    谷歌的招聘流程

  由某位对一个特定职位          由某位不仅对应聘者申请的工作熟悉，
  很熟悉的人筛选简历            而且对（1）所有工作都熟悉的人筛选简历
              │                               │
              ▼                               ▼
                                   电话面试或谷歌视频群聊
        电话面试                    （2）面试一般认知能力
              │                               │
              ▼                               ▼
   由招聘经理和同事做             由招聘经理、同事、（3）下属和
        现场面试                  （4）跨职能面试官做面对面面试
              │                               │
              ▼                               ▼
                                  整理（5）正式的、结构化的反馈意见，
     整理反馈意见                  发挥"群体智慧"，结合"后门意见"
              │                               │
              ▼                               ▼
                                   （6）招聘委员会审核，然后高管评审，
    招聘经理做决定                    最后由首席执行官审核
              │                               │
              └───────────────┬───────────────┘
                              ▼
                      为应聘者发放录用函
```

图5-3 典型的招聘流程与谷歌的招聘流程对比
版权归谷歌所有

分为6个独特的部分,目标在于保证招聘的质量标准,确保我们做出的决定尽可能不存在偏见。

第一,评估工作不是由部门经理完成,而是由专职的招聘人员展开。我们的招聘人员是简历分析专家,如果你要接收全球100多个国家发送来的简历,这种能力就非常重要。比如,在评估大学生的时候,GPA应该是一项重点考虑的因素,但是对于来自日本的申请者却不是这样。在日本,大学录取主要依据全国考试的成绩决定,因此高中生极度重视这些考试,为了取得好成绩,他们会连续数年每周课后用15~20个小时的时间参加juku(在日本为学生参加大学入学考试做准备的课后特别辅导班)。但是,一旦拿到一所名牌大学的录取通知书,日本学生就会彻底抛开成绩。从以往的经验来看,这些学生会享受juku和单调的sarariman("上班族"的术语之一,用于形容过去日本遵守规则、以一而终、进阶缓慢的工作一族)生活之间最后一点儿嬉戏时光和自由。将日本大学成绩作为招聘参考依据几乎没有任何用处,但是了解到某个人读的是哪所大学则很有帮助,至少在聘用刚刚毕业的学生时有效。

我们的专业招聘人员对谷歌内部的众多工作岗位都很熟悉,这着实算得上是一项很强的能力,因为我们当前的业务包括搜索、自动驾驶汽车、未来眼镜、光纤网络服务、制造业、影视工作室和风险投资等多个领域。招聘人员能够做到这一点非常重要,因为当某人申请我们公司的一个职位时,他们并不了解我们公司的一切。事实上,多数公司负责不同部门招聘工作的招聘团队也是不同的。被某个部门产品管理工作拒绝的人可能很适合另一个部门的市场营销工作,但是如果两个部门的招聘人员互相不沟通,这名应聘者就不会得到机会。在谷歌，申请安卓产品经理工作的人被拒之后还可能成为通信公司销售职位的有力人选。我们的招聘人员有能力引导应聘者在全公司范围内找到较为适合的岗位，这要求招聘人员既要知道公司所有的工作种类，还要了解每种工作的职责。如果当前没有合适的工作，招聘人员会做好记录，以便后续跟进，在未来有合适的工作机会时，提供给强有力的应聘者。

筛选简历之后，进入我们招聘流程的第二步，远程面试。远程面试比现场面试要难很多，因为这样很难建立互动和捕捉非语言的细节。电话面试对于那些英语不流畅的人（谷歌的公司用语言为英语）尤为困难，因为通过电话很难表达清楚。我们更喜欢使用谷歌视频群聊，可以进行视频交流，也可以利用屏幕和白板分享，这样应聘技术岗位的人和面试官就可以一同编写和审核软件代码了。视频群聊不需要特别的设备，也不需要会议中心或下载什么软件。应聘者只需要登录 Google+，接受弹出邀请，加入视频群聊，即可开始一段视频会议。利用视频群聊还可以降低成本，因为远程面试的费用远低于现场面试，而且节省了应聘者和谷歌人的时间。我们招聘人员经历过数百次这样的远程面试，相比那些或许只经历过一两次远程评估的普通招聘经理，优势明显。

安排专业人员做最初的远程评估同时还意味着可以预先对最重要的招聘特质进行有效、可靠的筛选。通常应聘者解决问题的能力和学习能力都是在这个阶段进行评估的。我们提早完成这部分工作，这样后面的面试官就可以重点关注其他特质，比如领导力和适应不确定性的能力。

此外，在面试过程中出现意外状况时，专业招聘人员要知道如何处理以化解尴尬。比如有一位应聘者把母亲也带到了面试现场。还有一位应聘技术岗位的应聘者忘记束腰带，每次转身在白板上写代码的时候裤子都会掉。我们经验丰富的招聘人员帮他解了围，把自己的腰带给了他。

我参加其他公司的几次面试都见到了潜在的老板和几位未来的同事，但是我几乎没有见过可能在我手下工作的人。谷歌则将这种方式倒置。你很可能会遇到未来的经理（如果可能的话——有些比较大的工作群体，比如"软件工程师"或"财务策略师"等的招聘经理不止一位）和同事，但是更重要的是与一两名将要为你工作的人会面。从某种意义上讲，他们的评估比其他人都重要，毕竟他们要与你朝夕相处。因此说来，我们所用流程的第三步关键不同之处就是有下属对潜在的雇员做面试。此举向应聘者传递出谷歌没有等级划分的强烈信号，同时有助于防止任人唯亲，避免经理聘用老朋友来组建新团队。我们发现，非常优秀的应聘者可以使手下深受鼓舞、兴奋异常。

第四，我们还补充了"跨职能面试官"，即与应聘者竞聘的岗位没有任何关联或关联很少的面试官。比如，我们或许会请法律部或负责广告产品设计的广告团队成员来面试潜在的销售人员。此举旨在提供公正的评估：从不同职能部门来的谷歌人不会特别在意某个职位是否空缺，但会强烈期望保持招聘工作的高标准。而且他们相对不容易犯"薄片"错误，因为他们与应聘者的共同点要少于其他面试官。

第五，我们采用了一种彻底颠覆的方式给应聘者编写反馈意见。我们讨论过面试反馈意见必须包含几项重要的特质，还采用"后门意见"作为参考资料。此外，我们会平等地看待每个人对应聘者的反馈意见。下属的反馈意见与招聘经理的反馈意见同等重要，甚至更重要。托德的研究显示，面试的最优次数为4次，而单个面试官的评估报告本身并没有太大的帮助（见图5-4）。

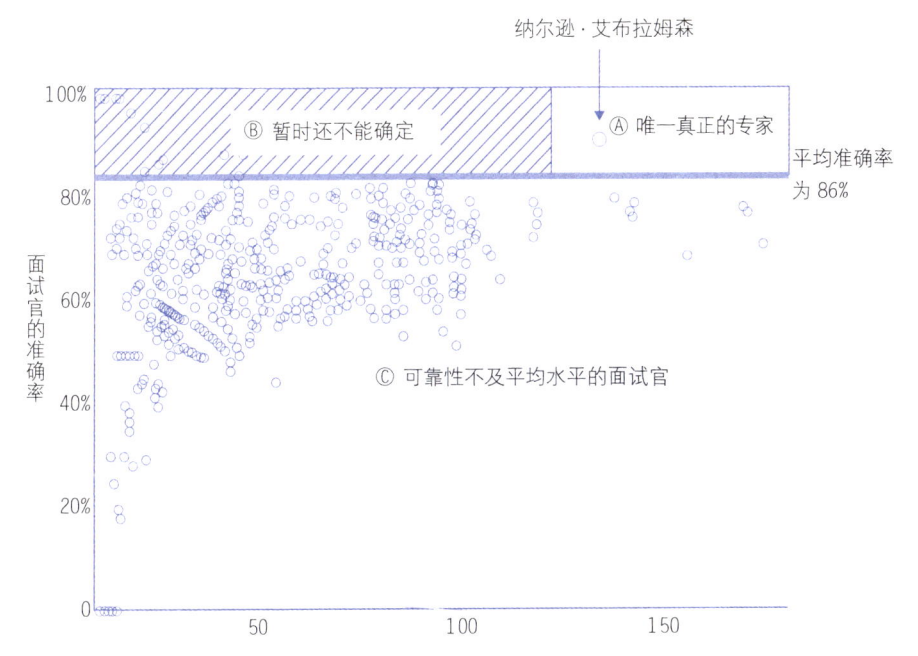

图5-4 每个面试官完成的面试次数散点图

这是一张展示个体面试准确率与平均面试分数86%准确率对比的散点图（每一个点代表一位面试官）。面试官准确率是指面试官希望聘用的应聘者中真正得到聘用的比例。A组包括纳尔逊·艾布拉姆森，他是唯一战胜群体智慧的人。B组中的面试官看似比一般人水平高，但是所做的面试次数尚有不足，无法通过统计数据证明是其技能高超还是仅仅因为运气好。多数个体都要低于"群体"的平均准确率，落在C组。

平心而论，在这方面唯一称得上专家的谷歌人是纳尔逊·艾布拉姆森，就是散点图右上角那个孤零零的点。但是托德经过深入研究之后发现，纳尔逊有着他人无法比拟的优势。他在我们的数据中心工作，这里是一个全球网络服务器，能够快速获取互联网副本，几毫秒内就能得到搜索结果。这个角色需要有非常特别的技能组合，而他面试的人也都做这些工作。此外纳尔逊还是谷歌第 580 号员工，因此有非常丰富的经验。但是这是我们分析的 5000 个现场技术面试案例中唯一一个特例。

与其他情境相似[①]，群体智慧在做招聘决策时也同样适用。

因此，我们依然报告每位面试官面试的反馈分数，但是更多强调的则是平均分数。[92] 采用这种方法可以避免某个人排挤应聘者的情况，同时还可以限制帮助某位应聘者游说的可能。

第六，我们依靠没有利益相关性的审核人。除了采用结构化的面试题、招聘时关注应聘者的一些特质之外，我们还会刻意为每一名应聘者安排至少三重审核。招聘委员会首先审核，决定是否推荐某位应聘者继续参加面试。比如，在人力运营部，招聘委员会由负责我们团队主要板块的多位主管和副总裁组成。招聘委员会成员在应聘者将要进入自己团队时要主动退出评审。他们要审阅一个应聘者信息包，每个应聘者信息包有 40~60 页文档。图 5-5 选取了其中一些关键要素。

如果招聘委员会拒绝了应聘者，招聘流程便就此结束。如果他们支持一位应聘者，他们的反馈意见就会补充到应聘者信息包中，而后递交高管评审。在每周例会上，我们高管中的某几位会对每周的应聘

---

① 比如，密歇根大学的斯科特·佩奇的研究表明，人们对奥巴马总统金融团队将要施行的金融市场政策的猜测，其准确性比美联储的一小批经济学家的分析要更准确。根据电视真人秀《谁想成为百万富翁》前主持人里吉斯·菲尔宾所说，在节目中，询问观众时得到的答案有 95% 是正确的。谷歌的网页级别——一种确定搜索优先顺序的算法——在很大程度上也是依靠群体智慧。

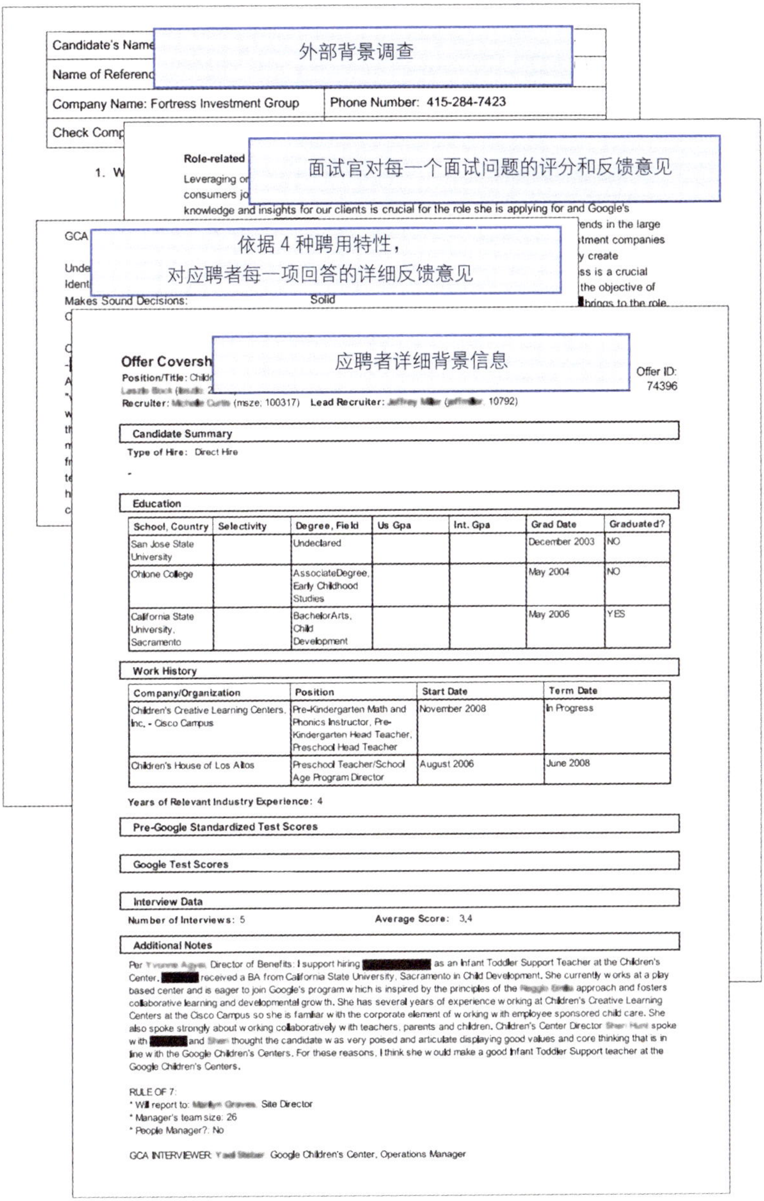

图 5-5 应聘者信息包（节选）

版权归谷歌所有

者做另一层次的客观评估。有时我们一周有 300 多名应聘者，有时不到 20 名。在这个阶段，应聘者或被推荐聘用，或被拒绝，或被要求提供更多信息，通常此时会进一步测试应聘者某一方面的特性或是考虑应聘者被聘用的可能性大小。在这个阶段拒绝应聘者最常见的原因是什么呢？文化。[①] 尽管谷歌人持各种政见的都有，但是信息透明和真正的话语权等企业文化却被广泛认同，这也是我们公司经营的核心。恰如杰夫·胡贝尔最近对一位应聘者的评论所说："这是一个很了不起的应聘者，他技术面试评分很高，非常聪明，完全能够胜任工作，但是特别傲慢，没有一个面试官希望他加入自己的团队。这是一个了不起的应聘者，但是不适合谷歌。"

如果高管评审之后表示支持，这些应聘者的报告就会作为每周推荐聘用人员送交拉里审核。报告中包括每名应聘者的详细信息包的链接，还包括各级评审对每名应聘者的总结、反馈意见和推荐意见。拉里给出最多的反馈意见是应聘者或许没有达到我们的聘用标准，或是材料中体现出的创造性还不够好。比反馈意见更为重要的是，拉里向公司传递出信息：招聘工作是最严肃的事情，我们有责任继续做好这项工作。新入职的谷歌人听闻拉里亲自审阅过他们的求职申请时，总是会喜出望外。

如果按照传统的招聘流程，我们可以在一两周内完成一个招聘流程，而不是像今天一样用上 6 周时间。在必要的情况下，我们也有能力加快招聘速度——每隔几周的时间，我们都会为那些已经拿到其他公司的录用

[①] 此处的文化特指本章前文中介绍过的一些特质，包括责任心、能够接受模棱两可的状况等。同时还指拓展谷歌人的类型，避免出现同质化。

函但如果不迅速回应就失效的应聘者进行一次快速招聘,[①] 我们还在美国和印度的大学校园里开展过为期一天的招聘活动,测试能否提高我们的招聘成功率。至今为止,快速的招聘流程并没有实质性地提高应聘者的应聘体验,也没有提高应聘者接受我们工作邀请的比例,因此我们的关注点仍然是探寻方法聘用我们可能忽略掉的人,而不是加快招聘流程。

你可能会好奇这样做会不会用去谷歌人很多的时间,确实会的。

但是并没有你想象的那么多。有 4 个原则可以帮助最小的团队在招聘工作上有非常大的提升。

在公司员工数量达到 2 万人之前,多数谷歌员工每周用在招聘工作上的时间是 4~10 小时,我们的高管每周很容易就要用上一整天时间,所有高管加起来每年有 8 万 ~20 万小时要用在招聘工作上。这

[①] 这种录用函被称作"爆炸录用函"(exploding offers),因为如果不在限定日期内接受邀请,就会失去录用机会(爆炸)。这种录用函在应届生招聘中常用,但当下在硅谷越来越盛行。我认为这种做法在应聘者身上强加了很多不公平的压力。应聘者本应自由地做出最有利的决定,不应承受任何胁迫。毕竟,公司有很多员工,但是每个人只能做一份工作,所以这份工作应该是一份心甘情愿去做的工作。

时任哈佛大学教授罗伯特·J. 罗宾逊在其 1995 年发表于《谈判杂志》的《拆除爆炸录用函:远点策略》一文中介绍了应对爆炸录用函的方法。文章题目参考了《星际迷航:银河飞龙》中一个称作"远点相遇"的片段。进取号星舰船长被外星人法官判刑,这名法官对警卫说:"士兵们,如果这个罪人说出'有罪'之外的一个词,你们就扣动手枪扳机。"他问皮卡德船长的下一个问题是:"罪人,你要如何为自己辩护?"皮卡德这样回答:"有罪……暂时的。"鉴于皮卡德既非有罪("暂时的"),也没有死,这种胁迫的困境自然而然就崩解了。

罗宾逊的巧妙想法就是用同样的方法应对爆炸录用函:"我接受,暂时的。"策略就是提出一种合理的状况(比如,"除非我能够与未来的上司见面""除非我没有从正在等待消息的公司处得到更好的录用条件"),解决截止日期问题。"一旦截止日期问题解决,"罗宾逊认为,"威胁的真实性也就打破了。"

其中还不包括我们的专职招聘人员所用的时间。这些时间的投入是公司快速成长所必需的，也确保我们在招聘质量上没有将就。而且说实话，这在当时已经是我们竭尽全力的结果。我们用了数年的时间研究和实验，找出了高效的招聘方法。

2013年，谷歌大约有4万名员工，尽管我们的招聘工作量是公司员工2万人时的近2倍，谷歌人平均每周用在招聘上的时间却降为1.5小时。我们将谷歌人用在每一位应聘者上的时间减少了75%。我们还在继续努力降低这个时间，并学着更高效地管理招聘团队和他们的时间。

但是至今为止，最好的招聘技巧莫过于有一批核心的优秀人才。乔纳森·罗森伯格以前总是在办公室里放200份谷歌人的简历。如果一名应聘者对是否加入谷歌持观望态度，乔纳森就会把这一堆简历放到他面前说："你一定要与这些人共事。"这些谷歌人教育背景各异，有很多来自全球最好的学校；有的开发出具有开创性的产品和技术，比如脚本语言、数据块定位（BigTable）和映射规约（MapReduce）；有的曾在最具有开创性的公司供职；有的是奥林匹克运动员、图灵奖和学院奖获得者、太阳马戏团表演者、魔方冠军、魔术师、三项全能选手、志愿者、老兵，以及做过你能想象的各种炫酷事情的人。应聘者总是会问乔纳森是否刻意挑选出这些简历，而乔纳森则会真诚地告诉应聘者，这些简历是从那些制造谷歌产品的谷歌人中随机挑选的。他每次都能留住应聘者。

说到这里，我们到底是如何打造自我复制的招聘机器的呢？

- 设定高质量标准。进行招聘之前，确定你所期望的一些特质，定义何谓伟大的团体。首要准则是只聘用比你更优秀的人。不要将就，永远不要。
- 寻找你自己的应聘者。领英、Google+、校友录和职业协会使这项工作变得简单明了。
- 客观地评估应聘者。请下属和同事参与到面试中，确保面试官做好记录，请一组不存在偏见的人做最终的招聘决定。定期回顾那些笔记，将笔记与新员工的表现做对比，优化自身的评估能力。
- 给应聘者一个加入的理由。清楚地解释为什么你们所做的工作很重要，请应聘者了解将要与之共事的突出人才。

写出这些内容很简单，但我根据自己的经验可以告诉你，要把这些真正落实在行动上很难。经理恨死了不能自行聘用团队成员；面试官也很难忍受他人指指点点，按照某种特定的形式进行面试或写反馈意见。在违背直觉的数据面前，人们都会有不同意见，会争辩是不是每一份工作都需要设定如此高的标准。

不要屈服于压力。

为品质而坚持。

经常有人对我说："我只是想要一名行政助理，只要能接电话、安排会议日程就可以。我不需要聪明人，只要一个能干活的人就行。"这是很糟糕的逻辑。一名出众的行政助理能对经理产生强大的影响力，帮助他们更好地安排时间，优化任务顺序，作为经理的脸面应对所有来访者。这些角色很重要，而一名普通的行政助理与一位卓越的行政助理之间有着天壤之别。我之所以知道这些是因为我有幸与最优秀的行政助理汉娜·查共事过。

如果你致力于带领团队或所在组织走上转型升级之路,那么把招聘工作做得更好是唯一且最好的出路。这需要有意愿和耐心,但确实行之有效。要愿意使员工在招聘工作上投入时间,永不止步。

采用这种招聘方式还有另外一个好处:在多数的组织里,你要先加入,然后证明自己。在谷歌,我们对招聘流程的品质充满信心,因此员工一旦加入我们的团队,从第一天起就会得到我们的信任,成为我们的正式成员。

谷歌工作法则

- 设定高质量标准。
- 寻找自己的应聘者。
- 客观评估应聘者。
- 给应聘者一个加入的理由。

第六章　打造最幸福的公司

我们一直都担忧公司文化,但是公司大的好处在于,我们可以进行成百次的实验,探寻能够真正使谷歌人更幸福的做法。

拉斯洛·博克 谷歌首席人才官

你的经理信任你吗？我敢保证你的经理在你走进办公室的时候不会把自己的珠宝首饰藏起来。但是如果你认为自己应该得到升职的时候，你可以自己决定吗？如果你想每周用一天的时间去做一个编外项目或是为其他员工组织演讲，同时你也有办法把分内工作做好，你的想法能够实现吗？你可以决定请病假的天数吗？

同样重要的是，你信任你的经理吗？他会支持你，为你争取权利，帮助你完成工作？如果你想换一份工作，你能与他交流此事吗？

能做到上述几点的经理我们都喜欢，但只有少数人才能如此幸运。在谷歌，我们对管理人员一直保持着深深的怀疑态度。很多工程师都是这么想的：经理都是"呆伯特"（漫画中身居斗室的职场圈里的平庸之辈）式的人物，最多也只能保护员工免受见识浅薄的高层领导掣肘，让员工做些实事。

但是我们的氧气项目（Project Oxygen）——我们将在第八章详

述——显示，经理其实做了很多好事。原来我们并不是对经理本身持怀疑态度，而是对权力以及以往经历中经理滥用职权心存深深的怀疑。

传统意义上的经理控制着你的薪水、升迁、工作量、岗位调配以及是否能有一份工作，他们的权力甚至触及你的夜生活和周末。尽管经理不一定会滥用这些权力，但是滥用的可能性依然存在。我们对恶霸老板的焦虑体现在影视、书籍等作品中，从《办公室》（The Office）中的迈克尔·斯科特到最近大量涌现的《论浑人》（No A**hole Rule）、《浑蛋先得手》（A**holes Finish First）一类书籍，不一而足（前一本教我们如何应对浑蛋，后一本教我们如何成为浑蛋——省略的星号是我加的，毕竟本书是一本老少咸宜的书）。

我在通用电气工作的时候认识一位高管，我们就叫她艾伦吧。艾伦在通用电气晋升很快，坐上了高管的位置。有一天早晨，艾伦匆匆走进办公室，在秘书的桌子上丢下一个纸袋子。"丽莎，能帮我往我的医生那里跑一趟吗？我得把大便样本送给他。"袋子里装的是艾伦早晨的"成果"，还热乎着呢。

艾伦不认为自己做的有什么错。她是一名高管，工作繁忙，由秘书去送排泄物可以使她的工作更有效率。

你或许听过"权力导致腐败，绝对的权力导致绝对的腐败"这句话。[93] 1887年，阿克顿勋爵写下下面这段话，对领导权做出了深刻的剖析。这段话出自他与历史学家、英格兰教堂主教曼德尔·克莱顿的辩论，当时克莱顿正在撰写宗教法庭史，在某种程度上要为教皇和国王开脱罪责。阿克顿做了一段并不广为人知但更有力度的辩论：

> 你认为我们应该用与对待常人不同的标准来评判教皇和国

王,心怀善意地假设,认定他们不会犯错,此点我不敢苟同。如果要做假设,也应该认为掌握权力的人是恶的,权力越大,恶念越深……伟人多数是恶人,即便他们不滥用权力,而只是施加影响力;如果你再考虑到权力带来腐败的可能性或必然性,他们的恶会更甚。官方宣扬掌权者的圣洁无瑕是世上最无耻的异端邪说。这样做无异于……本末倒置。

阿克顿并非仅从学术角度表达了对权力带来腐败的一些观察见解,他是在大声疾呼,掌权者应具有比普通人更高的道德标准。

在此背景之下,艾伦的行为就不那么奇怪了。毕竟,她难道不是通过努力地工作,做出了牺牲才坐上高管的位置吗?她这么忙,如果秘书能够帮她节省哪怕15分钟的时间,对通用电气也是有益的,因为艾伦可以将宝贵的时间用于为股东创造更多的价值,对吧?如果说要秘书帮忙的事情从工作事务变成私事呢?嗯,艾伦不也经常利用私人时间为通用电气工作吗?帮她处理私事与帮助她处理工作事务也没什么不同,对吧?

错。经理并非坏人。但是我们每个人都可能为贪图便利或为享受权利带来的小刺激而滥用权力。

与此同时,创造等级制度的责任并非全在经理,员工也经常创造自己的等级制度。

我们在谷歌面临的挑战中有一点是我们希望谷歌人像主人翁一样,而不是像雇员一样去体会、思考和行动。人类总是倾向于遵从权威,寻求等级划分,关注局部利益。回想一下你参加过的会议,我敢打赌,级别最高的那个人总是坐在会议桌的上首。是因为他们匆匆地从一间办公室冲到另一间办公室，抢先来到会议室，才占到这个最好的位置吗？

下次仔细观察一下，随着参会者陆续到场，他们会刻意将上首的座位空着。此种现象证明了我们一些不自觉的微妙举动创造了等级制度。没有指示，没有讨论，甚至没有有意识的思考，我们就会为"上级"留出位置。

甚至在谷歌我也能看到这种现象，只不过有些许变化。我们最高层的一些领导者对这种现象也非常熟悉，并尝试打破这种状态，选择坐到会议桌某一侧的中间。我们的法律总顾问肯特·沃克就经常这么做。"从某种意义上讲，此举在于建立'亚瑟王的圆桌'似的动态平衡——等级概念较模糊，更能吸引人们彼此交流，而不是逐个与我进行往复交流。"（尽管肯特也坦诚地承认这种做法也有其实际意义："出现这种现象有一部分原因是我在白板上贴出了会议议程，由我坐在中心位置有利于我保持专注。"）

但是经过几次会议之后，人们又会习惯性地将那个位置空出来。

人类极其善于遵守规矩。2007年之前，谷歌的招聘政策是"聘用尽可能多的聪明人"。2007年，我们开始有了招聘预算制度，因为我们聘用的人数已经难以消化。如今每个团队每年的招聘人数都有了限制。因为工作岗位成了稀缺资源，所以需要有所保留，谷歌职位从原本的富足心态转变为当时的紧缺状态，谷歌人调整之迅速令我震惊。职位空缺的时间比以往更长，因为各个团队要确保他们聘用的是最优秀的人。内部调岗变得更加困难，因为他们需要腾出一个空岗位。

现在的状况好了一些。我们改变了一些规则，解决了一些挑战，以便在必要时某些团队可以适当超支，比如，如果谷歌人想从另外一个团队换岗。多数部门领导还会预留一部分预算，这样就能随时为非同寻常的应聘者留出空间。但是当时最令我震惊的是，即便在这样一家给员工如此多自由的公司，一个简单规则的推出竟然也对员工行为造成了如此巨大的改变。

最优秀的谷歌人会有自己的判断，在合情合理的时候打破规则。举一个简单的例子，我们规定谷歌人每月只能带两位客人来我们的餐厅。如果某人偶尔带上父母和孩子来也没问题，他们偶尔一起享受一段快乐的经历比遵从规则要更好。

现在说到预算的问题就好像有些不同了。设定预算的目的在于使用资金要控制在预算内，但是在谷歌总要为真正非凡的人留出空间，即便超出预算也在所不惜。然而我们很多人内心固化了对规范的尊重，感觉超预算好似革命性的大事。

20世纪60年代，斯坦利·米尔格拉姆于耶鲁大学做的一系列饱受争议的实验也证明了同样的道理，只不过他的实验更极端。米尔格拉姆当时正在探寻一个问题：为什么会发生大屠杀？为什么数百万人被屠杀，整个社会对此并没有表现出怨恨，而是或消极或积极地支持这种行径？人类难道如此容易受权威左右，甚至能做出极度有违人性的事情？

他的实验是以记忆实验的形式展开的，实验对象被要求对隐藏的"学习者"进行电击，以惩罚学习者未能记住所学的单词。学习者每失败一次，实验对象就被要求扳动开关，将电压提升15伏，电压强度从15伏到420伏，还有最后两挡标着×××，分别对应435伏和450伏。电压每提升一次，实验对象就会听到学习者喊叫的声音，到后来喊叫声变为尖叫声。300伏时，学习者开始撞墙，诉说心脏难受。

升到 315 伏之后，学习者会陷入沉默。如果实验对象拒绝继续扳动开关或将电压调到 450 伏——在几次实验中，电压会调高三倍——实验将结束。要知道，电击 30 次才能达到这么高的电压。

在米尔格拉姆的第一次实验中，40 名男子作为实验对象。其中 26 人一直将电压调高到 450 伏。21 次电击之后，学习者陷入彻底的沉默。然而，仍然有 65% 的参与者按照指令行事，即使在学习者完全没有任何反应之后，依然实施了 9 次电击。没有一直做到最后的 14 名实验对象中，也没有一个要求中途停止实验，甚至没有一个人未请求许可便去检查受害者的状况。[94]（在此有一个关键的事实需要说明，就是没有人真的受到电击。扳动的开关没有任何效果，尖叫都是预先录下来的。）[①]

经理都倾向于累积和运用权力，员工都倾向于服从命令。

---

① 米尔格拉姆的实验经常只是被顺带提及，但是其中一些细节得以公之于众。他在实验中至少尝试了 19 种变量。实验 8 中只有女性参与者。顺从命令的结果与男性实验对象一样，只不过女性实验对象的紧张程度更高。米尔格拉姆报告称，不论性别，"很多实验对象在实验环境下表现出紧张迹象，特别在实施强度较大的电击时尤为明显。实验对象在很多情况下极其紧张，紧张程度在社会心理学实验研究中很少看到。实验对象出现出汗、颤抖、结巴、咬嘴唇、呻吟、用指甲抠肉等表现。上述行为在该实验中并非特例，而是正常表现……尽管顺从的实验对象继续实施电击，但是他们经常在极大的压力下完成指令。有些实验对象在电击电压超过 300 伏之后表达了不愿继续实施电击的意愿，表现出与那些反对实验者类似的恐惧；但他们还是服从了"。资料来源：Stanley Milgram, "Behavioral Study of Obedience," *Journal of Abnormal and Social Psychology* 67, no. 4 (1963): 371–378.

　　米尔格拉姆对实验参与者进行了跟踪调研，以评估实验对他们有没有长期影响。令人惊奇的是，竟然有 84% 的参与者"非常高兴"或"高兴"参与了实验，另有 15% 的人表示无所谓。有一封实验参与者的信经常被引用，米尔格拉姆在《对权威的服从》(*Obedience to Authority*) 一书中也做了引用，信中解释了这个实验让参与者有了自我觉悟，能够意识到自己是如何做决定的，而这种做决定的方式在以往已经存在却不曾被发现："我在 1964 年作为实验对象时，尽管知道正在伤害某个人，却完全弄不清自己为什么要这么做。很少有人能够分清自己是根据意愿而行动还是仅仅遵从权威的命令。"[95]

不可否认的是，我们很多人都同时扮演着经理和员工两个角色。我们都遇到过控制欲很强的经理，也遇到过不服从管理的员工，这样的挫败感我们每个人都曾有过。

这时你或许会想，哇，突然有种暗无天日的感觉。

还有希望。

"你的经理信任你吗？"这是一个非常深刻的问题。

如果你相信人性本善，如果你所在的组织能够很好地完成招聘工作，给员工以自由，就没有什么好担心的。

要记住"极乐空间"（asylum）的本意为"避难之所"（a place of refuge）。人们对工作环境心存崇高的渴望，希望这里能成为一个避难之所，人们在这里可以自由地创造、塑造和成长。为什么不让人们自己来经营这个极乐空间呢？

授权于大众的第一步就是要保证人们能够安全地发表意见。俗话说"枪打出头鸟"，就是警示人们不要随便发表评论。

正是出于这个原因，我们才尽可能削弱经理的权力。他们拥有的正式授权越少，就越难利用萝卜加大棒的政策辖制团队，这个团队的创新范围便会越广阔。

消除地位象征

我们讨论过，在谷歌，经理不能独自做出聘用决定，而在接下来的章节中，我将分享我们也不允许经理未经共同决策便做出薪酬和升职决定。然而，想要创造出授权于员工的环境，使员工有主人翁的感受，像主人翁一样行动，单单在招聘和升职管理上采用创新的方法是不够的。为了减轻人类内在寻求等级划分的倾向，我们尝试消除显示权力和地位的象征符号。比如，出于实际考虑，我们在谷歌只有4个明确的级别划分：普通员工（独立贡献者）、经理、主管（多位经理的经理）和高管。此外对技术员工还有一条平行的职业轨迹，他们整个职业生涯一直保持着独立贡献者的身份。在这些层级上的提升代表个人在洞察力、影响力和领导力方面的作用。人们当然关心升职的问题，而且升职为主管和高管是非常重大的事情。

公司规模比较小的时候，我们对两种级别的主管做了区分，级别较低的主管称作主管—技术类，级别较高的主管称作技术主管。我们发现，尽管只是头衔文字顺序的细微区别，也使人们对两种级别的不同有了固定认识，于是我们取消了这种区别。

随着公司的逐步壮大，要坚守信息透明的信条越来越难。我们曾经完全禁止使用的一些头衔又开始在公司里出现，比如包含"全球"或"战略"之类的头衔。我们禁止使用"全球"，是因为这是一个不证自明且有些虚浮的称号。除非明确说某项工作并非全球化的，难道不是每项工作都是全球化的吗？"战略"也同样有些虚浮。孙子是一位战略家，亚历山大大帝也是一位战略家。我有很多年一直被称作所谓的战略顾问，我敢说在一个头衔里加入"战略"一词是吸引应聘者的好办法，但是对工作的性质不会有什么改变。我们在招聘的时候特别注意头衔的监管，但是无法持续清理雇员信息库，管理员工加入团队之后给自己命名的头衔（在谷歌，你可以自己选择头衔）。我们只是希望通过努力将头衔的影响力降到比在其他地方更低。

我们在第四章提及的捷波朗公司的兰迪·纳福利克给我讲述了他是如何将降低头衔关注度的实践影响到其他公司的。他对我说，这种做法并非适用于所有人:"在谷歌,领导地位与头衔并不画等号。我经常给表现最好的一些员工做领导的机会,帮助他们学会不受头衔权威影响的领导艺术。久而久之,将这些领导者安排到人员管理的岗位上就变成了非常简单的工作,因为他们已经完全学会了如何激发领导力、激励追随者,以及促成同事之间做出决定。我在捷波朗从另外一家科技公司聘用一位人力资源商业合伙人的时候也尝试了类似的方式。我向他解释,头衔应该附属于领导力。最初几周他一直因为这件事耿耿于怀,他问:'如果没有头衔,我怎么安排他们工作?'他在公司里熬了不到 6 个月。"

此外,我们还消除了其他象征或强化等级划分的方面:我们最高级别的高管获得的福利、额外津贴和资源与新员工是一样的。我们没有高管餐厅、停车位或补贴。我们在 2011 年引入了一项递延酬劳项目(谷歌管理投资基金),谷歌人可以将富余的钱投给我们的金融财务部,当时我们决定不仅允许高管参与,而且让所有人都可以参与,这与大多数公司的做法都不相同。在欧洲,通常高管可以拿到车辆津贴,我们则为所有员工发放,同时还会控制最高级别高管的福利水平,确保公平。有些人因此抱怨,但是在我们看来,使福利惠及所有人比遵从行业惯例更重要。

如果你想要建立没有等级划分的工作环境,就需要时刻把公司的价值观放在醒目的位置,否则,人的本性就会不可避免地显露出来。象征符号和故事很重要。曾任杰拉尔德·福特总统新闻秘书的罗恩·内森分享了一个有关他的上司领导方式的故事:"他养了一只狗,名叫自由。自由在总统办公室地毯上方便了一下,有一位海军服务人员立刻冲上前去清理。福特说,'我来清理。让开,我来清理。自己的狗要自己管,不应该让别人收拾'。"[96]

这个故事之所以如此令人动容,是因为美国权力最大的一个人不仅明白自己的个人责任,而且还能领会亲身践行的象征意义。

这也是帕特里克·皮切特上班时身穿牛仔裤、背着橙色背包而不是西装、公文包的意义所在(见图6-1)。是的,他是谷歌的首席财务官,工作繁杂,要平衡谷歌对"登月计划"(谷歌内部对Google X 的叫法,但也包含部分Google X 之外的重大项目)的巨大抱负,确保公司的财务状况得到良好的管理。但是同时他又平易近人、热心肠,管理也人性化。当他骑着自行车在我们的园区内飞驰而过时,他向谷歌人展示出,即使我们最高级别的高管也是普通人。

图6-1 帕特里克(左)和我骑着他的一辆自行车
感谢布雷特·克罗斯比拍摄此照片

依靠数据做决策

除了将权力所带来的地位象征和矫揉造作最小化之外，我还会依据数据做决策。奥米德·科德斯塔尼在来谷歌之前供职于网景公司。奥米德自己是这样说的："网景公司传奇首席执行官吉姆·巴克斯代尔在一次管理会议上说，'如果你掌握了事实，拿出来，我们会采用。但是如果你只是有想法，那还是用我的吧'。"

巴克斯代尔做此评述的语气既有趣又有些专横，但由此可以窥见大多数成功管理者的思维方式。毕竟，他们能够成为管理者是因为已经证明了自己的判断力（希望如此），那么我们为什么不依靠他们的判断呢？

同时，巴克斯代尔的话也强调了我们每个个体都掌握着很多机会。依靠数据——真的，要期望每一段对话都以数据为根基——颠覆了传统管理者的角色。管理者从负责提供直觉的人转变为搜寻真相的引导者，每个决策都依据最有用的事实做出。从某种意义上讲，每一次会议都好似黑格尔辩证法，会议主持人宣布主题，参会人提出反对意见，驳斥观点、质疑实例，并检验最终的决定是否正确。结果将是一个综合体，相比独断专行的公告，这样做更能接近真实。谷歌坚持的核心准则中一直都有一条："不要耍政治手腕。用数据说话"。

正如哈尔·瓦里安对我说过的："依靠数据可以帮助所有人摆脱困境。高管不应把时间浪费在争论某个广告背景用黄色好还是蓝色好，只需做一次实验。这样管理层就能得到解放，他们只需操心那些难以量化的事情，这样通常能够更好地利用他们的时间。"

我们利用数据（证据）规避流言、偏见和旧式的刚愎自用。其中一种方法就是打破流言。[在此要对亚当·萨维奇和杰米·海尼曼主持的一档极好的电视节目《流言终结者》(MythBusters)说声抱歉,他们在节目中这样测试一些流行文化见解是否真实:"存在从恶魔岛监狱中逃脱的可能性吗?"答案是存在。"如果正在下雨,奔跑或步行,哪一种会湿得更厉害?"答案是步行。]我们受这档电视节目的启发,开始尝试在公司内部测试一些流言,并尽我们所能揭穿流言。

人们会针对组织内部各种事情如何运作做各种假设——实际上只是猜测。这些猜测多数都是源自样本偏差。有关样本偏差教科书级的案例就是亚伯拉罕·沃尔德在二战时期的一项研究。匈牙利数学家沃尔德是统计研究小组成员,该小组位于哥伦比亚大学,在二战期间接受美国政府安排的统计任务。当时军方向他咨询如何提高轰炸机的存活率。沃尔德分析了完成轰炸任务返航的飞机机体上弹孔的分布,以此确定机体需加强装甲的位置。根据美国国家二战博物馆[97]提供的资料,他当时制作的图解如图6-2,右侧飞机机体上的暗色区域是弹孔最多的区域。

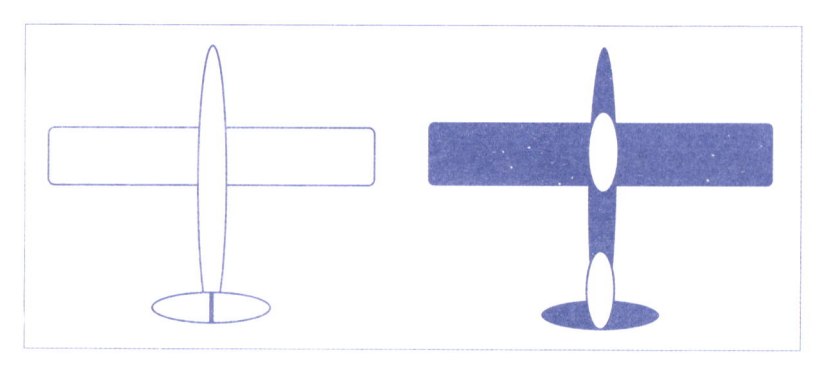

图6-2 沃尔德的轰炸机损伤图解

沃尔德的总结与人们的直觉恰恰相反，他认为驾驶舱和尾翼部分需要最大限度的加固。

他看过的样本只包括那些幸存的轰炸机，这些飞机的机翼、机头和机身被击穿。沃尔德意识到自己看到的是一个偏差样本：被击中驾驶舱和尾翼的飞机根本不可能返航，因此恰恰是这些部位最需要防弹加固。①

样本偏差令我们非常苦恼。比如，我们在 2010 年的年度员工调查中发现，很多技术人员认为谷歌没有对表现差的员工采取足够果决的行动。实际情况是，在一个 10 个人的团队中，9 个人都盯着同一个表现不尽如人意的人，并依此认为没有人采取任何措施帮助他们或解雇他们。他们没有看到其他类似规模的 5 个团队中没有一个表现差的，也没有意识到管理者和人力运营部的人早就了解了实际情况并在幕后处理了这些问题。这属于一种典型的样本偏差——某人依据偶然间观察到的缺陷小样本得出了结论。在这个案例中，因为要尊重工作遇到困境的员工的隐私，我们并没有公开所发生的事情，而是表明了立场，告诉谷歌人，我们一直在幕后解决这个问题。我们还会将全体谷歌人的真实数据融入绩效管理相关的培训材料和演讲中。

---

① 另外还有一个生存偏差的例子，在分析中只考虑了幸存者而不是整个群体。对创业企业和对冲基金表现进行分析的分析者经常会犯这种错误，因为他们的分析对象仅仅是那些尚在运营的公司，而忽略了那些破产或倒闭的公司。这样的分析结果使创业公司和对冲基金的表现比实际更加好。当然，如果过于依赖本书也可能成为生存偏差的一例。从本书的论述中当然可以学到一些经验，但更重要的是同时也应考虑失败企业的经验教训。我们在人力运营部进行分析的时候会竭力避免生存偏差。比如，我们会以双盲实验的方式聘用一些已经被拒的应聘者，观察他们的表现，以此测试我们的招聘策略是否有效。

结果，技术人员在这个问题上的态度大幅改善，针对"在我们的工作团队中，我们能够有效处理表现差的成员"这一问题的评分比以往高出 23 分（满分 100 分）。甚至还有更好的现象，谷歌人开始彼此解释这种动态机制。最近有一封邮件讨论，一名谷歌人发现一个工作偷懒、表现很差的员工，但是这个问题却没有得到解决，他因此感到非常沮丧。另外一名谷歌人插话解释道，这个偷懒的人可能已经引起了注意，但可能是那些"律师猫"[98]不准人力运营部的人与所有人分享细节。事实确实如此！

　　升职是另外一个常常引发流言的因素。我们在谷歌通过电子邮件宣布升职消息，邮件中会列出升职人的姓名和个人简介。但是我们的公司规模太大，员工不可能了解每个人，因此谷歌人浏览升职名单的时候，很自然地会去寻找他们认识的人，祝贺他们升迁。但与此同时，他们在潜意识中还会做一些假设。"我注意到萨利升职了，但是戴维却没有，肯定是因为萨利为首席财务官工作。""哇，看看吧，安卓团队所有人都升职了……但是我几乎没有见过基础架构（数据中心）的人升职。我猜公司只关心面向用户的事情。"比较典型的推断认为：项目上需要有高层人员才能得到升职，因为一般认为他们的意见更有分量；在"更性感"的产品领域工作有利于升职；一次负面的评价会影响升职；总部的项目更容易引人注目，因此在这些项目上工作得到升职的机会也更多。诸如此类的推断还有很多。每年我们对谷歌人做调研的时候，他们都表示升职流程不公平，因为很多特定部门、项目或工作会得到优待。

　　如果这些推断是对的，那么他们的担忧也就合情合理，但实际上这些推断并不正确。

如果谷歌人能花时间来人力运营部确认自己的观察结果,我们就会带他们翻看数据,但是大多数谷歌人并没有问询,我们也不可能有时间回答所有问题。我们不断有新员工加入,他们也会得出同样的错误结论,甚至有一定经验的谷歌人也对我们的保证持一定的怀疑态度(或许是善意的)。毕竟,人力资源团队不就是为管理层服务的吗?他们不是总想要普通员工噤声吗?

搜索一下布莱恩·王和詹尼特·赵这两个名字。布莱恩带领的团队负责跟踪和评估我们的整个招聘流程,不过几年前他曾是我们人力分析(People Analytics)团队的一员,负责确保我们做出的判断是依据事实的。詹尼特是我们的一位副总裁,负责我们主要产品领域——比如搜索、广告、数据中心和Gmail——所有与人相关的问题。他们认为,更为长效的方法是将升职相关的数据与谷歌人分享。他们对数据进行了处理,组织了一系列的讨论,录了视频,以便后来入职的员工观看,还建立起一个网站分享所有数据。结果显示:

- 与高层人员同组工作对升职只有很小的影响。所有提名升职的人中有51%得到了升职,而那些与高层人员同组工作的人,其比例为54%。稍微高一点,但高得并不多。
- 产品领域与升职无关。偶尔某一年在不同产品领域会有几个百分点的差别,但是整体说来,不管你做哪一方面的产品,升职的概率都差不多。
- 不好的反馈意见并不会影响你。事实上,得以升职的人中几乎每一位的升职评审材料都有一些建设性的反馈意见。导致某人失去升职机会的原因在于一些严重的错误,比如组织混乱或经常编出错误代码。明显的信息缺失则是另外一项警示信号。升职信息包中如果没有建设性的反馈意见，在评审委员会看来实际上是一种警示信号。升职候选人不应畏惧征求并接受不那么闪耀的反馈意见，因为这些意见不仅不会带来损害，反而会提供明确的指导，说明你在哪些方面需要提高。当你向人们展示真实情况时，他们会想要变得更好。

- 你所在项目的地理位置并不会影响你是否升职。比如，我们山景城总部的升职率和其他地区基本相同。

这个网站会定期更新，放上最新的数据信息和经过要求进行的新分析。这个过程需要做大量的工作，但是对于证明我们的升职过程不存在偏见至关重要。反复宣传我们的升职流程可行有效会更加简单，但是利用事实说话，让所有人都能随意获取这些数据，这样一劳永逸地消除流言能更好地解决问题。

我们会频繁地做自我检查，查验谷歌的产品，确保我们的决定是以事实为依据的。我们希望推广好主意，淘汰坏主意，这样也使我们有更多空间自由地尝试更有前景的一些想法。比如在 2010 年，我们对谷歌搜索做了 516 项改进。其中一项重要的改进是一种称作"咖啡因"（Caffeine）的代码，它使我们的搜索结果"新鲜度"比以前提高了 50%。谷歌搜索并不是每一次输入问题之后都进行全网搜索。我们做了预先搜索，根据网站和网页的相关性、质量等方面做有限性排序，而后对这些网站做出索引，这样一来搜索的问题几乎即刻就能得到答案。咖啡因代码的使用意味着我们的搜索速度提高了 50%。甫一推出，它就实现了每秒同时处理数十万网页。如果打印出来，每秒输出的纸能堆起 3 英里（约 4.8 千米）高。[99]

在推行每一项改进之前，我们都会进行测试，确保改进有效。我们采用 A/B 测试的方式，向评估者并行展示两套搜索结果，而后观察他们的行为举止，听取他们的反馈意见，确定哪一种结果更好。有一个简单的案例，即测试蓝色背景的广告和红色背景的广告哪一种能得到更多用户点击。这看似是一个很小的问题，但是如果你是一家与可口可乐或百事可乐一般规模的公司就不同了。我们还会采用百分之一测试的方法，即在百分之一的用户群体中做出一些改变，然后观察改变的效果，之后决定是否对数十亿用户采用这种改进的方法。仅在 2010 年，我们就进行过 8 157 次 A/B 测试和 2 800 多次百分之一测试。换言之，2010 年平均每天我们都进行了 30 多次测试，探索如何更好地服务用户。这些仅仅是我们在搜索产品上投入的工作。

我们在人力问题上也采用了同样的方式。我们实行"向上反馈调查法"（Upward Feedback Survey，一种以管理者水平为调查对象的周期性调查，将在第八章详细介绍）的时候，进行了一次 A/B 测试，旨在分析电子邮件发件人为某位高管或是采用"UFS Team"（向上反馈调查团队）的通用化名时，谷歌人对管理者提出反馈意见的可能性是否有区别。我们发现反馈率几乎没有区别，因此决定选择通用化名来发邮件，因为这样只需要写一封邮件，相比请每一位高管分别写一封电子邮件要容易一些。

我们推行的几乎所有重点项目都会先在一个子群体中进行测试。我还记得当公司员工超过 2 万人的时候有人问我，谷歌毋庸置疑已经是一家大型企业了，这是否令我感到困扰。"我们一直都担忧公司文化，"我回答说，"但是公司大的好处在于，我们可以进行成百次的实验，探寻能够真正使谷歌人更幸福的做法。"每一个分部、每一个团队、每一个项目都是一次实验的机会，能够从中得到更多认识。这正是大型组织常常错失的重大机遇中的一种，而且这种做法不仅适用于有数千名员工的企业，对于有数百名员工的企业也同样适用。通常管理层做出的决策会在整个组织中施行。如果管理层错了怎么办？如果某个人有更好的主意呢？如果某项决策在一个国家效果很好，但对于另外一个国家并不适用呢？各家公司不利用这种方式多做实验，在我看来简直就是疯了！

为什么不选出 10 个、50 个或 100 个人，尝试一些不同的做法？为什么不在一个小组中先做尝试？正如比尔·科斯比在卡通喜剧《胖子艾伯特和科斯比家的孩子们》(*Fat Albert and the Cosby Kids*) 中经常说的一样："注意啦，你或许能从中学到一些东西。"

让员工塑造自己的工作和公司

除了要限制领导者的一些传统权力工具和依靠事实做决策之外，我们还给了谷歌人异乎寻常的自由度，去塑造他们自己的工作和公司。谷歌并非第一家这样做的企业。65 年以来，3M 公司（明尼苏达矿务及制造业公司）一直给员工 15% 的时间做探索："3M 有一条核心理念，就是创造需要自由。因此，大约从 1948 年起，我们一直鼓励员工用 15% 的工作时间去做自己的项目。可以利用我们的资源、建立一个独特的团队，遵从自己的洞察力，探索解决问题的方法。"[100] 广泛使用的便利贴就是通过这个项目研发出来的，还有一种在使用过程中能够提高研磨效果的研磨材料金字塔（Trizact）也是如此。

我们实行的则是20%时间项目，即我们的工程师每周可以有20%的时间用于研究日常工作之外感兴趣的项目，不过这些项目大体上要与谷歌的工作相关联（即便有这种限制，在谷歌也仍然有非常广泛的领域可以探索）。技术部门之外，我们并没有正式开展20%时间项目，但谷歌人还是经常能够挤出时间来做一些编外项目，比如我们的销售人员克里斯·詹迪决定帮助少数族裔控股企业上线（后来成为他的全职工作）；曾是一位专业的交谊舞舞者、现为我们不动产团队一员的安娜·博蒂略，她工作之余会教同事们跳舞。

我们Chrome团队的产品管理副总裁凯撒·桑古塔在2009年的日常工作是负责谷歌工具栏和谷歌桌面的运行。Chrome团队开始设计自己的浏览器时，凯撒和几位工程师想到如果将Chrome的设计应用到操作系统上会怎样。当时，电脑启动需要5分钟甚至更长的时间，部分原因在于开机时会检查一些没人使用的旧式硬件，比如软盘驱动器。凯撒与团队成员一起开启了一项非正式的20%时间项目，希望能改善现状。他们删掉所有不必要的步骤，建立起Chrome浏览器平台，创造了Chromebook笔记本电脑的原型。启动时间只有8秒钟。

这个项目在实际中的使用千差万别，有些人几乎100%地投入到编外项目中，而还有很多人根本没有参与任何编外项目。有人开玩笑说，这实际上是"120%的时间"，编外项目工作是在日常工作完成之后才做的，而不是在白天上班时间完成。更具有代表性的一个特点在于，一个成功的项目刚启动时只需要某人投入5%或10%的时间，但随着项目的深入，需要耗费的时间越来越多（也吸引了越来越多的谷歌人自愿加入），直到最后成为一款正式的产品。

20%时间项目已经过多年的打磨，我们上一次调查的时候，员工大约使用了10%的时间。从某种意义上讲，20%时间这种理念比实际使用的时间更为重要。其运转游离于正式的管理监督之外，并将永远如此，因为强迫最优秀和最具有创造力的人才工作是错误的。

《连线》杂志作者瑞恩·塔特就此写过一段论述，是我见过写得最好的：[101]

> 如下要素并非20%时间的特征：一个完整实在的公司项目，有独立的书面政策，有详细的指导方针，有经理主管。没有人会在入职培训时拿到一份"20%时间"的信息包，也不会有人感觉有外界压力迫使自己去开展一项编外项目。20%时间项目的开展通常是即时性的，为那些最聪明、最不安于现状、最执着的员工提供了一个出口——不论艰难险阻都要将一个想法执行到底。
>
> 比如，工程师保罗·布赫海特在Gmail上投入了两年半的时间才说服公司高层不要担心Gmail会使谷歌延伸得离搜索太远，可以将其投入市场。

谷歌人并不局限于创造产品，他们还积极参与到如何经营公司的决策中。几年前，我们将技术部门所有人的匿名绩效和工资数据交给一个30名工程师组成的小组，请他们确定奖金分配方式。他们希望奖金分配体系能够做到论功行赏。比如，假如有两名工程师的水平相当，但其中一位在加入谷歌的时候谈到了更好的薪水，比如他的薪水为一年10万美元，而另外一位没有想过争取更高薪水的工程师每年薪水9万美元。鉴于他们的表现属同一水平，两个人都拿到了20%的奖金。这样不公平,这些工程师认为,因为第一个人拿到了 2 万美元奖金,而第二位贡献相当的工程师只拿到 1.8 万美元奖金。因此,在他们的要求之下,我们调整了奖金计算方法,从原来的以实际薪水为基数改为以同岗位所有人薪水的中位数为基数计算。这就确保了两个人都能得到与其工作影响力相匹配的奖金。

说句题外话,这在大多数公司中都是非常现实的一个问题。关于男女平均薪水差异的证据有很多,造成这种现象的原因之一在于男性和女性在受聘的时候讨价还价的倾向性不同。比如,卡内基·梅隆大学的琳达·巴布科克和作家萨拉·拉斯谢弗称,卡内基·梅隆大学的男性 MBA 毕业生的起始薪水要高于女性,很大一部分原因在于男性更倾向于要求高薪。57% 的男性会争取更高的薪水,而女性则只有 7% 会这样做。[102] 部分归功于谷歌人投入的精力,我们的薪酬体系目标指向了消除此类结构性的偏见和不公。

但是,我们并不是一直都采用这种分析方法去处理报酬、时间利用、招聘和其他人力资源问题。回到 2004 年,当时我们大约有 2500 名谷歌人,拉里和谢尔盖感觉我们的公司已经太大,他们无法通过四处走走看看、与熟人聊一聊,就能了解员工到底是否开心。他们的解决方法是,史黛西·莎莉文应该与每个人面谈,了解真实情况。

史黛西提议推出员工幸福度调查来解决这个问题,但是公司只有远远不到一半的人参与了这项调查。一些工程师认为自己可以设计出一种更好的方案,于是推出了他们自己的调查项目,与幸福度调查展开竞争。这项调查名为"心醉神迷调查",当然他们设定的标准也相应更高。心醉神迷调查关注了工程师的一些特别需求,比如,只有这项调查问询了 20% 时间的使用,并得到了其他技术人群的认可(毕竟是工程师设计的调查）。

直到 2007 年，这两项调查仍然并行运转，但是它们的实用性很有限，因为问题设定不同，我们甚至无法在整个公司中做比较。后来加入氧气项目的米歇尔·唐纳凡希望能找到一种更好的方法。之后她用了一年的时间，与工程师、销售人员以及所有可能的人携手合作，力图设计出一种调查方法，能够囊括所有谷歌人的兴趣，而且能够随着时间的推移保持良好的科学性和可度量性。Googlegeist（谷歌员工年度幸福度调查）由此诞生（见图 6–3）。

图 6-3　2014 年 Googlegeist 调查的首页
版权归谷歌所有

　　Googlegeist 意为"谷歌精神"，是员工的选择，这一点也不奇怪。这是对我们 4 万多名谷歌人进行的一次年度调查，也是我们授权员工塑造公司的一项最有力的机制。Googlegeist 每年会询问大约 100 个问题，采用 5 分制，从"非常不赞同"到"非常赞同"，同时辅以几个问答题。

我们会根据当年的热点问题，每年对调查问题做 30%~50% 的调整，但是会保留余下的问题，以便跟踪公司在一段时间内的变化。每年大约有 90% 的谷歌人参与调查。

由于我们希望谷歌人诚实，因此设定了两种递交问卷的方式：保密或匿名。"保密"是指去掉名字，但是保留其他一些有助于我们对公司做分析的数据，比如你的地理位置、职位级别和产品领域，这样我们就能知道某位谷歌人是加利福尼亚圣布鲁诺 YouTube 团队的一位女性经理，但并不知道她具体是谁。唯一能够看到这些数据的团队——数据当然不包括姓名——是 Googlegeist 核心团队，而且我们公布报告结果的方式不会使某个人被识别出来。"匿名"则更进一步，除非应答者选择做补充，否则将不包括任何个人识别信息。

Googlegeist 的特别之处在于它不是由咨询师编写，而是由调查问卷设计、组织心理学等各个领域的博士级别的谷歌人编写，所有的结果（包括好的和坏的）在一个月内将在全公司分享，这些结果将成为第二年员工引导谷歌文化和效率提升工作的基础。每一位手下有三名以上参与调查员工的管理者都会得到一份报告，被称作 MyGeist（见图 6-4）。这份报告其实是一种交互式线上工具，它使管理者能够审阅和分享一些个性化报告，包含他们团队的 Googlegeist 分数概要。不管团队中有三名谷歌人还是 30 多名谷歌人，管理者都能根据团队成员的调查结果清晰地了解团队的运转状况。只需点击一下，管理者就可以与所在团队、上级组织、一些特定的谷歌人，甚至在整个谷歌公司范围内分享报告，而且多数团队都会这么做。

Mygeist

说明数据

特莎·庞帕

主页
综述
所有项目

主题

所有的调查项目都按主题分组。一个主题的分数是该主题下所有调查项目的平均值。每个主题的赞同比例会与整个谷歌、你的部门或产品领域比较，如果有可能，还会与你们的副总裁或高级副总裁比较。比较的分数差异大于或等于5%的会在此用粗体绿色或红色标出。如果没有数据，或者你是部门或产品领域的领导者，会用短横线（"-"）表示。访问问答页面，查看每一个主题的描述。

Org

Theme	Responses	Percent Favorable	Vs Google % Fav
Peers	2684	91 / 7	+6
Manager	2721	89 / 8	0
Leadership	2706	86 / 9	+5
Culture	2730	84 / 11	+9
Total Rewards	2695	82 / 14	+2
Career Development	2649	82 / 10	-1
Well-Being	2717	80 / 9 / 11	+1
Performance Management	2623	76 / 16	-2
Work/Role	2641	72 / 15 / 13	-3

图6-4　2014年Googlegeist调查中选取的个人Mygeist报告样例
数据仅为指示性。版权归谷歌所有

这样就形成了一种良性循环：我们针对了解到的信息采取行动，从而鼓励员工未来更多地参与，进而使我们更加准确地了解哪些方面需要改进。我们通过默认开放来强化这个循环：任何分管100名或更多参与调查员工的副总裁都自动向全公司公布报告。这种想法恐怕要吓坏我们在第二章中介绍的那位首席执行官了，他连接受员工非书面问答的胆量都没有。与此同时，员工的应答则是匿名的（避免谄媚拍马），管理者的结果也不计入绩效评估或薪酬考量。我们希望员工恪守诚信，希望管理者对改进持开放态度而不是抵触情绪。

严格地说，Googlegeist 关注的是重要结果的评价。多数员工调查关注的是参与度，[103] 而如普拉萨德·塞迪所解释的，参与度"只是一种人力资源部门的人喜欢的模糊概念，但实际上并说明不了太多。如果你的员工参与度达到80%，又有什么意义呢？"[1] 企业执行委员会发现，"员工参与度的概念在学术研究领域和实践者人群中都是模糊不清的……这个概念在不同的时候使用有不同的含义，可以指向心理状态、性格、行为以及前因和结果"。[104] 参与度并不能准确地告诉你应该将人力和资金优先投入到哪里。提升参与度是应该关注健康项目、经理能力还是工作内容，根本无法知道。

Googlegeist 关注的则是我们最重要的一些成果变量：创新（重视并鼓励持续改进现有产品，有魄力和远见去保持这种环境）、执行（迅速完成高质量产品的上市）和保留（留住想留的人）。比如，我们设定了 5 个问题来预测员工辞职的可能。如果一个团队对这 5 个问题的回答赞同度低于 70%，我们就知道如果不加以干预，未来几年里将会有更多的人离开公司。如果只有某一个问题的赞同度低于 70%，这个问题就显露了出来，谷歌人和领导者就能同他们的人力运营部同事一起协作提升这个团队的体验（不过要注意，这些结果不会反过来与任何谷歌人联系到一起）。我们还会测评其他很多成果，比如我们

---

[1] 以我个人的经验，我可以告诉你，很多人将参与度鼓吹成灵丹妙药。他们通过简短的问卷来衡量参与度，问卷中通常包括这样一些陈述："我在工作中有一位非常要好的朋友""过去的 7 天里，我没有因为工作做得好而得到认可或表扬""我的主管或某个同事似乎在乎我的个人状态"。有一家公司宣称，参与度高的企业每股收益的增长要高 3.9 倍，旷工现象少 37%，员工流动率低 25%~49%，员工偷窃行为低 25%，安全事故少 49%，质量缺陷低 60%，等等。单单凭借上周受到的一次表扬，得到这么多好处似乎有点太夸张了。

我的首席人力资源官朋友告诉我，参与度调查并不能指明改进的方向。如果你的分数低，难道要通过说服更多员工成为好友来提高吗？如果利润低，最好的解决方法是更多地表扬别人吗？我们在谷歌的确也测评一些类似的主题——与其他数十个主题一起——但是不会将它们融合成一个像参与度这样包罗万象的概念。我们通过对职业发展或管理者能力等特定方面的理解来得到更好的结果。

执行工作的速度和我们的文化，但最重要的是我们想要持续推出炫酷的新工具，我们希望确保那些很努力才招聘到的人能够长久地留在谷歌工作。

这样做产生了深刻的影响：我们能够预测哪些领域的人员缩减情况会加重，不论经营状况好坏都使员工流动率持续保持低水平。谷歌人继续感觉公司具有创新性，而且他们可以为公司使命做出贡献。相比 5 年前，谷歌人对个人职业目标能够在谷歌实现的信心提升了 20%，对决策速度的满意度提高了 25%（在官僚主义作风盛行的大型组织里，决策速度可能特别慢），感觉受尊重的程度提高了 5%（基准分数已经达到 90% 的情况下，很难再有太大提高）。

与此同时，调查显示我们在健康方面还有更多的工作要做，特别是谷歌人在非工作时间远离工作的能力。于是我们便尝试做得更好。我们的都柏林分公司做出响应，开始了一个称作"都柏林黑灯计划"（Dublin Goes Dark）的项目，鼓励所有人在下午 6 点停止工作，保持离线状态。他们甚至还设立了存放点，收回笔记本电脑，确保员工在睡前不再偷瞄一眼电子邮件。这个项目奏效了。我们最开始只在人力运营部展开这项活动，后来在整个都柏林分公司推广，有超过 2000 名员工参与。我们爱尔兰分公司人力运营部主管海伦·泰南汇报说："我的办公室里有一大堆笔记本电脑，人们来放电脑的时候都叽叽喳喳地有说有笑……第二天很多人闲谈自己做过的事情，感慨晚上变得很长，似乎有很多时间可以做许多事情。"

Googlegeist 已经成为我们公司重大变革的源头，诸多变革中包括改变了我们对公司管理看法的氧气项目（我将在第八章详细介绍），以及 2010 年我们实施的公司薪酬理念的彻底变革，其中一项变化是给公司所有人提高了 10% 的薪水。在实施薪酬改革之前,我们的薪水都很低,但是谷歌人已经到了成家买房子的年龄,更高的固定工资显得越发重要。随着时间的推移,我们发现员工对薪水的满意度在下降,于是及时给员工加了薪。(令人遗憾的是,每年薪水只有 1 美元的拉里和谢尔盖拒绝了我给他们加薪 10% 到 1.1 美元的提议。)

但是对一家一贯将推出新产品视作最大荣耀的公司,Googlegeist 显示出我们忽略了某些根本的需求。

2007 年和 2008 年,技术人员感觉那些从事重要但并不炫目工作的人没有得到足够的认可。比如,谷歌工程师一直在为我们的代码库做着贡献。我们来彻底了解一下。有数千人致力于改进谷歌的产品功能,而这数千人都是在同时工作。小的重复和低效现象会迅速累加,使产品生产变慢,变得过于复杂,故障频发。

"代码健康"是指维持代码的整体可持续性和可扩展性,以减少此类问题的发生。("可扩展性"是科技领域的行话,我们所说的小方法解决世界性大问题就是这个意思。"扩展性"是指某种产品有 100 位用户与有 10 亿位用户时的运转状况同样良好。)这需要不断地探索和创造新技能,降低复杂性,将简约的风格融入代码开发过程中。Googlegeist 告诉我们在这方面投入的关注度还不够,没有给予充分的奖励。奖励发给了那些编写了最多代码的人,而不是发给编写出质量最高代码的人。

我们本可以在公司范围内设定代码健康目标,或是设立一个新的职位,全职负责检查其他人的工作。我们的首席执行官也可以强制要求每个人在下一个月重点关注代码健康。

我们没有这么做,相反,我们在 Googlegeist 中强调了这个问题之后,一些工程师自发组织起来决定解决这个问题。首先,他们通过技术演讲、内网文章以及向我们公司非常流行的"英声明"(eng-announce)内部邮件清单中发送邮件,解释代码健康的重要性,并进行教育和宣传,以此提升代码健康重要性的认知度。他们请艾伦·尤斯塔斯等声名卓著的技术高管将代码健康问题加入公共演说,以及关于绩效管理和升职的电子邮件中。其次,这些工程师与人力运营部合作,将代码健康设定为绩效校准会议和升职委员会的核心内容,并在Googlegeist中加入相应的问题,每年对进展情况进行查验。再次,他们开发出一些工具可以自动查验代码的健康状况。比如我们在慕尼黑的代码健康团队开发出一种工具,可以自动检测C++和Java中的死码。发现死码并进行调试可以使程序运转得更快速、更稳定。最后,这些工程师创立了"公民奖",奖励为健康代码做出贡献的谷歌人,使同事和领导等所有受益于他们工作的人认可他们的努力。

4年之后,工程师更加自信地投入到改善代码健康上的时间得到回报,信心提升了34%。更加重要的是,他们在自身生产效率方面也取得了可喜的进步,这既得益于项目团队的代码库更加稳固,也由于他们所依赖的团队外体系得到了改善。

Googlegeist还经常暴露谷歌其他需要改进的地方。在我们的销售部门中,我们发现刚毕业的谷歌人中有一些在经营小生意(比如市区精品屋或布鲁克林区的一家西班牙小吃店),他们体验了浸入式职业发展的满足感。这些谷歌人自发与人力运营部合作,在欧洲设计了一个试点项目,使谷歌人得到轮岗的机会,让他们有机会体验各种类型的工作、特定角色商业和产品培训、一项两年的个人发展计划以及在全球建立网络等。

第一批参与这个项目的谷歌人在职业发展满足感方面有 18% 的提升，留岗指数提升了 11%。基于试点的成功，这个项目在全球已经接受了差不多 800 名谷歌人参与。

我们还经常展开"快中"（quick hit）项目，关注一些目标明确的问题。官僚主义克星（Bureaucracy Busters）几乎消除了所有令人不快的烦人小障碍。比如，我们的费用报销再也不用纸质凭据：拍一张照片，发过来。拒绝浪费（Waste Fix-It）活动几乎杜绝了所有浪费钱的状况，比如打印机数量远超需求。我们请谷歌人提出对大家都有益且能在两三个月的时间里实施的改善建议。2012 年，我们收到 1310 个点子，超过 9 万次投票。得票最高的 20 项得以实施。其中一些并没有太多新意：不要再发纸质薪水支票；不要在年底进行强制性职业道德和合规性培训，因为所有人都要在这个时候准备下一年的产品路线图和预算；设计结构性面试工具，能够自动给出可靠的面试问题，这样你就不用强迫自己想出一些古怪的问题；在纽约或伦敦等酒店费用昂贵的城市里租用更多的公司住房。这些琐碎、恼人的事情堆积在一起会让公司变得臃肿迟缓，而通过这些建议都得到了很好的处理。

高期待收获高收益

有人争辩说，这样授权于普通员工的做法会造成混乱，或是出现一种状况：由于每个人的观点都得到重视，任何人都能提出反对意见，破坏努力的成果——这种环境下一万个人都可以说不，但是没有一个人能说了算。现实情况是每一个问题都需要有一位决策人。如果管理得当，在这种经营方式下不会是所有人永远保持意见一致，而是通过以数据为依据的积极探讨发现最好的办法。这样在决策时，反对者即便不赞同结果，也能理解事情的始末，尊重理性的决策。

这种方式基本都能奏效。行不通的时候，只需遵循一条简单的原则：上报到公司上一层，摆出事实。如果他们不能决定，就继续上报。在我们公司，最后会有拉里·佩奇打破僵局。

考虑到我在本章大篇幅地解释为什么不能让管理者掌控权力，这个建议似乎有些不恰当，但是在做决策时有等级划分是非常重要的。这是打破僵局的唯一方法，也是管理层的首要责任之一。领导者所犯的错误在于他们管得太多。正如亚洲开发银行奥利维亚·塞拉特所写："管理者插手型管理是错误管理……人们进行管理者插手型管理以缓和对组织表现的焦虑——随时指引和控制他人的行为会令他们感觉更好一些。从本质上讲，这种管理方式显露出他们的不安全感。这样做使喜欢插手下属工作的管理者产生掌控（或有效）的错觉。出现这种情况的另外一种原因在于缺乏对员工能力的信任。即便同事说自己可以，喜欢插手下属工作的管理者也不信任同事能成功地完成一项任务或承担一份责任。"[105]

决策应该在一个组织中尽可能低的层级中做出。塞拉特认为，上报的问题应该是那些"在同样的数据和信息下"，更高级别的领导者会做出与下级不同决策的问题。

你们不需要有谷歌的规模或分析能力，也能释放员工的创造力。作为一名领导者，放弃地位象征就是向员工释放出最强有力的信号：你关心团队所说的话。我为一家有50名员工的公司工作时，公司首席运营官托比·史密斯做过最了不起的一件事就是与我共用一间办公室，使我有了主人翁的感觉。我每天观察他工作，了解了公司的业务，学会了如何与他人建立联系（他接电话时总是极其温和地问一句"你好啊"）。我还从他身上学到了一些办公小技巧（买皮鞋的时候，买两双一样的轮换穿，这样就不容易穿破——我到现在还有两双 1994 年买的牛皮鞋）。我们有一些免费的调查工具，谷歌表格（Google Sheets）中就有一款内置工具，可供你询问员工的感受以及他们想要改变哪些做法。采用一些小的试点可以使意见最多的人认识到现实状况的复杂性。事不关己的时候很容易抱怨，要负责实施自己的想法往往更难，试点也可以节制极端和不现实的观点。

所有这一切使员工更开心，能够想出更好的创意。现实中人们通常不会辜负别人对自己的期望，不管期望是高还是低。埃德温·洛克和加里·莱瑟姆在 1990 年出版的《目标设定和任务绩效理论》（*A Theory of Goal Setting & Task Performance*）一书中证明了困难、特定的目标（"试着达到 90% 以上的正确率"）相比含糊的劝告或较低的期望（"尽你所能"）不仅更能激励人，而且结果也会更佳。因此对人要有更多期待也是有道理的。

我在麦肯锡工作的时候，有一位叫安德鲁的经理，要求我为客户准备的市场分析要做到完美。但是他并没有随便插手下属工作，没有告诉我每一页该写什么，也没有告诉我该怎么做分析。安德鲁对我们有更高的期望。

1999 年我们为一家金融服务公司做咨询服务，承接了公司有史以来第一个电子商务项目。我把一份报告草案交给他审阅，他并没有修改，而是问我："我需要审阅这份文件吗？"我内心深处知道，我的报告很不错，但是他肯定能找到需要完善的地方。想到这里，我对他说报告还不够好，于是回去做进一步修改。我又带着新报告来到他面前，他第二次问道："我需要审阅这份报告吗？"我又回到自己的座位。等我第四次来的时候，他又问了我同样的问题，我告诉他说："不需要。你不用审阅，已经可以递交给客户了。"

他回应道："好极了，干得漂亮。"于是看也没看就将报告递交给了客户。

如果你期待很少，收获的也就很少。20世纪70年代的畅销小说《海鸥乔纳森》(*Jonathan Livingston Seagull*)作者理查德·巴赫后来在《心念的奇迹》(*Illusions*)中写道："为你的局限因素辩解，那你就是真的把自己局限于其中。"[106]管理者会找出很多不信任下属的理由。多数组织的设计都抵制改变，使员工无力反抗。我对一些首席执行官讲，很多谷歌人可以自荐升职，也可以询问我们的首席执行官任何问题，这时我最常得到的回应是，这些在理论上听起来极好，但是在他们公司里根本行不通：员工不会专心于他们实际的工作；收集那些事实只会放慢我们的工作；律师不会允许我们这么做的；员工（正是他们所谓的"最重要的资产"）不可能做出好的决定；我喜欢自己的特别车位……

但其实这些是行得通的，你只需要战胜资历带来的管理小诱惑和发号施令的冲动。各家组织都不遗余力地招募了不起的人才，却限制他们的能力，只允许他们在本职领域施展。

作为一名管理者，放开管理的缰绳会令人害怕。毕竟，如果出现错误的话，你的职业生涯就会出现危机。你得到这个职位就是因为你本应是最适合做领导的人。

让我放开权力同样也很难，但是我注意到一件有趣的事情。每周拉里都会请人力运营部——和谷歌其他部门一样——写一份上周概要，供全体管理层审阅。最初，每周都是我自己写这份概要；后来我请团队里的一些成员写，由我来审定；最后，我只请普拉萨德审阅，自己不会做任何审阅就递交上去。

一方面，没什么大不了的：这只是一份备忘录。另一方面，这是向首席执行官展示整个人力运营部团队工作的唯一常规途径。放手让其他人做这项工作的同时，我也放弃了一些控制权，但是我节省了宝贵的时间，可以关注其他紧要问题，而普拉萨德也有机会做一些新鲜的事情。

管理者忽略的是，每次他们放弃一些控制权，就可以为团队创造一次提升的好机会，也给自己节省出更多时间应对新的挑战。

找出某个令你的团队感到沮丧的领域，让他们改变现状。如果有限制，比如时间或资金，就告诉他们：要对员工信息透明，在塑造团队或公司的过程中给他们发言权。你会惊讶于他们的成就。

谷歌工作法则

- 消除地位象征。
- 靠数据而不是根据管理者的想法做决定。
- 寻找方法，让员工塑造自己的工作和公司。
- 对员工高期待。

第七章 员工的发展是谷歌绩效的核心

如果你设定了一个疯狂、有野心的目标，最后没能完成，你至少也能够实现一些了不起的成就。

拉里·佩奇　谷歌联合创始人

在动画片《辛普森一家》中有一集名为《家长教师协会解散》（The PTA Disbands），剧中斯普林菲尔德小镇小学老师罢工，抗议学校在薪水、教学用品和食物上的投入太少。学校停课，孩子们只能各干各的事情。有一些孩子整天玩游戏，还有一些到处捣蛋。二年级的丽莎·辛普森惊慌失措：

丽莎：如果没有州里批准的大纲和标准化测试，我的学习就要完蛋了。

玛姬·辛普森（丽莎的母亲）：亲爱的，或许你应该放松一点儿。

丽莎：放松？我不能放松！也不能放弃、缓和或……我只能想出两个同义词？我的天啊！我变笨了！

玛姬：好吧，最后你会发现没什么的。

几天之后,丽莎的状况变得更糟了:

> 丽莎:快看看我!给我评评分,给我排个名!我很好、很好、很好,啊,我太聪明啦!给我评评分!
>
> 玛姬:荷马,我有些担心孩子,丽莎有点儿神经质了。今天早上我撞见她撕坏了自己的雨衣。

我们每个人身上都有些许丽莎·辛普森的影子。小时候我们按个头高矮排队;有人给我们评分,告诉我们哪些行为属于出众的、令人满意的或是需要改进的;等我们长大一些,就会在班级里排名,与全国的平均水平做比较;我们申请大学的时候,会仔细考虑每一所学校的排名。我们生命的头 20 年都在与他人比较。

等到我们成年之后,再创造的工作环境也与之类似,这也就一点不奇怪了。这就是我们所了解的。

谷歌也未能免俗。我们需要员工了解自己的表现,而我们的考评体系也从最初复杂得有些滑稽逐步得到改善。一路走来,我们有很多惊人的发现。你们可以看到,我们仍在继续努力,但是我相当自信我们走的方向是对的。运气好的话,我可以帮助你们避免前进路上一些头痛的事情,让你们少走一些弯路。

和绩效考评体系说"再见"

今天的绩效管理体系最大的问题在于它们替代了切实管理员工的关键行动。密歇根州立大学的心理学博士伊莱恩·普拉克斯现任该领域的顶级咨询公司 PDRI 董事会主席,她发现,"这个问题有一个关键,绩效管理降档为一些指标,经常在规范的行政体系下变得支离破碎……尽管正式的绩效管理体系本意是要推动……公司期望沟通、设定短期目标和持续性指导等日常活动……但是这些行为似乎已经与正式的体系偏离了很远"。[107]

换言之,多数组织采用的绩效管理都成为墨守成规的官僚流程,不是为了改善绩效,而是为了管理而管理。员工恨它,经理恨它,就连人力资源部也恨它。

关注过程而不关注目的,使狡猾的员工有了机会钻这个体系的空子。我曾经共事过的一名销售部主管唐(尽管这不是他的真名),在我们做评级、确定分红前的三个月就会开始来我的办公室。每年10月,他就开始做铺垫。"今年很困难,但是我们的团队非常努力,渡过了难关。"唐会这样汇报。到了11月,他会再次更新状况:"销售部伙计们的表现超出预想,逆势而上。"到了12月,我们就会听到一些详细的汇报:"小型商业团队已经完成了90%的任务,但是老兄,这个团队真是像英雄一样才赢得了这些订单。还要顺便说一句,我真不敢相信一月份时竟然会定下这么疯狂的目标,简直不可能完成!"

我一直都没有意识到唐在耍花样,直到后来有一年,我们决定将分红的时间比往常推后一个季度,但是没有告诉唐。他提前6个月开始铺垫谈判。坦率地讲,这种行事方式也是他能成为一名优秀销售人员的原因,但是这段插曲也使我认识到体系中耍花招的程度有多严重。

事实上,没有人喜欢当前的绩效管理状态。世界薪酬协会(WorldatWork)和希伯森咨询公司(Sibson)调查了750位高级人力资源从业人员,发现接受调查的人群中58%给自己公司的绩效管理体系评出了 C 或更糟的成绩。47% 的人感觉这个体系有助于组织"实现战略目标",仅有 30% 的人感觉员工信任这套体系。[108]

面对这种情况,时下常见的反应是妥协。

Adobe 公司、亿客行(Expedia,在线旅游网站)、瞻博网络(Juniper Networks,电脑硬件生产商)、凯利服务(Kelly Services,人力资源解决方案服务机构)和微软都取消了绩效考评。Adobe 取消考评时称:

> 有一次在印度出差,Adobe 首席人力资源官丹娜·莫里斯在睡眠严重不足时接受了《经济学人》采访。莫里斯感觉"比平时更加不安",她坦陈自己想要取消绩效考评的意愿。为了争取在采访内容公布之前发布通告,莫里斯与 Adobe 的公关部门沟通,迅速在公司内网发表了一篇博客。这篇博客在员工中引起了强烈反响,成为 Adobe 内网有史以来阅读最多的一条消息。全公司的员工展开了热烈的讨论,纷纷表达对考评流程的不满。根据莫里斯的说法,该现象传递出的深层意义是,员工"对于未足够认可他们贡献的考评体系已经不抱任何幻想"。对于莫里斯而言,采取必要行动已刻不容缓。
>
> "我们很迅速地做出决定,废止绩效考评,这样就意味着我们不再进行每年一度的正式书面评估。"莫里斯说,"此外,我们还要废除绩效排名和绩效评级,避免员工感觉自己被打上了标签。"
>
> Adobe 在 2012 年夏季引入了"检查"(The Check-In)体系——一种不断向前推进的、实时反馈的非正式体系,以替代传统的绩效考评。[109]

凭直觉想来，这是个很有吸引力的做法；员工不高兴，那就抛弃他们不喜欢的体系。很简单。

得到实时反馈意见难道不比等上一年更好吗？

但是也没有任何证据显示这种体系可行。学术研究的痼疾在于衡量的尺度无法保持一致，"实时"可能是"立刻"，也可能是"几天之后"。大多数实时反馈体系都会迅速变成"干得好"体系，因为人们都喜欢对别人说一些好事。到底有多少次你的评价能够切实带来行为的变化？更普遍的评价是"会上干得非常漂亮"一类，而不是"我发现，你注意到顾客从桌前移开，似乎失去了兴趣，你立刻问他们有什么顾虑。你能够重新吸引他们的注意，做得非常好，你应该继续密切关注会议中的肢体语言"。

说些泛泛的客套话要容易太多、太多。

即便是在谷歌，我们的体系也远远算不上完美。对绩效管理的满意度一直以来都是 Googlegeist 年度调查中评分最低的部分。2013 年初，只有 55% 的谷歌人认为绩效管理过程令人满意。虽然比其他公司 30% 的满意度要高，但依然很糟糕。抱怨最多的两个方面，一是用去太多时间，二是流程不够透明，由此引起员工对其公平性的担忧。那么我们做对了哪些事情，使我们的员工对评估体系的满意度达到其他公司的两倍，却还不够满意呢？我们又做错了什么呢？

谷歌的绩效管理总是把目标设定为起点。在 21 世纪第一个 10 年的初期，谷歌的董事会成员约翰·杜尔向我们推荐了一种在英特尔非常成功的实践方法：OKR。目标必须具体、可度量、可检验；如果你达成所有结果，就能完成目标。比如，如果目标是将搜索质量提升 $x\%$，相应的关键结果是更好的搜索相关性（结果对用户而言多有用）

和等待时间（多快找到搜索结果）。既要有质量标准，也要有效率标准，这一点非常重要，否则工程师完全可以解决一个问题而忽略另外一个问题。用上三分钟的时间才给你找到完美的结果是不够的，我们既要求相关性强，又要求速度。

我们刻意设定了非常有野心的目标，知道不可能每次都实现这些目标。如果你完成了所有的目标，就说明设定的目标不够激进。负责监管 Google X——开发出谷歌眼镜（一种置于眼镜内部的电脑，屏幕只有指甲大小）和自动驾驶汽车的团队——的阿斯特罗·泰勒[1]这样描述："如果你希望自己的汽车能达到时速 50 英里，没问题，你可以对汽车稍加改造。但是如果我告诉你跑 500 英里只能用 1 加仑的汽油[2]，你就需要重新设计了。"我们不会把所有目标都设定得非常激进，但是如何选择需要一些智慧。恰如拉里经常说的："如果你设定了一个疯狂、有野心的目标，最后没能完成，你至少也能够实现一些了不起的成就。"

因此在季度刚开始的时候，拉里会设定公司的 OKR，激励每个人设定的个人 OKR 要基本与谷歌整体相适应。我们不会让完美与良好形成对立。一旦你看到公司的目标，很容易就可以将其与自己的目标做对比。如果你落后得太多，要么给出一个合理的解释，要么就要重新设定。此外，每个人的 OKR 在内网里都是对所有人公开的，就

---

[1] 阿斯特罗·泰勒（Astro Teller），阿斯特罗并非他的名字。他父母给他起名叫埃里克，但是高中时他在伯克利大学加州分校与心理学家祖父爱德华·泰勒待了一年，之后剃了个平头。朋友觉得他的头发像阿斯特罗特夫尼龙人造草皮，于是给他起了这个昵称。他的名字与职位之间的相似之处完全是巧合。

[2] 1 加仑大约 3.785 升，1 英里大约 1.61 公里；500 英里用 1 加仑油约合 100 公里 0.47 升油。——译者注

放在电话号码和办公室位置的旁边。能够看到其他人和其他团队在做什么是一件非常重要的事情，而看到自己的目标与谷歌的目标相契合也能起到激励作用。最后，拉里的 OKR 会根据他在季度报告中说明的公司表现来设定沟通透明化的标准，并确定恰当的高要求目标。

在目标的话题上，学术研究与你的本能结果一样：目标能够提升表现。[110] 但是，浪费大量的时间在公司上下逐级统一目标却不是很有效。[111] 这样做将耗费太多时间，而且公司上下的目标也很难统一起来。我们采用了一种以市场为基础的方式，随着时间的推移，我们的目标都将汇于一点，因为顶层的 OKR 已经众所周知，而且每个人的 OKR 也都清晰可见。偏离路线太远的团队会很引人注目，而为数不多的几项关乎所有人的工作也相对容易直接管理。直到现在为止，一切顺利！

从 41 级绩效考评到 5 级考评量表

2013 年之前，每名谷歌人在每个季度末都会收到绩效考评结果。考评量表总共 41 级，绩效评分从 1.0（表现糟糕）到 5.0（表现惊人）。大致说来，低于 3.0 意味着偶尔或经常达不到期望值，3.0 到 3.4 之间意味着能够达到期望值，3.5 到 3.9 之间意味着超过了期望值，4.0 到 4.4 之间意味着"大幅超过期望值"，4.4 到 4.9 之间意味着"接近于惊人表现"，而 5.0 代表"表现惊人"。谷歌人的平均分在 3.3 到 3.4 之间。如果某人连续几个季度的平均分为 3.7 或更高，通常就能升职。这种做法没有任何创新可言。

考评体系是否科学仍存在不确定性。[112] 考评分级为 3 个、5 个、

10个或50个到底有没有不同,至今也没有可靠的证据证明。我们的41级考评量表源自我们的工程师基因。能够准确区分表现3.3和3.4的员工能够令人感到满足。如果将多个季度的评分进行平均,就可以精确地区分3.325和3.350的表现。如果你认为小数点后三位的评分已经过时了,其实我们还有4001级的考评体系!我们开发出极为复杂精细的解析法,确保你的评分略高一点,就能得到略高一点的奖励。实际上这些并没有意义。尽管我们在组织考评上用了很多时间,但等到设定薪水和奖金的时候,管理者或后面的评审者有三分之二的时候会进行调整。我们的管理者每三个月就要用数千小时组织绩效考评,考评过程的精确程度近乎滑稽,却不能作为确定薪酬的可靠依据。

同样一年进行4次绩效考评也遭遇到同样的窘境。我们采用这种方式,一方面是由于在谷歌迅猛发展的几年里,这样做有利于我们管理员工,另一方面是由于我们希望确保对员工的评估总能与实际匹配。然而,我们发现,一年中有多达24周的时间在分配考评任务、校准评级(我将用几页的内容解释校准评级的意义——这一点很重要)或就考评结果进行沟通。有些管理者喜欢这个频率,辩称这样可以迫使他们经常检查员工工作,以便发现绩效突然变差的员工。但这种评分体系只起到一种支撑作用。我在此无意要求他们停止检查未参加评估的员工,但是为了发现500名陷入困境的员工却要评估5000人,看起来似乎是一种浪费。

2013年,我们用去大部分时间探索是否有更好的方法。我们尝试了各种替代方式,从没有工作分级到800个工作分级,这使几乎每个人在每个季度都因升职而士气上涨。我们研究了年度、季度、月度和实时绩效考评。我们考虑过 3 分和 50 分的考评分数体系。我们争论过是用数字还是某种主题词作为标签标注每一个绩效分类，甚至还反复考虑过无意义的主题词，以避免人们将注意力放在标签上。我甚至还提议加入水行侠、红三角或杧果（见图 7-1）等考评等级。

图 7-1　谷歌人保罗·考恩制作了"大幅超过期望值的杧果"图形，用于解释我的一种考评分级建议
图片由保罗·考恩提供[113]

这个体系的意义在于，利用毫无意义的名称使人们忽略标签本身。当然，人们最终还是会给标签加上含义，很可能会将水行侠定义为最差的（水行侠似乎总是输给其他一些超级英雄）。我们组织了协调委员会、咨询委员会，甚至就一些问题开展员工投票。

最终，我们总结了三条经验：

- 不可能达成一致意见。没有明确证据的情况下，所有人都可以成为专家，而且每一种方案都可能有人支持。人们对于绩效分级为 5 个还是 6 个之类的问题都很有主见。即便是对谷歌最不讨人喜欢的现行流程进行调整，也不可能找出一个令所有人满意的解决方案。尽管人们似乎不喜欢现有的体系，但是他们更不喜欢其他任何选择！
- 人们对待绩效管理非常严肃。比如，我们就绩效分类的标签征询谷歌人的意见，结果得到4200多张投票。大趋势倾向于严肃、明晰，而不是异想天开。
- 实验至关重要。没有外部证据的情况下，我们必须自己动手，与谷歌各个部门的管理者协作，帮助他们测试想法。在YouTube，他们尝试将所有人按照最高效到最低效的顺序进行排名，不论员工级别，排名之后发现最高效的两个人是中层员工，然后两人得到了YouTube最高的股权奖励。虽然获奖人的具体奖励并没有公布，但是每个人都知道有这样的事情发生。① 我们还在另外的部门尝试将绩效考评分为5级，管理者发现相比此前41级的绩效评估，在部分项目上满意度要高20%。

我要特别强调这项工作对人力运营部而言的难度。我们的工作并非关乎生死，但是员工会抱怨、会抗议，最终可能会辞职。我们在谷歌面临的挑战在于，因为我们给了谷歌人太多的自由，因为我们以数据为导向，因为谷歌人关注公平性以及我们对待彼此的方式，所以要做出此类改变需要艰苦卓绝的努力。我们接触的每一个团队都对现行体系非常失望，但是每个团队又都不愿做一些新的事情。而单单是我们的YouTube部门，就提出十几种不同的新考评体系进行尝试。我

---

① 这个例子很容易令人想到艾伦·尤斯塔斯的格言：顶尖工程师的价值相当于普通工程师的300倍，而传统的绩效和薪酬体系都是依据等级制度而不是依据贡献来决定报酬的。

非常自豪，人力运营团队在实现这些改变的过程中坚韧、有见解、细心，而我更要感谢那些与我们合作的团队，他们放弃了谷歌 15 年的传统，尝试了一些新的东西。

根据我们的实验，2013 年初我们停止了季度考评，改为 6 个月进行一次。虽然还有人抱怨，但并没有造成任何损失。这一改革立刻节省了 50% 的考评时间。

2013 年底，我们选定了全公司大约 15% 的员工，一共 6200 多位谷歌人，改为采用 5 级考评量表：需要改进、持续达到期望值、超过期望值、大幅超过期望值和表现杰出。与以前的标签类似，但是实际的评分级别变少了。

我们秉持了医学的宗旨：*Primum non nocere*，即首先不要造成任何伤害。鉴于这是第一次尝试这种改变，我们设定的目标仅仅是达到与旧的考评量表相当的满意度、公平性和效率即可。我们发现，一旦跨越了最初的怀疑和认知阶段（"你说我不再是 3.8 是什么意思？我很努力地工作才得到 3.8 的！"），就不必再为 0.1 的评分差别而苦恼和浪费时间了。管理者也被迫与员工进行更有意义的对话，而不是将一切都隐藏在"你这个季度的考评分数提高了 0.1，干得不错，继续努力"之类的话中。

看到"准确性"没有丧失，我们长舒了一口气。我们将 5 级量表考评体系下谷歌人的感受与 41 级量表下谷歌人的感受做了对比。我们问了如下问题：

- 绩效水平低下的人识别出来了吗？
- 适合升职的人识别出来了吗？

- 讨论有意义吗？
- 过程公平吗？

在全公司范围内，新流程的评价并不比旧的差。虽然看起来似乎只是一场得不偿失的胜利，但是我们长长地舒了一口气。有些谷歌人担心41级的考评量表所传递出的准确性会丧失，也就意味着我们的评分会不那么有用和有意义。但现实中谷歌人调查结果暴露出我们一直怀疑的一个问题：41级考评量表只是给了准确性的假象。

多数谷歌人都承认，很多考评体系下多0.1或少0.1的评分并没有什么区别。比如，对3.1和3.2之间的差别从来都没有一致的结论。正如我们人力与创新实验室成员梅根·胡特所解释的："这种状况下的考评可能既不可靠也没有效力。同一个人，同样的表现，但是由于考评人和校准团队的不同，她得到的评分可能是3.2，也可能是3.3。这就意味着考评不可靠。如果她得到了3.3，实际表现却只是3.2，那么就说明考评没有效力——评分没有反映实际情况。"

因此，如梅根所说，考评体系并不完善。也就是说，我们应该告诉员工："吉姆，你的绩效表现介于3.3和3.5之间。"但现实中我们并不是这么做的，管理者拿到一个分数，就会给分数赋予一定的含义。因此，如果某人的考评分数从3.3提升到3.5，就会认定他取得了进步，但实际上他的表现可能还保持在原来的水平。再想象一下，你的考评分数降低了，对你的评述也认为你的表现变差，但实际上只是测评的误差，这时你的处境该多么糟糕啊。

接下来，发生了一些有趣的事情。这6200多位谷歌人分属8个不同的部门，其中总人数1000人的三个团队决定对5个绩效分类做进一步细分。比如,有一个团队将每一个分类进一步分为三个次级分类,这样明星谷歌人就可能得到"特别杰出""中等杰出""低水平杰出"的评定。图7-2显示的是最终的考评分布。我将所有的次级分类合成了5个主要分类,便于对比两种方式的区别。A组坚持了5个分类,B组有15个分类。

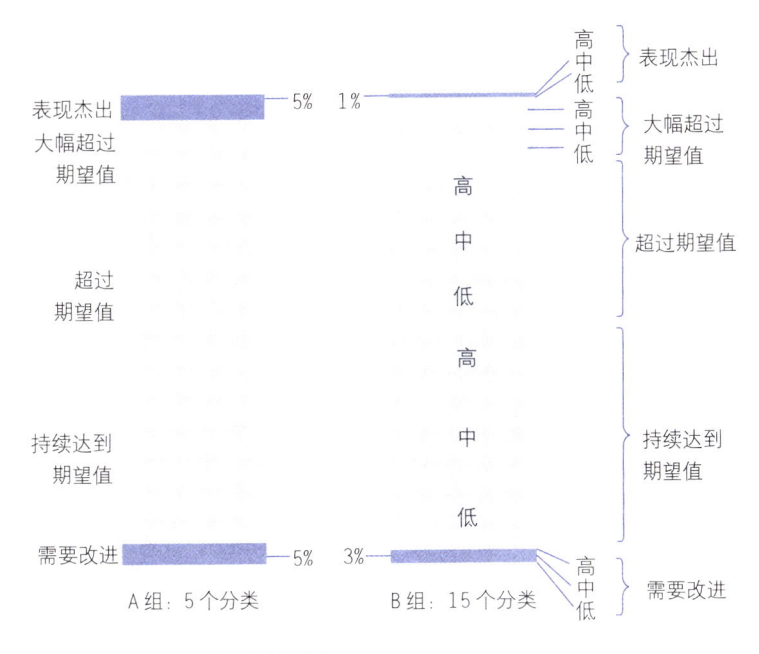

图7-2 A组和B组的平均考评分布

B组中有更多的绩效标签,他们期望能更细致地区分员工,但实际上区分度远不及A组。A组中5%的员工为"表现杰出",B组中只有1%。我敢说,所有这些团队的总体表现都在同一水平上,他们给谷歌带来的价值相当,没有哪一个团队的成员优于另外一个。而B组中加入了更多的考评分类,不知不觉、无意识或错误地认定他们没

第七章 员工的发展是谷歌绩效的核心 169

有明星员工。虽本无意如此，但他们80%的顶级员工被排除在顶级绩效分类之外。

在你阅读本书时，所有谷歌人都已经开始采用5级考评量表了。在2013年底，这还处于实验阶段，但最初的种种迹象都很好。第一，这种体系下员工能够得到更多的考评结果反馈，替代了以往3.2和3.3之间的模糊区别。第二，这种体系下的绩效分布更广。我们缩减了绩效考评的分类，管理者就更可能利用考评体系的两极。虽然关于绩效考评体系的学术研究尚无定论，而且谷歌人的反馈意见也都趋于中立，但是我发现5级分类的考评体系至少在上述两个方面具有优势。

2014年中期，我们看到了更积极的效果。我们认为不同的工作所产生的影响力有所不同。如果你是一名工程师，你的新产品可能使100人或10亿人受益。如果你是一名招聘人员，即使再怎么努力，也不可能有足够的时间影响到10亿人。我们不再引导何为正确的考评分布之后，发现了4种各不相同的考评形态，能够更好地反映不同团队和个体的实际绩效特征。

我们还发现，管理者对考评体系两极评级的使用翻了倍。获得最高评级的员工比例提高，更好地反映了实际绩效表现（跳到第十章，了解个中原因）。同时，落在最低一档绩效分类的耻辱感也有所降低，管理者可以相对轻松地与陷入困境的员工进行直接而真诚的交谈，帮助他们改进。

经过反复的争论和一段时间的混乱，我们废除了过去那种不准确且浪费资源的考评体系，用一种更简单、更准确，且未增加校准时间的全新考评体系取而代之。在此要说明一点，在这个问题上直到现在仍有争论，也很混乱！但我们正慢慢地度过这个时期。我们已经看到，员工对新体系越来越适应，也更加赞赏这套体系。

我在此本着测试发布的精神，与你分享上述内容，就好似我们即将发布到市场上的产品。这些产品已经接近成熟，比市场上现有的产品要有效得多，但是还没有达到100%的精确和完美。

也就是说，考评的评级分类数量在这里是最不重要的一个问题，尽管谷歌人在这个问题上有着惊人的热情。不要设定多于15种评级选择，至于选择3个评级还是6个评级就随你了。我不给更具体的建议。

校准评级，激发员工内在动机

绩效评估的灵魂在于校准。可以说，如果没有校准，我们考评流程的公平性、可信度和高效性都会大幅下降。我认为，校准正是谷歌人对我们的考评体系满意度是其他公司员工对自己公司考评体系满意度两倍的原因。

那么，何为校准？谷歌的考评体系过去和现在的与众不同之处在于不仅由直属管理者做决定。管理者给员工做初评——假设是"大幅超过期望值"，做出的初评结果一方面依据这位员工出色的OKR，另一方面也受到其他活动的影响，比如完成的面试量或外部客观环境的影响，经济波动造成广告收入变化等。（这一点很重要。OKR影响考评，但不能决定考评。）在这个初评级别最终确定之前，分成小组的管理者会坐在一起开始我们所谓的校准环节，审阅所有员工的初评评级。

校准增加了绩效评估的一个环节，但对于保证公平性至关重要。

某位管理者的评估会与类似团队经理的评估做比较，他们会共同考评手下的员工：5~10位一组的管理者会面，在墙上投影出手下50~1000名员工的考评情况，讨论每一名员工，达成一个公平的评级。此举避免了管理者因来自员工的压力而提高评级的情况。同时此举还确保考评结果能够反映所有人对绩效表现的共同期望，因为管理者对手下员工的期望值有所不同，对绩效标准的理解也有各自特别的方式。这就和在学校时一样，有些老师给分很松，而有些老师则很严。校准过程迫使管理者向彼此证明各自决定的合理性，以此消除偏见。同时此举还可以提升员工的公平感。[114]

在考评员工时进行校准，其效力与面试应聘者后比较面试笔记的效力并没有太大不同。二者的目标是相同的：消除个体偏见的源头。即使你们是一家小公司，如果能依据小组讨论而不是单一管理者决定考评事宜，结果也可以更好，员工也会更开心。

然而，即使在校准时，成组的管理者也可能做出糟糕的决定。当我们评估他人时，我们在如何做决定方面犯了许多错误。比如会出现近因效应，即你会更加重视近期的经历，因为这段经历在你的记忆中更清晰。如果本周我与某人进行了一次成果卓著的会议，而后参加了一次考评校准会，对与我开会的那个人进行考评，那么我就很可能提高对他的评价，因为我的潜意识会倾向于近期积极的交流。为了解决这个问题，我们在大多数校准会开始时会发放一份材料（见图7-3），描述一些考评人员常犯的错误，以及修正的方法。后续页面中会展示一种错误版本。

每次校准会议，我们都会先回顾一下这些常见错误。我在参加过的校准会议中观察到，只需要提醒管理者注意这些现象，哪怕是简短

基于事实的校准　　　　　　　　　　　　　　7种常见的认知偏见类型

认知偏见/群体动态	定　义	例　子
尖角效应和光环效应	对某人的整体印象不管是好还是坏,当出现新的反面证据时,我们对其判断都会受之前印象的影响	"汤姆总是……" "这个季度有些问题……" "他一直都是明星员工……"
近因效应	记得某人最近做的一些事情,并以此错判他们的心理倾向	"汤姆表现很差 他已经两个周什么都没做了。"
基本归因错误	过分关注某人的"能力",而忽略了影响其表现的情境或环境;亦或反之	"汤姆把这个项目搞砸了,他没有得到直属领导的足够支持。他很棒,我了解他,他应该得到更高的……" "汤姆把这个项目搞砸了, 他真的不行, 我们怎么招了这么个人"
集中趋势	评分趋中,以"求稳"	"嗯,3.7分很高,要不…… 你还是给雇员……'超过预期'……"
可得性偏差	根据认知上的易得性来判断事件的可能性	"我记得汤姆第一次……想着我从来没有提升得如此之快……"

图7-3　供校准会议开始前参考的部分资料
版权归谷歌所有

的提示,也可以避免很多此类的错误。同样重要的是,这种做法创造出一种语言和文化习惯,可以防止此类错误发生。如今在校准会上时常会听到某人这样引导对话方向:"稍等,这是近因效应。我们需要回顾整个阶段的绩效表现,而不仅仅是上周的。"

你能够感觉到,虽然减少了考评的频率,简化了考评量表,但是我们仍然在考评上投入了大量时间。在我们的绩效管理工具中勾选选项为团队成员做初步评级可能只需要10~30分钟,但是一次校准会则要用三个小时,甚至更长时间。并不是每个人都需要讨论,有些时间会用在确保校准人本身已经得到校准,把多位管理者都了解的一些个体拿出来做对比,这样就可以以这个人作为标尺或基准。校准人还会比较不同团队的评级分布,不是单独观察每一个团队的评级分布,而是为了理解为什么某些团队的分布会有所不同。比如,其中一个团队可能确实比另外一个团队要强。随后大部分时间都会用于探讨一些突出的问题,比如不正常的短期绩效提速或减速,绩效表现的大幅波动或评级分类的边界问题。

很多公司彻底抛弃了考评制度,为什么我们还要坚持这个体系?

我想这关乎公平。

考评是工具,是一种简化手段,可以在管理者做有关薪酬和升职决定的时候提供帮助。作为一名员工,我希望受到公平的对待。如果某个比我贡献更多的人拿到比我高的薪水,我没有任何意见。但是如果某人与我做着同样的工作却拿到比我更高的薪水,那我将非常不开心。一个公正的考评体系意味着我不需要担心这些,同时还意味着如果某人做出了非凡的工作,不仅他的管理者能够看到,校准会议上的很多管理者都能看到,这些管理者共同打造出公司范围内一致的标准并进行推广。考评同时还有利于员工在公司内部转岗。作为一名管理者,我可以信任某位"大幅超过期望值"的员工可以做出了不起的工作,不管她上一份工作是在 Chrome 团队、谷歌眼镜,还是销售团队。作为一名员工,我可以相信员工升职是靠表现而不是靠耍政治手腕。对于一个小团队来说,并不需要这样的基础架构——你认识每一个人。但是一旦公司规模扩张到数百人,员工就更愿意相信一个可靠的体系而不是管理者个人。并不是因为管理者一定就是坏人或心存偏见,而是因为一个包含校准的考评流程能够有效地消除不良行为和偏见。

公平的考评流程只能带你走这么远。作为一名管理者,你不仅要告诉员工他们的表现,还应告诉他们未来如何做得更好。问题在于:如何最有效地传递这两种信息?

答案是,通过两次独立的谈话完成。

内在动机是成长的关键,但是传统的绩效管理体系毁掉了这种动机。几乎所有人都渴望进步。传统的学徒制就是基于这种认识。一名没有经验的工人希望学习,而与一位经验丰富且愿意教他的人做搭档是最好的学习方法。还记得你第一次骑自行车、学习游泳或是学开车吗?掌握一项技能的刺激感和成就感是强有力的学习动力。

引入升职或加薪等外在动机之后,学徒学习的意愿和能力就会关闭。1971年,罗彻斯特大学的爱德华·德西和理查德·瑞恩陪同一些人进入一间实验室。[115] 每一位实验对象都会拿到7个三维的塑料块,这些塑料块可以组装成数百万种形状。在3个一小时的时间段中的每一段,实验对象都被要求根据所给图片拼出4种图形。如果他们无法在13分钟内拼出一种,实验者就会进来帮助他们,证明所有拼图都是可以完成的。在他们右手边是其他各种可能图形的图片,他们左手边是最新出版的《纽约客》、《时代周刊》和(当时是20世纪70年代)《花花公子》。实验者与实验对象一起坐在实验室中,除了每一小时的时间段中有一个8分钟的间隔,实验者会找个借口离开,假装去测算实验结果。他对实验对象说:"我只离开几分钟,这段时间里你可以随意做些什么。"事实上,这段时间正是实验的关键时刻。没有任何监督,实验对象会继续拼图工作吗?

对照组的实验对象在最初两个无人监督的休息期分别有213秒

和205秒用在继续拼图上,最后一个休息期拼了241秒。实验组的实验对象在第一个休息期用在拼图上的时间平均为248秒。第二个小时开始之前,实验对象被告知,每完成一个拼图将得到一美元的奖励。有了额外的刺激,他们在拼图上用了313秒,比第一个小时多用了26%。第三个小时开始之前,他们被告知,钱只够做一轮奖励,因此不会再得到金钱奖励。这一次用在拼图上的时间下降至198秒,比第一轮低20%,比有金钱奖励的一轮低了37%。

这是一个早期小实验,但证明了激励因素的力量,以及移除激励因素的负面影响。德西和瑞恩总结认为,外在动机的引入会使人们看待工作的方式发生改变,同时会降低内在动机。他们继续论证称,内在动机不仅能激发更好的表现,而且使人精神焕发,增强自尊感与幸福感。[116] 工作环境给予员工能够激发自然内在动机的更多自由,从而帮助员工感觉更有自主性、更有能力。

类似的动态状况在管理者与员工促膝探讨年度评估和加薪的时候也存在。员工关注外在奖励时也停止了学习,如加薪或更高的考评等级。以前我的团队里有一名成员——就叫他萨姆吧,每个季度都会苦苦纠结于他的考评分数。如果得分高,他也不在乎为什么会得到好的考评结果,或是应该继续发扬哪些做法;如果考评结果一般或比较差,他就会争辩说我们没有了解所有实情,指责评估做得有问题。萨姆会一直这样争辩下去,直到最后我实在不堪其扰,给他一个更高的考评分数。我羞于承认实情,但心底知道这么做的并非只有我一个人。

事实上,员工有理由为获得更高的考评分数努力争辩。作为一名管理者,激励我的因素在于公正、诚实地考评员工,以确保公司正常运转。作为一名员工，我的动机当然是表现得更好，但与管理者争辩，争辩，再争辩，以获得更高的考评分数也是合情合理的事情（只要不是太过分，逼得管理者发怒）。这样管理者没有任何损失，只是正直的品格稍微损失了一点点（唉），而作为一名员工，好的考评结果意味着更高的收入和更多的机会。而且我可以一周用数小时的时间准备说辞，而我的管理者不仅没有这么多时间如此应对每一名员工，也不可能像我一样了解到那么多信息，因为他不可能整天与我待在一起。只要考评与薪酬和职业机会直接挂钩，每一名员工都会受到激励去利用考评体系。

即便我不和管理者争辩，他也会担心我可能会与他争辩。长岛大学的莫拉·百丽威做过一项调查，[117] 她请184位管理者在一组员工中进行加薪分配。薪水增加的情况与绩效考评很好地契合。然后这些管理者被告知，公司的财务状况不佳，加薪有限额，但实际可分配的资金与之前相同。尽管男女的考评分数分布基本相同，但这一次，男性获得了所有加薪的71%，而女性只获得了其中的29%。男性管理者和女性管理者都给男性员工分配了更多的加薪，因为他们认为女性能够平和地接受公司业务状况的解释，但是男性不会接受。他们给男性分配了更多的加薪，避免自己担忧的艰难谈话出现。

我们有一个非常简单的解决方法。

不要同时进行两项谈话。年度评估在11月进行，薪酬分配在一个月之后进行。谷歌公司的每个人都有股权分配，但是这件事要沿着时间脉络再过6个月才进行探讨。

正如普拉萨德·塞迪解释的："传统的绩效管理体系犯了一个大错。他们将两件应该彻底分开的事情合到了一起：绩效评估和人员发展。评估有其必要性，可确定加薪或奖金等有限资源的分配。发展也同样很有必要性，可以促进员工的成长与提高。"[118] 如果你希望员工成长，不要同时进行这两项谈话。确保你与团队成员之间形成一个不断来回的状态，而不是年底的一次惊喜。

谷歌的群体考评智慧

我们在第五章中介绍了谷歌依靠群体智慧做出聘用决定，同样的原则在培训和评估现有员工时也适用。[119] 回过头继续说我的团队成员萨姆，我只看到了他的部分工作，因此他争辩说我对他的表现并没有全面了解也是有理有据的。但是萨姆同时还有强烈的动机来取悦我，他会夸耀自己的工作，贬低周围人的工作，相比之下他的表现就会显得很好。他把这些都做了。我作为一名管理者，几乎不可能全面地了解萨姆的贡献。

然而，他的同事了解真实的萨姆。他们发现萨姆善耍手段，好胜心强且恃强凌弱。我了解他们的想法，因为每年谷歌人不仅会得到上级管理者的年度反馈意见，还会得到同事的反馈意见。在进行年度评估的时候，谷歌人和他们的管理者会选出一些评审人，不仅包括他们的同事，还包括他们的下级。

这种反馈意见非常有效。有一位领导者，在介入非其专业领域的问题时总是很谨慎，有人对他说："每次你开口，都是在贡献价值。"多年之后，他告诉我，一位同事的些许洞见鼓励他成为团队中更活跃的成员。是他的领导指导他毫无保留地表达见解，但是真正起到关键作用的还是同伴的鼓励。

2013年，我们还尝试将同事反馈意见模板做得更具体。在此之前的很多年，我们都使用同一种格式：列出3~5项这个人擅长的事情，列出3~5项他们可以做得更好的事情。现在我们会问需要这个人把哪一件事做得更好，以及一件可以采用不同做法却能产生更大影响的事情。我们认为如果员工只需要关注一件事情，相比分散精力的情况，更可能实现切实的改变。

过去我们要求员工在一张空白纸上列出过去一年所有的成就，现在我们请员工列出具体的项目、他们的角色以及他们取得的成就（见图7-4）。我们要求谷歌人用512个字符描述他们在每个项目上的工作，[120]因为我们认识到如果同事考评人需要阅读更多关于项目的解释，那么他们很可能并不知道那个项目到底是什么。如果他们并

自我评估		谁能看到我的回答 • 同事 • 未邀请的同事
1 项目/成就	••••	
我的角色	我的影响	
总结我的主要贡献		清晰简洁地描述你带来的影响。所有的内容……不过建议……字符限制。访问……获取更多操作指南
512个字符限制		
•再添加一个项目		
有什么事情你特别在行而且打算一直做下去		提供1~2个例子……当你做这件事的时候，参照……

图7-4　谷歌同事反馈意见模板截图
版权归谷歌所有

第七章　员工的发展是谷歌绩效的核心　179

不了解项目,那么同事评阅的仅仅是这个人的总结,而不是被评人的实际工作。同事考评人之后会被要求评定(利用屏幕上的一个滑动条)他们对这个具体项目的了解程度以及被评人个人对项目的影响有多大。一段时间之后,我们了解到哪些提供反馈意见的人所做的评估可靠,这与我们评定面试官的做法如出一辙。谷歌人也可以在一年的任何时候针对某个特定的话题征求反馈意见,不需要等到某个特定日子。

为了确保员工与管理者的交谈更有效,我们整理出一份一页指南(见图7-5)分发给他们,在交谈绩效的时候使用。做这份指南的目的还是为了使对话更具体、更切合实际。我们给员工分发这些指南只是为了稳妥,我们希望管理者能够覆盖恰当的话题,而且引导员工准备好讨论也没有什么坏处。

我很惊奇,甚至有些尴尬(我理应知道这些事情),小小的改变竟然会给全公司带来如此巨大的影响。更具体的模板,使撰写评审报告的时间减少了27%,且第一次出现75%的员工认为撰写评审报告有用处的情况,比前一年高出26%。利用讨论指南与管理者进行讨论的员工对绩效谈话的评分满意度要比没有用指南的员工高14%。有一位谷歌人非常激动地写道:"我的天啊,这个版本真是简单多了,用的时间少了太多。感谢你们把9月还给了我!"

实验给了我们信心,让我们赢得了谷歌人的信任,也让我们得以于2014年在全公司进行了这些改变,谷歌人因此变得更开心了。80%的谷歌人认为用这种方式提供反馈意见的时间得到了很好利用,比前两年高出50%。虽然还不完美,但是已经取得了巨大的进步。

go/letstalkperf

绩效和发展讨论指南——供管理者使用

该指南提供了一个提纲,帮助你准备、思考与团队进行的绩效和发展谈话。不管你准备进行一次全面的考评(比如探讨同事反馈意见和你写的管理者评估报告),还是进行年中检查(比如分享最近的一次考评结果),都可以利用该指南。

发展谈话作为官方绩效评估环节的一部分,只是你与谷歌人建立联系的一个机会。分享反馈意见,探讨如何成长是你作为管理者应该承担的一部分工作。你还可以利用这份提纲,并依据以往的讨论,架构全年的绩效和发展谈话。

谈话应该包括的关键内容:

开始:
1. 整体绩效表现。
2. 需要保持的以及下一步该如何做。
3. 需要改进的以及下一步该如何做。
4. (可选)长期目标。
5. 扼要重述。

附加资源:
- 你在整理每一位员工的信息时或许会发现这个跟踪表有用,并且可以利用这些工作表与团队中的谷歌人直接分享。
- 我们也将这份谈话指南分享给谷歌人,帮助他们准备这些讨论。

开始

开始之前,确保交谈的目标明确——你准备进行包括同事反馈意见的全面评估,还是要讨论过去 6 个月的情况以及相应的绩效考评,或者只是进行中期检查。

包含的内容:	需要考虑的事情:
• 明确谈话目标和谈话的结构。 • 准备好例子,使对话丰富。 • 问问题,鼓励团队中的谷歌人敞开心扉。	• 过去与团队中的谷歌人进行的发展交谈。 • 如何使你团队中的谷歌人最有效地接受和消化反馈意见?如果你感觉不太确定,可以就不确定的问题展开讨论。 • 思考并抵制潜在的偏见——go/bbPerf 中的检查清单会有所帮助

图 7-5 为管理者准备的谷歌讨论指南(节选)
版权归谷歌所有

综合考虑，再做升职决定

在大多数公司里，如果你的考评成绩足够高，就能得到升职。通常你的上司会做出决定，或者你会调任到一个新岗位，得到一个别致的新头衔。在谷歌，升职的过程则不尽相同。现在你或许能够猜到，升职决定也和考评决定一样，是由委员会做出的。他们审核准备提拔的员工，根据前几年得到升职的员工的情况以及明确定义的标准对他们进行校准，以确保公平。

如果不依靠群体智慧，我们就不是谷歌了。同事的反馈意见是委员会审核技术人员升职信息包中的一个核心部分。

这里还有一点小的调整。在技术或产品管理领域工作的谷歌人可以自荐升职。[1] 有趣的是，我们发现女性相对较少自荐升职，但是一旦她们自荐，她们得到升职的概率要稍微高于男性。这一点与学校里发生的情况有些类似：通常，男生更愿意举手尝试回答问题，女生则倾向于等待确定了答案才去回答，尽管她们答对的概率与男生相当，甚至更高。[121]

我们还发现，稍加外力推动（艾伦·尤斯塔斯给全体谷歌技术人员的一封电子邮件中描述了这个发现），女性自荐升职的比例就与男

---

[1] 我最好的朋友中有几位是销售人员，因此要附加说明一下。需要指出的是，销售人员远比工程师更渴望升职。在非工程师看来或许非常奇怪，我们各个级别和职位的大多数工程师都不太有升职动力，他们只想做一些炫酷的事情，不像非技术人员一样迷恋仕途升迁。我最近与几位自荐升职的销售团队领导者讨论的时候，他们有些担心自己自荐的方式可能如开闸的洪水一样难以控制。我反驳称，我们会向没有得到升职的人说明未能升职的原因，经过这样几次高质量的意见反馈，整个体系就可以变得稳固且有效。我还没有赢下这场辩论，但仍在努力。

性相当了。他在最近的一份报告中与所有人分享了按性别和级别分类的升职数据,其中我最喜欢的一段话如下:

> 我希望将我们近期在鼓励女性自荐升职方面的努力告诉所有人。这是一件重要的事情,也是我的热情所在。任何准备好升职的人都应有信心自荐,而管理者要使员工感觉有权如此行事,这一点很重要……为了监控这个流程,我们还会回顾此前三轮的升职数据,识别持续出现的遗漏……我将继续分享相关数据,确保在这个问题上能够公开和透明,以便保持当前积极的势头。

当然,不管性别如何,不可能每个人都能得到升职。如果你没有得到升职,升职委员会将为你提供反馈意见,指导你如何改进,提高下一次成功的机会。在你阅读反馈意见的时候可能会觉得理所当然,但这种做法已经越来越罕见了。你可以想象,像我们一样规模的公司组成升职委员会需要动用数百名工程师,升职流程的每个周期很容易就会用上两三天的时间。我们发现,或许是因为委员会多由普通员工组成,他们投入了大量的时间,而且委员会成员除了做出良好决定之外并无其他所图(与我们的招聘委员会类似),工程师相比非工程师员工对升职流程的公平性认可度更高。

在绩效管理和升职方面用的时间与我们差不多的组织中,我所见过的只有大学和合伙企业。这两种组织里,升职到最后可以在整个团体中得到一份终身职位,或是终身教授,或是合伙人。组织投入大量的精力,关注你的长远追求。

我们也根据实际情况,在评估中投入了大量精力。过去5年中,谷歌的营业额和总人数每年大约以 20%~30% 的比例在增长。我们竭尽全力招聘已经证明了学习天赋的人才，然后竭尽所能帮助他们迅速成长。保证员工的发展并非奢望，这是我们生存发展的根本所在。但是我们在发展过程中的一些核心概念汇总成一种语言，经过转化可以适用于任何公司。

第一，正确地设定目标。要让目标众所周知。目标要有野心。

第二，收集同事反馈意见。有一系列线上工具（至少有谷歌表格）可以进行调查、整理结果（在浏览器中输入"谷歌电子表格调查表"）。每个人都不喜欢被贴上标签，除非这个标签是非凡的赞誉，但是每个人都喜欢有助于工作的有用信息。多数公司缺少的正是后者。每一家公司都有某种评估体系，然后以此为依据分配奖励。极少公司有完善的员工发展机制。

第三，说到评估，应引入某种校准流程。我们倾向于管理者可以坐在一起，作为一个团队共同审评员工。这样需要更多的时间，但评估和决策的过程更可靠、更公正。采用这样的方式，人们可以坐在一起加强交流，巩固公司珍视的价值，这有利于公司文化的发展。面对面的会议对于员工数量不到 1 万人的公司是最高效的方法。员工数量超过 1 万之后，就需要大量的会议室才能安排下所有人。我们的员工数量已经超过 5 万，但仍然坚持着面对面的会议，因为这样是对员工最有益的做法。

第四，把奖励分配谈话与员工发展谈话分开。两项谈话混为一谈会扼杀学习的动力。不管公司规模多大，这一点都适用。

绩效管理的其他方面，比如绩效分类的数量，分类是用数字表示还是用词语表示；考评频率，采用线上考评还是纸质考评……这些都不重要。苦苦摸索了很久之后，我们探索出一套适用于谷歌的考评体系和考评节奏，但是并没有任何外部案例证明这些做法在谷歌之外的公司也行之有效。除非你们也想要如我们一般做探寻不同结果的实验，否则这些方面就用不着担心了。

将关注点放在真正重要的事情上：依据目标对绩效进行公正的校准，开诚布公地指导员工学会如何提高。我们每个人身体中的丽莎·辛普森都渴望得到别人的评价，因为她想要成为最好的，她希望成长。你需要做的就是告诉她如何成长。

谷歌工作法则

- 正确地设定目标。
- 收集同事的反馈意见。
- 通过校准流程确定考评结果。
- 把奖励分配谈话与员工发展谈话分开。

第八章　谷歌如何管理团队的两端

有一名好经理至关重要,就像呼吸一般。如果我们能使经理变得更好,就好似带来一缕清新的空气。

尼尔·帕特尔　谷歌先进技术和项目实验室负责人

你的团队有两端。

任何能够加以衡量的事情都符合某种由低到高、由小到大、由近及远的分布。还记得你是个小孩的时候,你的老师会要求全班按身高排队吗?我总是在高个子一头,要把我们分开很容易。我们班上30个人,我们三四个人会直奔队伍右侧,还有几个个头偏小的孩子会站到队伍的左侧。剩下的20多个孩子,身高差不了多少,挤作一团,迟疑不决地排着队。

这么来看,至少一个世纪以来老师都喜欢把学生按身高排队。

1914年,隶属于康涅狄格大学前身的阿尔伯特·布莱克斯利学校要求学生按照身高排好队。就和你们的班级一样,多数学生都挤在中间,只有个别几个人分布在两端。大学学生的身高符合一种分布,从1.47米到1.88米,而且你能清晰地看到中间的人更多(见图8-1)。

分布的两端是极端身高的团队成员,低于5英尺4英寸(1.6256

每列人数	1	0	0	1	5	7	7	22	25	26	27	17	11	17	4	4	1
英尺：英寸（身高）	4:10	4:11	5.0	5:1	5:2	5:3	5:4	5:5	5:6	5:7	5:8	5:9	5:10	5:11	6:0	6:1	6:2

图 8-1　175 名男性大学生的实体直方图[122]
图片由康涅狄格大学图书馆托马斯·J. 托德研究中心档案及特藏提供

米）或高于 5 英尺 11 英寸（1.8034 米）。他们是图 8-2 分布示例中最底端和最顶端的 10%。

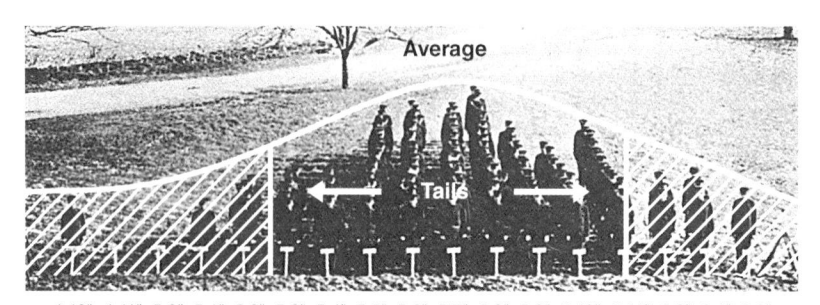

图 8-2　学生的身高符合正态分布，两端代表"极端"身高
图片由康涅狄格大学图书馆托马斯·J. 托德研究中心档案及特藏提供

分布是用于描述数据形态的。身高恰好最适合阐释正态分布。正态分布图因其形状又被称作钟形分布。卡尔·弗里德里希·高斯在 1809 年的论文中论述了该分布之后，又被人们称作高斯分布（Gaussian distribution）。[123]

图 8-3 谷歌人也符合同样的规律——我们请谷歌人按身高排队，结果也符合正态分布，两端人数较少（谷歌人在这项活动中很快乐，有些出乎我的意料）[124]

高斯分布在研究人员和商人中非常流行，因为它可以用于描述很多事情的分布：身高、体重、外向型和内向型、树干的粗细、雪花的大小、公路上车辆的速度、有缺陷部件出现的概率、客服电话接入的数量，诸如此类。更方便的是，任何符合高斯分布的事项都有一个平均数和标准差，我们可以利用这些数据预测未来。标准差用于描述某种范围的变化（或偏差）发生的概率。比如，美国女性的平均身高为 5 英尺 4 英寸，[125] 一个标准差小于 3 英寸（0.0762 米），这就意味着 68% 的女性身高在 5 英尺 1 英寸（1.5494 米）到 5 英尺 7 英寸（1.7018 米）之间。这是左右各一个标准差的数值。95% 的人在平均值的两个标准差范围内，即 4 英尺 10 英寸（1.4732 米）到 5 英尺 10 英寸（1.778 米）之间；99.7% 的人不会超过平均值的三个标准差范围，即 4 英尺 6 英寸（1.397 米）到 6 英尺 2 英寸（1.8542 米）。如果你环顾办公室，就会发现实际情况大致如此。（男性的平均身高为 5 英尺 10 英寸，标准差与女性相同为加减 0.0762 米。你或许注意到布莱克斯利学校照片中的男性平均身高为 5 英尺 7 英寸。因为营养水平的提高，所以现在的美国人比 20 世纪美国人的身高有所增加。）

然而，高斯分布的优势恰恰也是其弱点所在。它使用太方便了，而且表面看来可以描述太多不同的现象，但是在某些情况下并不能解释深层事实。高斯分布在很多方面会出现重大误判，比如重大物理事件和经济事件的发生（如大地震、飓风和股市剧烈震荡）、人们经济收入的巨大差异（穷人与最富有的 1% 人群之间的经济差距），以及少数个体异于常人的表现（迈克尔·乔丹相比同时代的其他篮球运动员）。2011 年日本发生大地震（震级 9.0），比尔·盖茨的资产净值（超过 700 亿美元），甚至纽约城的人口（830 万）也远超平均数，这些在高斯分布模型中也不太可能出现，但是事实确实存在。[126]

从统计学上讲，这些现象更适合用"幂律分布"（power law distribution）解释，图 8-4 是幂律分布与高斯分布的对比。

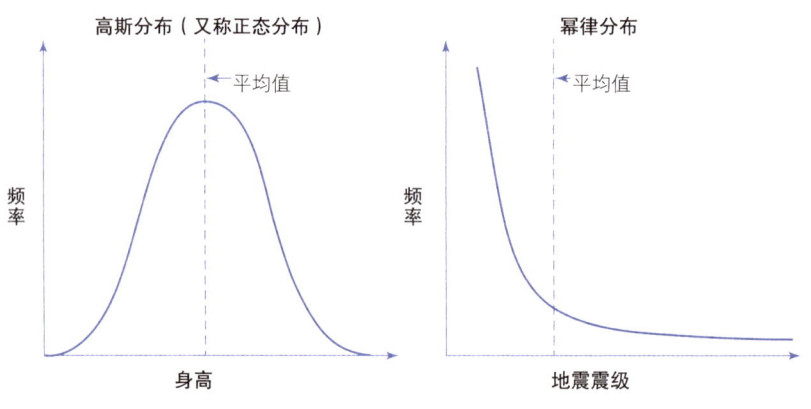

图 8-4 人类身高与地震震级的分布对比，身高相对均衡地分布在平均值两侧，高于平均值和矮于平均值的人大约各占一半。与此相反，大多数地震都在平均震级以下

使用"幂律"这个名称是由于如果写一个方程描述曲线的形状，一个量级要提升到下一个量级需要利用指数（比如，在 $y=x^{-1/2}$ 中，指数为 $-1/2$，而 x "提升了 $-1/2$ 次方"这个方程大致描述了图 8-4 右侧曲线的形状）。

大多数公司在管理员工时都采用正态分布，大多数员工被列为平均水平，两端为表现差和表现优秀的员工。员工两端并不像身高分布那样对称，因为失败的员工都被解雇了，最差的应聘者根本就进不了公司，因此左侧的一段很短。但是很多公司认为员工的表现还会符合同样的正态分布，这样的认识是一个错误。

事实上，组织中大多数的个人表现符合幂律分布。印第安纳大学的赫尔曼·阿吉斯和艾奥瓦大学的欧内斯特·奥博伊尔解释称："并非大批平均水平的员工通过数量优势做出主要贡献，而是由少数精英员工通过强大的表现做出主要贡献。"[127] 多数组织都低估了最优秀的员工，给他们的奖励也有所不足，甚至还不自知。在第十章中我将解释个中原因，并建议一种更好的管理和薪酬支付方式。

当前，只要认识到每个团队都有两端——在绩效分布两端的人——就足够了。多数公司会解雇"底端"员工，这些员工生活在失败和恐惧的煎熬中，担心随时会被解雇；对于"顶端"员工，生活好得不得了，升职、奖金、同事仰慕和管理层的器重唾手可得。

助力 5% 的底端员工

大多数组织未曾意识到提高公司绩效最大的机会在于底端的员工，而顶端的员工可以教会你如何发现这个机会。

我们在本书开头介绍了杰克·韦尔奇推行的"不升职就离职"管理模式，在这种管理模式下，通用电气的员工每年都要接受一次评估，排名最后 10% 的员工被解雇：你要么在组织中升职，要么就要离开组织。

但这样做是不是需要成本？招聘新员工需要时间和金钱，通常比现有的员工更贵，而且需要学习适应新工作——即便如此也不一定成功！哈佛商学院教授鲍里斯·格罗伊斯堡对投行的1000名分析师进行了一项研究，发现更换公司之后，"明星分析师的绩效表现会立刻下降，并会长期延续下去"。[128] 他们之前的成功要依靠同事、可用的资源、对公司文化的融入，甚至还包括他们个人的声誉或建立起的个人品牌效应。

理想的情况下，你们一开始聘用的都是正确的人。如果你们的招聘流程客观，有完善的校准过程，就能很接近这个效果。但是即便如此，你们也会犯错误，聘用的人也有可能落在绩效表现曲线的底端。

在谷歌，我们定期找出表现最差的5%左右的员工，这些员工在我们绩效分布的底端。要注意这个过程是在我们正式的绩效管理流程之外。我们的目的不是找出要解雇的人，而是要找出需要帮助的人。

我要承认，我们没有一个可靠的绝对尺度去衡量每一项工作的绩效，而且我们不会强求某一种考评结果分布，因为不同团队的表现处于不同的水平。让一个团队中全是明星员工的管理者评出哪个人表现糟糕简直就是疯了。因此这是一个人力管理过程，而不是一个计算问题。管理者和人力管理团队关注的是员工个体。在现实中，底端确实会包括一些"需要改进"的员工，但同时我们还会捕捉到"低空飞过的人"，也就是那些绩效表现长期处于底端附近的一群人。因为我们是在整个公司的范围内跟踪5%的人，因此有些团队中没有一个人落在这个范围内，而有些团队则会多于5%。我们有些犹豫到底要不要像其他公司一样解雇这些人。如果这样做就意味着我们每年要解雇20%的员工（每个季度5%），同时也意味着我们的招聘方式不是很有效。如果我们能够成功挑选聘用那些远非"木头脑袋"的人——聪明、适应性强、尽职尽责的谷歌人，我们就不需要再做这些定期的筛选工作了。

因此我们没有采用传统的方式将"绩效糟糕"等同于"死亡之吻",而是决定采用一种不同的方式:我们的目标在于告诉底端 5% 的每一位员工,他们处于这样一个群体。这种对话不会是幽默风趣的,但是我们向这些员工传递出的信息使这项工作简单了一些:"你在整个谷歌处于底端的 5%,我知道这样的感觉不好。我之所以告诉你这一点,是因为我想帮助你成长,想要你变得更好。"

换言之,这不是一次"要么好好干,要么走人"的谈话,而是一次感性的谈话,目的是帮助一个人发展。有一位同事曾经将其形容为"富有同情心的实用主义"。绩效表现糟糕极少是因为某人的能力不足或品性不佳,更多的是由于技能缺陷(或许可以改进,或许不能)或意愿不足(员工没有做工作的动力)。在后一种情况下,可能是由于个人问题,也可能预示着团队中出现了某个更大的问题需要修正。

事实上,我们在招聘时不强调与工作相关的知识使这个问题变得更加严重,因为我们愿意聘用那些或许不懂如何做某份工作的人。我们相信他们几乎所有人都能弄懂如何工作,而在摸索的过程中,相比那些"曾经历过、做过"的人,没有做过的人更可能发现某种新的解决方法。

如果他们未能弄清如何工作,我们首先会为他们提供一系列的培训和辅导,帮助他们构建工作能力。要注意,相比招聘员工,然后尝试培养他们成为明星员工的惯常方式,我们的方法有很大的不同。此时我们进行的干预仅仅是针对小部分陷入困境的员工,而不是针对每个人。如果还没有效果,我们会帮助这个人在谷歌内部找到另外一个岗位。通常,调岗之后这个人的绩效能够提升到平均水平。这听起来或许不算什么，但是反过来想想：100个人的团队中，吉姆是表现最差的5个人之一，经过这次干预之后，吉姆的绩效表现进入了前50位。[129] 虽然不是明星员工，但是吉姆现在的贡献比其他49名员工都要多，而此前他只比三四个人更好。如果所有表现最差的人都能有这样的进步，你们的公司会成为什么样？如果就连底端的49人也比对手公司更好呢？

余下的一些员工，有的选择主动离职，有的就只能被解雇了。听起来很残酷，但是最后他们通常会更开心一些，因为我们表现出对他们状况的理解，并与他们一道投入了改进过程，而且我们给他们时间寻找一家能够发挥专长的公司。我曾经解雇过手下一名员工，他在离职时对我说："我永远也做不来你的工作。"我说："你可以，只不过要在另外一个需求不同的地方。"三年之后，他给我打电话，说他升任一家《财富》500强企业的首席人力资源官，事业蒸蒸日上。他说那里的节奏比谷歌稍慢一些，但恰好适合他，而且恰恰因为他有条不紊、缜密细致的做事风格，现在已经成为首席执行官信任的顾问。

在分布底端投入时间精力的这个循环，意味着你们的团队能够提升很多，员工或是得到大幅的提升，或是离职去别的地方寻找成功。

非常具有启发性的是，就连人称"中子弹杰克"的韦尔奇——因为在他任通用电气首席执行官的大部分时间里，裁员和解雇员工非常盛行——在职业生涯后期的政策也变得更加柔和。2006年，他详尽阐释了分类员工的"评级与封杀"（rank-and-yank）方法：

> 差异化考评的"封杀"部分要求底端的10%立刻被解雇，但实际上这样的情况很少。通常，当一个人长期处于底端10%的时

候，管理者就会开启劝退谈话。当然，偶尔会有一些表现不好的员工不愿意走。但是面对公司对他们不佳的评定这一冰冷的现实，多数人都会主动离开，而且通常都能找到另外一家更适合其施展技能、更认可其能力的公司。[130]

然后他又辩称，对员工直接一些实际上是仁慈的表现。

有些公司的管理者以仁慈之名，允许员工特别是表现不佳的员工埋头苦干数年。之后公司经营状况出现了问题。已届中年且表现糟糕的员工通常是最先被裁掉的。管理者把他们一个一个地叫去谈话，谈话过程通常是这样的：

"乔，恐怕你得离开公司了。"

"什么！为什么是我？"

"嗯……你的表现一直都不是很好。"

"我已经在这里工作20年了，为什么你从来没告诉过我？"

到底为什么呢？这些员工在早些年或许还能找到一份有未来的工作。但是现在已经45岁或50岁了，他只能进入一个比以往竞争更加激烈的人才市场。这样做是非常残酷的。[131]

我要强调一点，谷歌识别底端5%的员工并非员工大排名，也不是要按照固定的分布将员工的绩效表现分类。那种考评方式下，员工为了不落在底端会激烈竞争，最终搅乱了公司文化。库尔特·艾肯沃尔德在2012年曾为《名利场》写过一篇强烈控诉员工大排名的文章，其中说道：[132]

我采访过的每一位现在和过去的微软员工——每一位——都认为员工大排名是微软内部最具破坏性的政策。在这种政策下，无数的员工被迫离职……"如果你的团队中有 10 个人，你开始工作的第一天就了解到，不管每一位员工多么优秀，都将有 2 个人获得好评，7 个人获得中评，另外一个人获得差评。"一位微软前软件开发工程师说，"这使员工的注意力都放在内部竞争上，而不是与其他公司竞争"。

几乎整整一年之后，2013 年 11 月，微软的人力资源主管丽莎·布鲁梅尔给员工发了一封电子邮件，宣布不仅要取消员工大排名，还要彻底废止全部考评体系。[133]

正如我在第二章中所写的，如果你相信员工本质都是好的，认为他们值得信任，那就必须对他们坦诚相待，保持透明度，这就包括让他们知道自己的绩效拖了公司后腿。但是在一家使命导向性、有目标的公司，处理人力问题时要有敏感性。多数表现不佳的员工能够认识自己的表现，想要变得更好，所以给他们改进的机会非常重要。

将最优秀的人放到显微镜下观察

与此同时，顶端那些表现最优秀的员工在公司的经历与平均水平或中等水平的员工大有不同。我们的数据显示，这些员工更容易完成工作，感觉自身更有价值，认为他们的工作更有意义，离职率也是绩效表现最差员工的 1/5。为什么会这样？因为顶端员工生活在高产出、良好的反馈意见、更高的产出和更好的反馈意见这样一个良性循环中。

他们每天都沐浴在爱的环境中，给他安排的额外工作也使他更加开心。

更重要的是要从最优秀的员工身上学习。[①] 每一家公司都将未来的成功寄托在最优秀的员工身上，但是大多数公司没有仔细研究这些员工，这就错过了一个很好的机会。正如格罗伊斯堡的实验所阐释的，优秀员工的表现很大程度上取决于环境因素。标杆和最佳实践告诉你的是在别处有效的方法，但是在你所处的环境中不一定有效。

相反，精确理解在你们所处的特定环境下最优秀员工能够成功的原因，则是格罗伊斯堡实验的延伸。如果成功依赖特定的地缘性条件，那么最有效的方法就是研究高绩效表现和地缘性条件之间的相互作用。

你或许已经想到，我们对谷歌内部最优秀的员工做了非常细致的研究。2008年，詹妮弗·科索斯基和布莱恩·威尔斯共同创办了人力与创新实验室（PiLab）——我们内部的研究团队和智囊，该实验室获得授权研究如何提升员工的工作体验。PiLab的很多科学家有心理学、社会学、组织行为学或经济学的博士学位，而且有一些已经走上了领导岗位，这使他们能够将研究成果用于解决微妙的组织问题和挑战。尼尔·帕特尔和米歇尔·多诺万就是其中的典型：米歇尔在谷歌绩效管理的调整方面起到了很大的作用，尼尔则是我们先进技术和项

[①] 同样重要的是将最优秀的员工与表现最差的员工做比较。恰如我们人力与创新实验室的凯瑟琳·迪凯斯所说："如果你仅仅对优秀的员工进行研究，你总结出来的他们成功的关键行为或许是在所有人中都普遍存在的行为。你的总结看似合理，但是很可能表现最差的员工也有同样的行为。如果你不再对表现最差的员工进行观察，就不可能了解真相。如果不同时对其他群体也进行研究，你就很容易错误地断定某些行为是通向成功的原因……科学术语将其称作'因变量抽样'。"这也属于我们在第六章中探讨的样本偏差的一例，也是"最好的实践方法"经常有误导作用的原因。

目实验室的负责人。他们的初步研究议程可以帮助你了解从内部最优秀的员工身上能够学到什么。

- 氧气项目的启动最初只是为了证明管理者的存在没有太大意义，最后却证明优秀的管理者很重要。
- 天才年轻人项目（Project Gifted Youngsters）的目标是解释长期持续保持高绩效表现的人与其他人有何不同。他们将最优秀的4%与其余96%进行了对比，而后深入研究了顶端的0.5%和余下的99.5%。
- 蜜瓜企业项目（The Honeydew Enterprise，源自《大青蛙布偶秀》中无畏的创新者蜜瓜教授的名字）力图理解对软件工程师的创新行为和实践产生最大促进或抑制作用的因素。
- 米尔格拉姆项目（Project Milgram）旨在探索最有效的方式，发掘谷歌内部知识社交网络。（这个项目以研究服从性的心理学教授斯坦利·米尔格拉姆命名。正如詹妮弗·科索斯基对我说过的："他进行了最初的小世界实验，在实验中随机选出一些住在奥马哈或威奇塔的人，请他们通过一连串电子邮件联系到波士顿的一个特定的人。电子邮件串平均的'中继段'为5.5，由此引出著名的六度分隔理论。"）

氧气项目对谷歌产生了极为深远的影响。项目的名称源自米歇尔曾经问过我的一个问题："如果谷歌的每个人都能有一位了不起的经理会怎样？不只是一个不错的或好的经理，而是那种真正理解他们，使他们每天上班都感到兴奋的经理。那时谷歌会是怎样的？"尼尔习惯用元素周期表的元素命名项目，因此米歇尔提议用"氧气项目"这一名称，因为"有一名好经理至关重要，就像呼吸一般。如果我们能使经理变得更好，就好似带来一缕清新的空气"。

那么氧气项目到底期望达成什么目标呢？假设认为经理的水平对团队的绩效表现不会有任何影响，尼尔解释称："我们知道我们的团队必须小心翼翼。谷歌对证据的要求标准很高，即便是在其他地方可能认为是不言自明的真理也需要证据，简单关联是不够的。因此我们决定反证——经理不重要。所幸，我们没能成功。"[134]

谷歌的工程师认为经理并没有太多用处，并对此深信不疑。表面看来，这句话或许有些荒诞，但是你要理解工程师有多么恨管理。他们不喜欢经理，当然也不喜欢成为经理。

工程师通常都会认为经理最多只能算是必要的恶人，多半时候他们都在设置障碍，制造官僚体制，把事情弄糟。工程师的这种信念根深蒂固，因此 2002 年，拉里和谢尔盖彻底废除了公司的经理职位。

当时我们有 300 多名工程师，经理因能够抛开管理责任都如释重负。在那之后，公司里所有的工程师都向韦恩·罗辛汇报。这项实验只持续了很短的时间。韦恩被各种请求包围了，从费用报告审批到人际关系处理，不到 6 周，经理们又重新回到岗位上。[135]

经理显然有其存在的必要性，但是在 2009 年，工程师对管理的怀疑本能地再次浮现。在这 7 年时间里，我们增加了 1.1 万多名员工。这些员工多半都来自传统的工作环境，经理在这种环境下并没有起到太大作用，甚至起到负面作用。我们在招聘时也发现了这个问题，特别是在美国之外。我们的招聘信条是要求技术经理至少在技术方面与团队成员有水平相当的能力（尽管我喜欢招募聪明的通才，但是在某些领域，比如技术、税务和法律部门，必要的基本专业能力是非常关键的）。如果经理没有达到这种水平，就无法得到尊重，会被认作NOOP（这是从计算机科学领域借用的一个术语，意为"没有操作"）。在美国的某些公司有一种传统，独立做出贡献的技术人员与经理有平行的升职轨迹（比如，IBM率先开拓了个人贡献者的升职轨迹，你可以依据技术成就得到与经理相同的奖励和头衔），但是在亚洲和西欧，更多的时候工程师会升任管理角色，不再负责日常的技术工作。因此，我们经常会拒绝一些高级别的应聘者，他们可能是很好的经理，但是离开技术岗位已经太长时间了。

每个人心中都有自己对好经理或坏经理的认识，但这些都是主观标准。米歇尔和尼尔希望做对比的时候能够保持一贯的标准，因此他们决定根据两种量化数据进行对比：绩效考评成绩和Googlegeist结果。他们计算了每位经理的平均绩效考评成绩，回顾了之前三次的绩效考评周期。他们分析了每位经理的Googlegeist结果，其中问询了全公司每个人对经理表现、行为和支持度的看法，以此作为团队对经理水平评价的替代方式。他们将我们的经理分为四个象限（见图8-5）。

关键在于真正理解优中之优和差中之差。那些经理都做了些什么才会出现这样不同的结果？为了找出答案，他们又研究了绩效表现的两个极端结果。在1000多名经理中，只有140名在个人表现和Googlegeist考评中都排在前25%。在两项评估中都处于底端25%的更少，只有67人。这至少是一个令人鼓舞的现象：我们的经理中"优中之优"是"差中之差"的两倍（见图8-6）。

要排到前25%，你的团队对你的正面评价只需要达到86%，比平均水平的84%稍高一点。而排在后25%的好评度为78%，低于平均

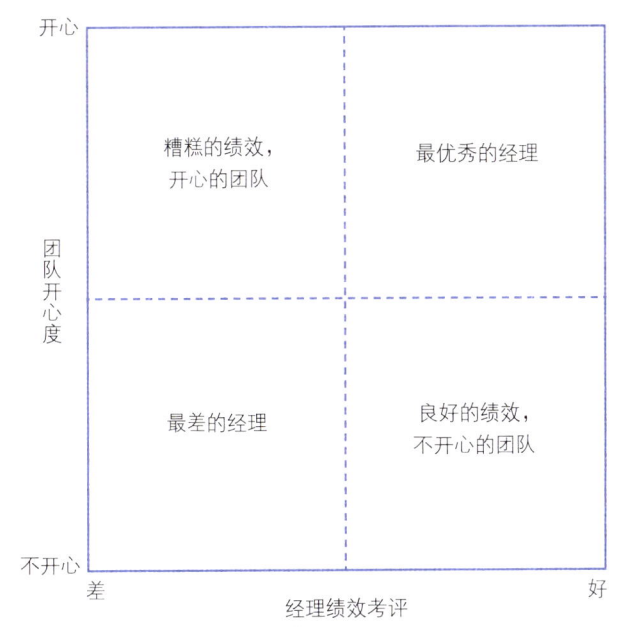

图 8-5 氧气项目最初对经理的分类

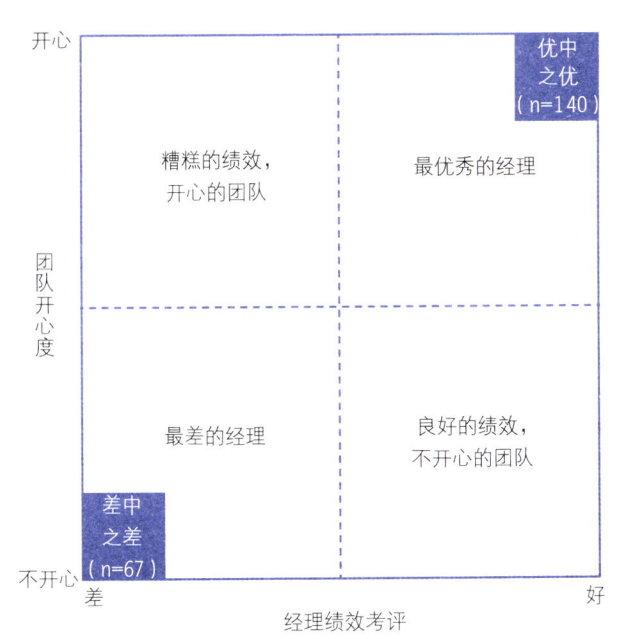

图 8-6 经过后续的提炼,识别出团队开心度和绩效表现方面都在顶端或底端 25% 的经理

第八章 谷歌如何管理团队的两端 203

水平也不是太多。从这一点看来，工程师的看法似乎是对的。最优秀和最差的经理之间好像并没有太大的区别。

因此米歇尔和尼尔又做了进一步分析。他们在分析了经理总体的开心度之后发现了一些很大的不同。最优秀经理手下的谷歌人在十几项 Googlegeist 评估维度上要比最差经理手下的谷歌人高 5%~18%。除此之外，他们在以下几方面的认可度明显更高：

- 职业决策更加公正。绩效评估公正，得到升职的都是实至名归的人选。
- 个人的职业目标能够达成，他们的经理是非常有帮助的支持者和引导者。
- 工作高效，决策迅速，资源分配合理，从多种视角考虑问题。
- 团队成员之间没有等级制度，互相尊重，依据数据做出决策而不是靠耍手段，团队内部每个人的工作和信念都保持透明。
- 他们适当地参与到决策制定过程中，并且得到一定的授权去完成工作。
- 他们可以自由地平衡工作和私人生活。

最优秀经理领导的团队绩效表现更好，人员流动率也更低。事实上，经理水平是预测人员去留最好的单一因素，正如那句格言所说的，员工不是离开公司，而是离开糟糕的经理。

但是，有些人争辩称，全公司"最好"和"最差"的经理一共才 207 人，样本数量非常小，我们怎么能确定这些区别是因为经理的原因？或许某些经理恰巧领导了一个能力更强、更开心的团队。要检测绩效和开心度的不同是不是出于经理的原因，唯一的方法就是保持其他一切条件不变，随机调动不同团队的人员，观察仅仅更换经理是否产生不同的效果。即便是在谷歌，我们也没有疯狂到仅仅为了了解真相而随意调配团队和经理，我们不会的。

幸运的是，我们不需要这么做。谷歌人主动调换团队，为我们实现了这次实验。工程师在年中可以自由地更换项目团队，但是并不知道未来的经理属于"最好"还是"最差"。2008年，65名谷歌人从"最好"的经理团队转入"最差"经理的团队，69名谷歌人做了相反的岗位调换。这些调换岗位的都是典型的谷歌人，他们表现优秀，对公司很满意。

经理确实至关重要！调入最差经理团队的65名谷歌人在42项Googlegeist调查中有34项的分数大幅下降。第二年，调入最好经理团队的谷歌人在42项中有6项得到了大幅提升。最大的变化在于衡量员工保留度、绩效管理信任度和职业发展方面的问题。调入更差经理团队这件事本身就足以改变他们在谷歌的工作体验，损害他们对公司的信任，致使他们产生离职的念头。

这样说来经理真的会有影响。不仅如此，了不起的经理会带来重大的影响。现在我们知道了最好和最差的经理是哪些人，但是并不知道他们所做的有何不同。我们的分析只是描述性的，并没有任何说明。我们如何厘清最优秀经理与最差经理所作所为的不同之处，我们又如何能将这些转化为动力，推动谷歌的经理水平持续提高？

并非所有的调查研究都需要一个聪明而勤奋的团队，我们在探寻最好和最差经理不同之处的时候采用了一种非常简单的方法：直接问询。我们请一些谷歌人按照预先设定的会谈指导对经理进行抽样面试，但是这些谷歌人并不知道所面试的经理是优秀的、差的还是普通的。这称作双盲面试法，因为面试官不对被面试人存在偏见，被面试人也不知道自己属于哪个类型。换言之，面试官和被面试人对面试条件都是"盲"的。米歇尔和尼尔将面试结果与最佳经理奖（我们的一个项目，项目中谷歌人在无提名的情况下选出最优秀的20位经理）的批注做对比，与Googlegeist中员工对经理的评价做对比，还与为经理写的同事反馈意见做对比，以此证实这些结论的真实性。经理宣称某些行为是他们成功或苦苦挣扎的原因，我们要核验是否也正是这些行为影响了谷歌人。

调查显示高分经理具备8种低分经理所不具备的共性（见图8-7）：

8个氧气项目特性

1. 做一名好的导师。
2. 给团队授权，不随便插手下属工作。
3. 对团队成员的成功和个人幸福表达出兴趣和关心。
4. 高效，结果导向型。
5. 善于沟通——聆听和分享信息。
6. 在职业发展方面助力团队。
7. 对团队有清晰的愿景和战略。
8. 具备重要的技术技能，可为团队提供建议。

图8-7 谷歌8个氧气项目特性清单
版权归谷歌所有

现在我们有了培养伟大经理的行为标准，但这仅仅是一个非常坦诚、十分平淡、没有争议的清单。要使这个清单更有意义、更重要，并成为可以改变公司绩效的实际内容，我们就需要更具体一些。比如，当然最优秀的经理都是好的导师，表面看来这是显而易见的，但是大多数经理即使与员工进行一对一会面，也仅是露个面，问一句"你这周怎么样"，而另外很多经理根本不会定期进行一对一的会谈——在这种会谈中，他们与员工一同诊断问题，共同想出发挥员工特长的方法。大多数经理不会将赞扬与需要改进的方面加以结合。对于经理来说，具体的方法就是在准备会面的时候细细思量员工的个人优势以及他们所面对的特定环境，利用会面问一些问题，而不是强令员工给出答案。出人意料的是，我们发现在卓越的经理中间，技术专业性是8种特性里重要性最低的一项。不要误会，技术专业性非常关键，一名不会编写代码的经理不可能在谷歌领导一个团队。但是在区分最优秀的经理行为时，技术能力在不同团队中是差异最小的。

除了要具体之外，我们还需要使良好的管理成为自然而然的事情。阿图·葛文德在《纽约客》的文章中和他的《清单革命》(*The Checklist Manifesto*)一书中都令人信服地阐释了清单的效力。我在2009年第一次读到他的文章《清单》，[136]他在文章中讲述了1935年波音公司开发的新一代远程轰炸机299型的试飞过程。这种轰炸机可以"负载军队需求5倍的炸弹……比以前的轰炸机飞行速度更快，飞行距离差不多有两倍"，但唯一的问题是它坠毁了。

这种轰炸机相比其他轰炸机更复杂，在试飞的过程中，经验丰富的飞行员"忘记打开升降舱和方向舵控制的一种新式锁紧机制"，结果造成5名机组成员中2名遇难。军方的解决方案不是做更多的培训，而是一份清单。葛文德总结道："手中有检查清单后，飞行员驾驶299型轰炸机累计安全飞行180万英里，没有发生过一次事故……后被人称作B-17……在二战中取得了决定性的空中优势，使在纳粹德国全境内进行毁灭性的轰炸成为可能。"而后葛文德辩称医药领域也进入了同样的阶段，工作的复杂性已经超越了人类的能力，而检查清单可以拯救很多生命。

读过这篇文章，我意识到管理也是一件异常复杂的事情，既要能够预测产品前景或成为一名财务天才、营销奇才，同时还要做一名鼓舞人心的管理者，这对领导者是非常高的要求。但是如果我们将好的管理方式浓缩到一张清单中，就不需要投入数百万美元进行培训，也不需要说服人们接受某种领导方式优于另外一种。我们不需要改变他们的本性，只需要改变他们的行为。

因此米歇尔、尼尔和不断发展壮大的人力运营团队打造出一种强化体系，以提高谷歌的管理水平。其中最引人注目的是半年进行一次

向上反馈调查问卷样例

1. 我的经理给我可行的反馈意见，帮助我改善绩效表现。
2. 我的经理不会随便插手我的工作（例如不会介入不应由其负责的细节问题）。
3. 我的经理会从人性角度出发体谅我。
4. 我的经理使团队将注意力集中在最重要的目标结果和工作成果之上。
5. 我的经理定期分享自己的上级和领导给出的相关信息。
6. 我的经理与我就过去6个月的职业发展情况进行过有意义的探讨。
7. 我的经理会向团队明确说明目标。
8. 我的经理具备高效管理团队所需的专业技术能力（比如，技术部门会编写代码，财务部门懂会计学）。
9. 我愿意向其他谷歌人推荐我的经理。

图 8-8 谷歌向上反馈调查清单
版权归谷歌所有

的向上反馈调查，请团队成员匿名给经理做工作评估（见图8-8）。

这项调查本身就是一项检查清单。如果你实现了清单中的每一种行为，你就会成为了不起的经理。

结果以图8-9的方式通报给每一位经理。

要注意，提供这些调查结果是为了经理的职业发展，并不会直接

克雷格·鲁本的向上反馈调查报告

总体满意度	91%
优中之优总体	93%
差中之差总体	75%

满意　一般　不满意

- % **满意**——谷歌人对指定项目选择"赞同"和"非常赞同"的百分比
- % **一般**——谷歌人对指定项目选择"一般"的百分比
- % **不满意**——谷歌人对指定项目选择"不赞同"和"非常不赞同"的百分比

详细结果

下面是2015年1月1日之前直接向你汇报的谷歌人的调查结果。当前显示的项目是至少有三个人提供反馈意见的。

筛选：　全部氧气特性　　　　　　　　　　鼠标拖到任意项目上，查看相应的氧气特性（了解更多）

	项目	数量	满意度%	与此前满意度对比	与全球商业满意度对比	更多资源
1.	我的经理不会随便插手我的工作（例如，不会介入不应由其负责的细节问题）	6	1.00	0 2013年1季度 Google test 调查 0 2012年3季度 向上反馈调查	+17	
2.	我的经理会平衡自由度，提供指导意见	6	1.00	+20 2012年3季度 向上反馈调查	+12	
3.	我的经理明确表示自己信任团队	6	1.00	0 2012年3季度 向上反馈调查	+15	
4.	我的经理会从人性角度出发体谅我	6	1.00	+14 2013年1季度 Google test 调查	+9	

图8-9　谷歌向上反馈调查经理报告样例
版权归谷歌所有

第八章　谷歌如何管理团队的两端　209

影响经理的绩效考评结果或薪酬福利。其实在这方面我与我的团队有些争议，但最终被他们说服。我开始推行向上反馈调查的时候，本想以此剔除一些最差的经理——他们给自己带领的团队带来无尽的痛苦，拖累了整个公司。史黛西·莎莉文认为，如果我们这么做，人们就会在调查中耍手段，或是迫使团队成员给他们更高的分数，或是提前解雇那些看起来不太开心和可能给低分的员工。史黛西与其他几位同事也认为，如果我们希望员工坦诚相对、改变行为，就必须将这项调查做成一个富有同情心的工具，关注经理的发展而不是奖惩他们。

她是对的。将发展反馈意见和评估反馈意见分开是非常重要的。后来我们检验了史黛西的直觉认识，我如释重负地发现，员工对向上反馈调查的应用恰如我们期望的一般：即使经理给员工较低的考评成绩，员工也不会刻意在下一次向上反馈循环中对经理进行报复。

如果经理需要在某一特定领域得到提高，而检查清单也帮不上忙，他们可以报名参加我们针对每个特性经过长时间开发出来的课程。比如，参加"经理的辅导角色"课程可以使辅导能力一项的平均得分提升13%；参加"职业谈话"的培训可以使职业发展的考评分数提高10%，这项培训有一部分内容在于传授经理如何与员工进行不同的职业谈话。这一切的目的并非是要谷歌人提出要求，然后由经理承诺实现员工的要求。这并非一种事务性的改变，而是一种解决问题的训练，最后的结果是所有人共担责任。经理和谷歌人都有需要做的事情。

今天，我们大多数的经理都会与团队成员分享反馈结果。我们没有做硬性要求，但是会定期在调查问卷中加入一些问题，询问员工经理到底有没有这么做。因为我们信息透明度的惯例和这些小小的助推,大多数经理都会选择分享。他们将报告分享给大家,然后针对如何提升表现展开讨论,获取团队成员的建议。这是对"经理—员工"关系的一次华丽反转。想要提高,最好的方法是与那些提供反馈意见的员工进行交谈,询问他们希望自己做出哪些改变。

我第一次分享自己的反馈结果时,分数比团队平均分还要低,当时我吓坏了。我负责管理全公司所有的员工!我本应该是一位专家!可是分数却显示我的作为与抱负并不匹配。那一年,我的团队在15个问题上对我的满意度为77%,听起来还不错,但是如果你意识到我们最优秀的一些经理的满意度为92%,而最差的经理满意度为72%时,你就不会这么想了。比如,我在"我的经理帮助我理解自己的绩效是如何评估的"一项上得分特别低,只有50%,而且我的直接下属中只有80%愿意将我推荐给其他谷歌人做经理。

我向团队承诺要有更好的表现,给他们更清晰的反馈意见,用更多的时间与扩展团队沟通,努力成为一名更好的领导者。他们对我的努力非常赞赏。有好几个人还来鼓励我:"感谢你与我们分享,满足了我的期望。我是仅有的几个给你写过评价的人,很希望在下次一对一会面的时候进行探讨!"经过一段时间,团队变得更开心了,运转也更好了,而我的分数也有了提升。我还远算不上完美(总体满意度90%),但是在提供高质量的反馈意见方面已经达到了100%的满意度,我的团队成员也100%愿意向别人推荐我做经理。

对于谷歌而言,结果是经理的水平稳步提升。2010—2012年,谷歌经理的满意度平均分从83%上升到88%。就连表现最差的经理也有所改进,从70%的满意度上升到77%。换言之,我们后25%的经理已经相当于两年前所有经理的平均水平。现在想要成为一名差经理反而更难。我们知道经理的水平能够推动绩效、员工保留度和开心度，因此也就意味着公司的表现随着时间推移会越来越好。

或许你在读完这些内容之后，身子向后倚了倚，总结认为：这些家伙真能自娱自乐。员工不会按照实际情况给经理评分的。即使是匿名的也不会公平，即使不影响薪酬和升职也不会，即使是在培训员工上花费了大力气、招聘优秀人才时不遗余力，也还是不行。人类就不是这种类型的生物，总有一些人在某些时候会玩弄这个体系。想象一下，某位经理给员工的绩效考评降了分，这名员工当然会在做向上反馈调查时给经理差评，以此作为报复，对吧？

嗯，我得承认，这些话确实有几分是对的。我们 PiLab 实验室的一位成员玛丽·凯特·斯蒂姆勒，攻读博士学位期间研究为什么人们会做出提升失败风险的选择（她还在加利福尼亚州饼干烘焙比赛中获得过三块奖牌）。她分析了大量数据，发现二者之间确实有一些关联。在我们原来用的 41 级考评量表下，员工绩效考评的得分增加或减少 0.1，会对经理的向上反馈调查分数产生 0.03 的变化，而向上反馈调查的总分是 100。换言之，它们之间确实有影响，但是非常微小，根本没什么关系。事实上大多数人都会去做正确的事情。

管理公司的两端：最优员工和最差员工

我之所以详尽介绍了氧气项目和底端的 5% 有三个原因。第一，这是一个难得的例子，阐明了关注两端的表现可以学到的经验和实现的成就。关注平均水平的经理没有什么帮助，设定基准也同样没有用处。对比两个极端使我们看到了行为和成果之间有意义的差异，之后可以以此为基础，提升员工在谷歌的体验。

第二，它阐释了"富有同情心的实用主义"这一概念。让处于绩效分布底端的人了解真相，但是不要将绩效与薪酬或职业成果直接挂钩，尽可能用一种积极的方式警示并激励他们。数百名经理需要面对自己并非优秀经理的现实。向上反馈调查用真实的数据（"我的团队告诉我，我可以成为一名更好的经理"）替代了直觉（"我知道自己是一名好经理"）。因为结果的传达方式，也由于有一个了不起的人力资源业务合作伙伴团队（他们不仅为数百名谷歌人提供了人力资源支持，还兼做员工的辅导员和引领者）在回顾经理的反馈结果时静静地坐在陷入困境的经理身旁，多数经理的反应都是询问自己如何才能变得更好。

第三，也是最后一点，任何团队都可以复制这种方式。我选择投入宝贵的资源成立了PiLab，舍弃了在培训等相对传统的人力资源领域的资金投入。但是其中还是有一些捷径可循：

- 关注组织升级。每个人都说他们注意了，但是极少有人真正采取了行动。作为一名团队领导者、一名管理者或一名执行官，你必须愿意身体力行地去实现目标，必要的时候改变自己的行为，持久保持对这些问题的关注度。
- 收集数据。根据绩效和员工调查结果对经理进行分组，分析各组之间是否有区别。然后与经理及他们的团队进行面谈，找出原因。如果你们的团队或组织规模很小，只需问问员工他们最看重伟大经理的哪些特征。如果这些都无法实现，可以先从我们的氧气清单做起。
- 每年对团队进行两次调查，查看经理的工作情况。很多公司都推出了调查应用。我们当然会利用谷歌自己的产品，特别是谷歌表格，通过这种工具发送一种称作"表单"的调查问卷，简单易用，而且成本很低。
- 请各个方面最优秀的人培训其他人。我们要求最佳经理奖的获得者培训其他员工，以此作为获奖的一个必要条件。

关注两端主要是由于其他限制：如果一个组织如我期望地听从了我的建议，在员工安置方面做了大量投入，那么可以用于正式的培训项目、福利管理和其他传统人力资源支持上的资金就变少了。此外，关注两端可以带来最大化的绩效提升：将绩效优于40%员工的人提升到优于50%的效果很有限，但是从5%提升到50%则很可观。

仔细研究你们公司最优秀的人才，并依此开展项目针对他们最突出的特性对全公司进行评测和强化，从而改变公司的特征。如果你也能够帮助那些陷入困境的经理持续改进，就能打造出一个持续发展的良性循环。

塞巴斯蒂安·马洛特是我们欧洲区的销售副总裁，最近从甲骨文加入谷歌，他就遭遇了非常具有挑战性的局面：

> 我的第一份向上反馈调查分数简直是一场灾难，我扪心自问："我适合这家公司吗？我是否应该回到甲骨文？"这中间好像有些脱节，因为我的经理给我的第一份绩效评价很满意，但是我的向上反馈调查分数却糟透了。在甲骨文，最重要的事情就是完成目标数字。我的第一反应是带领的团队有问题。我认为他们不理解我们需要做什么才能成为赢家。不过之后我后退了一步，与我的

人力资源业务合作伙伴做了沟通。我们一起仔细查看了所有的评价，制订了一套计划。我改进了与团队的沟通方式，对我们的长期战略做了清晰的说明。经过两个调查循环，我的满意度从46%提高到86%。那段日子很艰难，但是非常值得。我是作为一名高级销售人员加入谷歌的，但现在我感觉就像一位总经理。[137]

现在的塞巴斯蒂安已经是我们最优秀、最受欢迎的领导者之一。

谷歌工作法则

- 助力需要帮助的员工。
- 将最优秀的人放在显微镜下观察。
- 利用调查和检查清单寻找真相，推动员工学习。
- 与他人分享员工对你的反馈意见，以身作则；采取行动解决问题，率先示范。

第九章 打造学习型组织

你所能做的事情往往要超出你真正给予的,因为你所做的事情是帮助他人学习,帮助他们变得更好。你会一直想要做更多,因为你是一个体贴、尽责的人。

拉斯洛·博克　谷歌首席人才官

2011年，美国公司在学习项目上的投入为1562亿美元，[138]这是一个令人咋舌的数字。有135个国家的GDP（国内生产总值）都低于这个数字。

其中大约有一半的钱投入到公司自行组织的项目中，另外一半投入到外包培训中。员工平均每年要接受31个小时的培训，平均每周30多分钟。

其中大部分资金和时间都浪费了。

并不是因为所有的培训都毫无收获，而是因为没有任何衡量标准去切实了解通过培训员工学到了什么，员工哪些行为发生了改变。换个思路想一想。如果你每周花30分钟的时间学习空手道，一年之后你不能成为黑带，但是你肯定能够了解一些基本的防守和攻击动作；如果每周花半小时的时间研究薄煎饼食谱，你成不了顶级厨师，却能做出可口的薄煎饼，周末早晨的时候你会成为亲朋好友的大英雄。①

如果你在美国工作，平均每周都要参加公司组织的30分钟培训学习某种东西。如果回首过去我工作过的大大小小的单位，很难指出今天我做事异于常人的地方有哪一点是因培训得来的。（唯一的例外是我在麦肯锡接受的培训，他们的培训恰恰符合我在本章中介绍的教学准则。）

换一种说法来讲，2009—2010学年，美国在学前班到初中的公立教育投入为6380亿美元，[139] 大约是公司用于培训员工资金的4倍。然而，公立学校每年向每一位学生提供的授课时间却是公司提供的10多倍，而且体育和学术俱乐部等辅助的发展项目也很多。我敢打赌，任何读这本书的人都会赞同，10年学校生活学习的知识比10年公司培训项目学习的知识要多。

为什么公司在学习上投入了这么多，回报却这么少呢？

因为多数公司的学习目标没有足够的针对性，授课的人不合适，而且测评的方式也不恰当。

刻意练习是最好的学习方法

达蒙·邓恩于20世纪90年代中期在斯坦福大学求学，之后成为

---

① 说真的，薄煎饼是世界上最容易做的食品，零基础也能很快学会。两杯面粉，发酵粉和糖各一勺，半茶匙盐，混合在一起——其实还可以放双份的糖，可口极了。再拿一个碗，取一个鸡蛋和两杯牛奶混合。然后将所有这些混合在一起搅拌，直到糊状混合物中产生气泡，出现小块。这些气泡会使你的薄煎饼松软，小块经过烘烤之后会消失。你可能想继续搅拌。不要。相信我。如果喜欢的话还可以加一些蓝莓或香蕉片，加入的水果也一定要裹上面糊。用热锅黄油煎制。制作过程很简单，好似买的、现成的或是饭店做的，但口味要好太多太多！这是我的独家秘方，当然是在马克·比特曼和奥尔顿·布朗的秘方基础上改进的。

一名职业足球运动员，再然后创立了一家房地产开发公司。他回忆起学生时期有一次去斯坦福兄弟会时遇到的事情。[140] 那时已经是夜里 11 点，一片漆黑，而且下着倾盆大雨。达蒙注意到高尔夫球练习场上有一个修长的身影，一丝不苟地击打着高尔夫球：啪，啪，啪。

4 个小时之后，凌晨 3 点聚会结束，达蒙准备回宿舍。啪，啪，那个身影还在那里击打着高尔夫球。达蒙走了过去。

"泰格，你半夜 3 点在这儿打球干吗？"

"北加利福尼亚不怎么下雨，难得有这样的机会在雨中练习。"那个孩子回应道，后来他成为历史上最成功的高尔夫球手之一。

你应该能想到，在某一领域最顶尖的运动员都会像这般勤奋。但有趣的是他们练习的范围这么窄：他会练习推杆入洞或沙坑出球；他会用 4 个小时站在雨中，从同一个点，做同样的挥杆击打动作，在特别的某项技能上追求完美。

结果显示，这是最好的学习方法。佛罗里达州立大学心理学教授安德斯·艾利克森用数十年的时间研究如何获得专家水平技能。传统观点认为，要成为某一方面的专家需要一万个小时的练习。艾利克森则发现，重要的不仅仅是你投入多少时间学习，还有如何使用这些时间。他找到证据证明，在某一领域精熟的人，不管是小提琴家、外科医生、运动员[141]还是拼字比赛冠军[142]，学习的方法都有异于常人。他们将活动分解成细小的动作，比如连续数小时在雨中练习同一击球动作，不断重复。每一次，他们都会观察效果，做微小且几乎难以觉察的调整，逐步改进。艾利克森将这种方式称作刻意练习：有意重复类似的小任务，即时反馈、修正和实验。

只是简单的练习，没有反馈和实验是不够的。我曾是高中游泳队成员，参加过令人精疲力竭的个人200码（约180米）混合泳比赛：蝶泳、仰泳、蛙泳和自由泳各50码。我之所以加入游泳队是因为我比朋友都游得快，我的叔叔曾是罗马尼亚国家水球队的队员，因此我猜想自己或许有些先天优势。但是相比那些真正的游泳运动员——6岁就加入游泳队，一年到头都在练习的孩子，我差极了。在二年级时，我的最快时间提升了差不多30%，但是在典型的六人赛道练习中，我要拼命才能游到第五名。

艾利克森能立刻说出我的问题。我一天练习两次，完全按照教练的指示去游，但是我不懂自学，而且一直都不是很优秀，教练不愿花时间帮助我提升技巧。我从来没有经历过刻意练习。因此，虽然我取得一些进步，但是从来都没有机会达到高水平。

相反，麦肯锡过去总是派加入公司第二年的咨询师去参加参与度领导力讲习班（Engagement Leadership Workshop），每次大约50人参加，为期一周。研讨班全年都在举办，在瑞士、新加坡和美国等地轮换。我当然是参加了在新泽西举办的讲习班。我们学习的技巧中有一项是如何应对怒不可遏的顾客。首先，授课人向我们讲述了要领（不要惊慌，给他们时间释放情绪，等等），然后我们进行角色扮演，模拟实境，之后再做讨论。课后，他们会给我们角色扮演的录像带，让我们看看自己到底做了些什么。我们再三重复着这个过程。这种培训方式需要耗费大量的体力，却非常有效。

现在回想你参加的上一个培训项目。或许培训的最后有一次测试，或许你们被要求组成团队解决问题。如果能够得到具体的反馈意见，再多重复三次练习，你对培训内容的掌握会不会更多？

在培训中纳入这种重复训练和专注练习看似成本很高，其实不然。我们在后文中会谈到,大多数组织评定培训时依照的是花费时间的长短,而不是行为改变的多少。传授较少的内容,让人记住,相比多"学习"几个小时但很快就忘记的方式,是很好的投入。

刻意练习的概念同时也与长期学习有关。在我们镇的初中,老师受聘两年之后就能获得终身职位:没有任何有意义的绩效标准,几乎不可能被解雇。没有任何激励措施鼓励老师交流教学经验,他们经常会连续数十年教授同样的知识。我有一位美国历史老师,当时已经有25年的教龄,但是至少已经有20年没有更新过课程内容了。他有25年的经验,但是其中20年只是重复了同一年20次。没有任何反馈意见的重复,而且在他身上没有任何积极性。他已经20年没有进步了。

除非工作变化很快,否则我们所有人都难免陷入这种困境。如果身前和身后的路看起来完全一样,那么坚持学习,保持动力将会是非常难的事情。通过一个非常简单却很实用的习惯,你就可以保持团队成员的学习习惯,确保他们不故步自封。我在1994年做咨询师的时候有幸与弗兰克·瓦格纳共事,他现在是我们谷歌人力运营部的核心领导之一。每一次拜访客户之前,他都会把我拉到一边,问我问题:"你这次会议的目标是什么?""你觉得每位客户会怎样回应?""你打算如何引入一个难解决的话题?"我们开完会之后,在开车回办公室的路上,他又会问一些问题,迫使我学习:"你采用的方式有效吗?""你学到了什么?""下次你想试试哪些新的方法?"我会向弗兰克请教一些会上互动的问题,问他为什么推出某个话题而不是另一个。我与他共担责任,以此保证自己能够进步。

每一次会议之后都有即时的反馈意见,以及下次需要继续保持或调整的计划。我现在已经不是咨询师了,但在我的团队与其他谷歌人进行会议的前后还是经常回顾弗兰克的练习。这简直就是一种持续提高团队表现的神奇方法,而且只需要几分钟的时间,也不需要任何准备。这种方法也能培养你的团队把自己当作实验对象,提出问题,尝试新方法,观察效果,然后再次尝试。

内部员工是培训老师的最佳人选

我无法告诉你应该培训你的团队或组织哪些知识,因为那取决于你们的目标。我无法告诉你们最好的培训方式是面对面还是远程教育,抑或是自学或小组课堂,这取决于你们的员工在哪种方式下学得最好,还取决于他们是要学习编程语言等特定工作相关的技能,还是学习如何团队协作等一般性技能。

不过,我可以告诉你到哪里去找最好的老师。

他们就坐在你的身旁。

我向你保证,在你的组织里有各个方面的专家,至少足够专业,可以教其他人。我们都熟悉最大值和最小值的概念。理论上讲,谁都希望有最优秀、具备最大化专业知识的人做培训。

但是在数学领域,有一个经过提炼的概念:局部最大值。这是在一个限定范围内的最大值。最大的数字是无限的,但是1到10之间最大的数字是10。马友友被很多人认为是全世界最优秀的大提琴演奏家,而在韩国,天赋异禀的梁盛苑是最负盛名的大提琴演奏家。梁盛苑就是局部最大值。

在你们公司,肯定有一位总销售额最高的销售人员。请这个人而不是从外面请人给其他员工授课,这样不仅有了一位比其他销售人员更优秀的老师，而且这位老师对你们公司的特定环境以及顾客都很了解。还记得格罗伊斯堡发现，一个人从一家公司跳槽到另一家公司，其超乎寻常的成功极少会一直伴随着他。派你的销售人员去非常昂贵的销售研讨班，授课老师是为其他公司销售其他产品的人，这样很难带来销售业绩的根本性提升，因为你们公司的具体情况也是很重要的因素。

不过或许你不想要手下最优秀的销售人员去教学。毕竟，不应该让她全心全意做销售吗？我认为这是一种短视的想法，因为个人绩效表现的提升是线性的，而培训授课会带来几何级数的增长。下面我将加以解释。

假设你手下最优秀的销售人员每年能创造 100 万美元的销售额，另外还有 10 名销售人员，每人每年销售额为 50 万美元。我们再假设你安排最优秀的销售人员腾出 10% 的销售时间——每年 5 周——培训其他人。她用这 5 周的时间进行教学，跟着其他人，在他们工作的时候提一些建设性的意见，帮助他们在小规模的、独立的销售任务中得到提升。

没有任何培训之前，你的年销售额为 600 万美元（100 万美元＋10×50 万美元）。你手下最优秀的销售人员做培训的第一年，她有 10% 的时间用在教学上，因此创造了 90 万美元的销售额。但是如果她能使其他人的销售额提升 10%，那么每个人都能达到 55 万美元的销售额，你们公司的总销售额将达到 640 万美元。

第二年，如果没有进一步的培训，你最顶尖的销售人员的销售额为 100 万美元，而其他人比以前提升了 10%，每人完成销售额 55 万美元，总销售额将达到 650 万美元。你手下最顶尖的销售人员一年用在销售上的时间缩短，你们的营业额却提升了，而且是永久性的提升。如果第二年你还请她用 10% 的时间对其他人进行培训，他们的销售业绩又能提升 10%，达到每人 60.5 万美元，总销售额达到 695 万美元。两年的时间里，全公司的销售业绩提升了 16%，而新销售人员的业绩提升了 21%。按这种速度，新销售人员在 8 年的时间里就能实现销售额翻番（各年分别为 110%、121%、133%、146%、161%、177%，到第 8 年初能达到 195%）。这种增长速度就是几何级数增长。你或许注意到了每年个人销售额相比第一年的增长金额有所不同。第二年比第一年高 10%，即 110 对 100，但是第八年比第七年高 18%，即 195 对 177。尽管增长率保持在 10%，但是每年的基数都在增加。如果以图表形式表示每年营业额的增长，图形曲线将随时间向上弯曲，增长速率越来越快（见图 9-1）。

而且正如这份粗略的估计显示，这一切都是免费的。绩效表现差的员工的提高不仅仅弥补了绩效顶尖员工的销售损失。

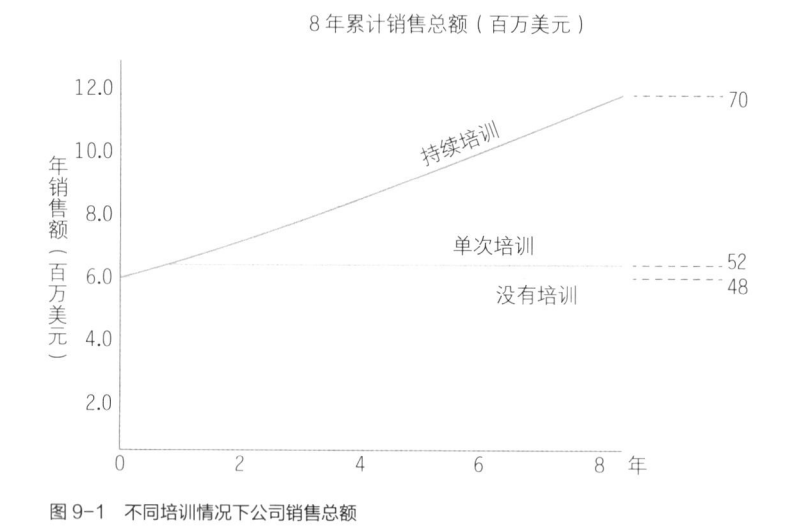

8 年累计销售总额（百万美元）

图 9-1　不同培训情况下公司销售总额

你甚至都不需要让最优秀的销售人员脱离工作一线。如果你能将销售分解成多种独立的技能,或许有不同的人更擅长处理意外电话、谈判、达成交易或维护关系。应该让最擅长某一项技能的人教授这项技能。

英特尔前首席执行官安迪·格鲁夫在30年前也表达过同样的观点:

> 显而易见,培训是一名经理能够提升经营活动的最重要手段之一。思考一下为部门成员组织四场系列演讲的可能性。我们预估每小时课程需要3个小时的准备时间,一共需要12个小时的时间。假设有10名学生听课,第二年他们将为你的组织贡献大约2万个小时的工作时间。如果你的培训能带来手下1%的业绩提升,你的公司将因为你花费的12个小时时间收获相当于200个小时的工作。[143]

对于学习者来说,由真正的从业人员授课远比听学者、专业培训师或咨询师讲课更有效。学者和专业培训师倾向于传授理论知识,他们明白该如何工作,但是并没有亲身经历。咨询师了解更多的是肤浅和间接获得的知识,通常是从其他咨询师的标杆管理报告或与客户的数月交流中获取的,而不是通过切身体验学到的。

说句公道话,选择与专家合作,从他们身上学习,获得和他们同水平的洞察力,用以推动你们公司的发展,这样做是有价值的。比如,托尼·施瓦茨和他的能源项目帮助我们改善了谷歌人的福利状况,丹尼尔·戈尔曼帮助开发出我们的正念项目,我将在后文中具体介绍。

然而，培训总是被大批外包给外部公司。

一般说来，向当下正在做某项工作的人学习效果更好，他们可以更深入地回答问题，可以举出当前鲜活的例子。他们更了解你所处的环境，总能即时反馈意见，而且多半是免费的。

谷歌人陈一鸣，更多人将他称作"鸣"（在我意识到美国人给人起昵称时只能使用单音节词的时候，我就开始使用"鸣"这个称呼了），[144] 他是谷歌107号员工。2000—2008年，他任手机搜索软件工程师，之后转换了工作和生活的重心（仍然在谷歌工作），通过分享正念的概念，寻求世界和平。马萨诸塞大学医学院退休荣誉教授乔·卡巴金将正念定义为"以一种特别的方式集中注意力；有目的性，聚焦于当下，不怀任何偏见"。[145] 实现正念的一种简单练习方法是静静地坐着，全神贯注于自己的呼吸，保持两分钟。这种方法对提升认识能力和做出决策也体现出一定的作用。

作为一项实验，2013年底，我请谷歌人比尔·杜安——以前是一位工程师，后来成为正念大师——在我们每周员工大会开始之前带领大家做练习。我希望先在我们身上做练习，如果可行，就可以在更大的谷歌人群体中尝试，或许最后可以用于整个公司。

第一周仅仅是练习呼吸，第二周是在呼吸的同时体察思绪，逐步锻炼觉察情绪，感受身体。一个月之后，我问团队是否应该继续，他们坚持说要继续下去。他们对我说，我们的会议似乎更专注、更有思想，言辞也没那么激烈了。尽管我们用去了一些时间进行冥想，但是我们变得更加高效，每周都能提前完成议程。

为了在谷歌内部传播正念法则，鸣设计了一套课程：探寻内在的自己。谷歌人更能接受鸣的教学，因为鸣在美国和新加坡做了多年的工程师，能够有效地解决谷歌人身上的压力，明白如何通过正念改变他们的生活。鸣还写了一本这个主题的书，创立了探寻内在自己的领导力学院（Search Inside Yourself Leadership Institute），由他本人管理，同时他还在谷歌兼职（"只有每周 40 个小时。"他开玩笑地说）。[146] 他的课程、书和学院都致力于"利用以科学为依据的正念和情绪智慧训练，培养高效、创新的领导者"。

比尔·杜安曾是一名网站可靠度工程师（他确保 Google.com 能够正常运转），现在负责谷歌的正念团队。比尔将商业形容成"由人构成的机器"，将正念形容成"公司的 WD-40（一种防锈润滑剂），能够润滑发愤图强谷歌人的一些锈点"。[147] 比尔的话在其他工程师中既亲切又威严，因为那些工程师每天的生活他也曾经历过。

尽管鸣和比尔作为专家有着非常突出的成就，但是他们并不是仅有的认为教学是最重要事情的人。我们还有一个受众更广的项目，称作 G2G（Googler2Googler，即谷歌人到谷歌人），全体谷歌人都参与了这个项目，互相传授知识。2013 年，该项目一共开展了 2200 堂课，21000 多名谷歌人参加了由 3000 多名 G2G 教员讲授的课程。有些课程开设了不止一次，有些课程请过不止一位授课人，大多数谷歌人都参加了不止一堂课，总参训人数超过 11 万。

尽管授课时，G2G 教员需要离开日常的工作岗位，但是很多课程仅仅需要几个小时的时间，而且只进行一个季度，因此教员和学生在这上面投入的时间相对适度。这些课程带来了崭新的精神风貌，使听课人重回工作岗位时效率倍增。与 20% 时间项目类似，G2G 也有助于营造更具创新性、更快乐、更有生产力的工作环境。在这种环境下，员工能够更加投入地参与到公司的业务中。公司的资源投入很少,收获却很大。

培训内容有的技术性很强(如搜索算法的设计、7周迷你MBA课程),有的纯粹图一个乐和(如走钢丝、吐火、自行车的历史)。最火的课程包括:

- **身心觉醒**(MindBody Awareness):我们的按摩理疗师艾米·科尔文教授的一堂30分钟课程,先是学习十几个气功动作,然后是静坐冥想。现在这一课程在全球16个城市可选,通常是通过谷歌视频群聊进行。有一位工程师告诉艾米:"大脑忙于编码的时候能够了解身体的需求,它有效地帮助我大幅缓解了压力,不至于精疲力竭,还能够享受工作。"

- **展现魅力**(Presenting with Charisma):销售领导者亚当·格林教谷歌人如何超越制作好的演讲展示内容之类的基本能力,实现细节的提升,比如语调、肢体语言和移位策略的使用。举个例子:"你发现自己总是在摆弄手,或者总是手插兜,喜欢站到椅子或演讲台后面,手按在演讲台上才能表现出自信;把手放到别处就属于紧张情绪的移位。"另外还有一个小贴士:"为了避免自己在演讲展示的时候总是说'嗯',可以采用物理移位的方法。在转换话题的时候,做一点小动作,比如动一动笔。刻意挪动一下笔可以使你的大脑从搜寻语料的活动中得到暂时的解脱。"

- **I$_2$P**(Intro to Programming for Non-Engineers,非技术人员编程入门):艾伯特·黄是我们人力运营部工具组的领导人。他于2008年凭借经济学学位加入谷歌,自学了编程。"当时部门安排我负责一个项目,需要将数百名谷歌人的姓名与他们正确的办公地址和工作头衔对应起来。我很快就意识到，一些简单的编程脚本就能大幅提升我的工作效率，同时降低错误率。于是我开始自学编程语言 Python。我的同事看到我新学的技能节省了大家的时间，就请我教他们编码，于是，在一间小小的会议室白板前，I$_2$P 诞生了。"从那以后，有 200 多名谷歌人参加了艾伯特的课程。还有一位男生利用课上学习的知识，帮助谷歌人预约了免费上门注射流感疫苗，使 1000 多名谷歌人受益。而且因为每做一例上门疫苗接种，我们都会为发展中国家的一个孩子捐献一次脑膜炎或肺炎疫苗接种，所以这种新工具还使 1000 多名孩子得到了疫苗接种的机会。[148]

你不需要借着 G2G 这样正式或是广泛采用的项目才能找老师学习。谷歌人有数百种其他机会去学习或传授知识，其中任何一种在你们所处的环境中都可以由积极的员工复制。比如，我们有 30 多名技术顾问，他们是有经验的领导者，提供保密的一对一辅导，帮助技术部门的谷歌人提升。选择这些志愿者是因为他们丰富的阅历以及对谷歌的理解，他们的任务以倾听为主。技术顾问中的一员周紫（Chee Chew）是这样描述这一经历的：

> 每次都很耗神。每次辅导之前我都很有压力，我完全不知道他们会问什么问题。问题有无限种可能，如果我没什么可说的怎么办？……随着时间的推移，实际上你只需要倾听他们诉说，就能感觉到某种联系。我不了解事情的来龙去脉，我对他们如何行事也没有特别强烈的主观意见，如何决定和我也没有特别大的利

益关系，因此我更多地倾听，以此建立了更深的联系。这种沟通的过程跟与直属下级和同事之间的对话相比有很大的不同。建立起这种对话真的是为了进行反思。我是与对方这个人建立联系，而不是与项目。

有时能够向一个可靠、客观的人求教恰恰是人们所需要的。周紫继续说道：

> 我还记得以前给一位高级别的女工程师提过一些建议。她认为自己已经走进了死胡同，打算离开公司。有人说服她与技术顾问做一次交谈。我们约定谈50分钟，结果聊了两个半小时。她理清了很多事情。我并没有给她太多建议，我倾听了她的诉说，与她一道头脑风暴，帮她排解忧虑。她自己想出了办法，解决了自己的问题。她不需要别人告诉她怎么做，我只需要鼓励她，倾听她。直到现在她还留在谷歌。

令我惊奇的是，不仅与顾问交谈过的人从中受益，就连顾问本身也受益匪浅。通过反复的磨砺，我们公司的领导者学会了倾听和移情的技能，强化了自我认识。这些听起来简单，但是他们通过这些交谈会的经历，将一些技能融会贯通。要注意，尽管是由我们部门负责管理，但这并非一个人力资源项目。恰如项目经理香农·马洪所说："秘密在于真正把控一切的是工程师而不是人力运营部。"谷歌人为彼此创造出这种项目。

与此类似的是还有一些志愿者导师，他们较少关注个人问题，更多的是助力全公司的领导力和管理问题。贝姬·科顿是我们第一位官方职业生涯导师,任何与职业生涯相关的问题都可以去咨询她。没有选拔过程,也没有培训,她自己决定要做这件事情。开始时,她在一封电子邮件中宣布她将安排办公时间接待任何需要职业建议的人。随着时间的推移,需求逐步增加,其他一些志愿者自愿加入了贝姬这个职业生涯导师的队伍。在 2013 年,有 1000 多名谷歌人与他们这个团队做过咨询会谈。

今天我们有领导力导师(部分源自我们的最佳经理奖获得者)、销售导师(提供销售建议,这样一来,在意大利从事汽车销售的谷歌人就能得到在日本工作的同事提供的意见)、孕期和初为人父母导师,当然还有正念导师。请谷歌人互相辅导不仅能够省钱(有人告诉我说从外面请导师要每小时 300 美元,甚至更贵),还能创造更加亲密的团体。正如贝姬所说:"很多事情都能实现自动化,但是人际关系不行。"贝姬到现在每年仍然辅导 150 个人,还说经常有人在走廊里拦住她:"如果不是因为你,我现在就不会在谷歌了,贝姬。"

起步就如美国长篇连载漫画《花生漫画》(*Peanuts*)中露西·范佩特挂出"手术中"的牌子一样简单。多年来,贝姬与多家《财富》500 强科技企业合作,帮助它们建立起自己的导师项目。财务软件公司财捷集团(Intuit)的人力资源专家萨姆·海德尔和产品经理凯伦·麦克丹尼尔就参与了这种合作。萨姆回忆说:"我们在谷歌组织的一次职业发展峰会上了解到谷歌的职业导师项目,觉得这可能是解决挑战(在公司全球业务范围内提供一对一职业建议)的一种简单易行的方式。我们在几个小团队中做了试行,检验这种方法的可行性,然后在我们的财务部门已有的项目基础上做了基层推广。之后的几个月,这个项目在公司里流行起来,传遍了全球的分公司。"

如果你想解锁所在组织巨大的教与学潜能,就需要创造合适的环境。各个组织对员工发展的要求似乎总不会满足,谷歌也不例外。在我们发展团队的一次全球会议上,我们的一位销售培训师问能否得到更多的资源。我告诉她:

> 你们不能。你所能做的事情往往要超出你真正给予的,因为你所做的事情是帮助他人学习,帮助他们变得更好。你会一直想要做更多,因为你是一个体贴、尽责的人。因此你总会因自己不能贡献更多而略感沮丧。更糟的是,谷歌人总是希望你能给予更多。比这还糟糕的是,随着我们的发展壮大,你将要停止做一些你和结伴的谷歌人都喜欢的事情,因为还有其他更重要的事情需要你去做。你是一种宝贵资源。我们的挑战在于共同理清如何帮助谷歌人学会自学。

评估培训结果的有效方法

培训资金和时间是如何使用的很容易评估,但是关于培训的效用评估则比较少,也比较难。过去的 40 多年里,人力资源专业人员评估了时间是如何使用的,宣称 70% 的学习时间应该通过在职体验进行,20% 通过辅导完成,另有 10% 通过课堂授课完成。[149] 盖璞(GAP)[150]、普华永道咨询公司(PwC)[151] 和戴尔(Dell)[152] 等多种类型的企业都在公司网站上介绍了各自的 70/20/10 发展项目。谷歌从 2005 年到 2011 年也恰巧按照这种比例框架分配了投入。70% 的工程师和资源安排在搜索和广告等核心产品上，20% 安排在新闻或地图等非核心产品上，10% 用于自动驾驶汽车等不相关项目。谢尔盖·布林开发出这种投入方法，埃里克·施密特和乔纳森·罗森伯格负责管理。埃里克、乔纳森和艾伦·伊戈尔在合著的《重新定义公司：谷歌是如何运营的》[①]中详细介绍了谷歌的 70/20/10 方法。

但是大多数专业人员学习时采用的 70/20/10 法则并没有效果。

第一，这种法则没有告诉你该如何做。70% 的意思是让人们在日常工作中理清一切，还是说要员工轮岗，使他们学到新技能？或许是给员工难做的项目去做？这些方法相比其他方法更有优势吗？

第二，即便你知道应该做什么，又该如何评估呢？我从来没见过哪家公司要求管理者记录用在辅导团队上的时间。公司可以告诉你在课堂培训上用去的时间和资金，但是除此之外都只是猜测的数据。最糟糕的情况下，工作中用去的 70% 的学习时间会成为不作为的借口，这给人力资源部创造了便利的条件，可以谎称员工在学习，而且不需要提供任何证据。

第三，甚至没有任何有力的证据证明按照这种方式分配学习资源或经验有效。密歇根大学的斯科特·德罗和克里斯托弗·迈尔斯对相关文献做了综述："首先，也是最重要的，没有任何实验证据支持这种假设，然而学者和从业者经常会引用此观点，好似它就是事实。"[153]

所幸，有一种更好的方法来评估学习项目的结果，而且和很多其他伟大的人力管理想法一样，它也并非一种新方法。1959 年，美国训练与发展学会前主席、威斯康星大学教授唐纳德·科克帕特里克创造

[①] 本书由中信出版社 2015 年 9 月出版。——编者注

出一种模型,对学习项目进行4个层次的评估:反应、学习、行为和结果。

科克帕特里克的模型与其他很多绝妙的想法有相似之处:一经解释,其中的道理便显而易见。

第一层次,反应。询问学生对培训的反应。教授一门课程,最后得到学生积极的反馈意见,这种感觉非常好。如果你是一位咨询师或教授,学员或学生表示培训体验很好,喜欢学习的内容,这对你的课程将是一个极好的宣传,确保了未来的听课人数和资金收入。斯坦福大学商学院教授弗兰克·弗林曾告诉我一个获得学生评价高分的秘诀:"多讲笑话和故事。学生喜欢听故事。"他又继续解释说,参与度和传授知识之间需要不断地权衡。根植于代代传颂的神话和民间传说中的故事体现了人类对于叙事的渴求。讲故事是一种有效的教学方法。但是学生对你的课堂的感受说明不了他们到底有没有学到东西。

此外,学生经常无法对课堂质量提供反馈意见。在课堂上,他们应该专注于学习,而不是评价授课中小组练习和个人练习的分配是否均衡。

第二层次,学习。评估学生知识或态度的改变,特别是在培训项目结束时以测试或调查的方式进行评估。任何考取过驾照的人都有过这样的经历。这已经是第一层次基础上的巨大提升,因为现在我们已经开始从客观的角度来查看课程的效果。此种做法的缺点在于难以长时间保持新学课程的效果。更糟糕的是,如果返回原工作岗位,环境依然没有变化,那么新知识将渐渐被淡忘。想象一下你刚上完陶艺课,终于成功烧制出上釉花盆,如果你没有机会再去使用这种手艺,很快将失去这种技能,当然也不可能精炼技艺了。

第三层次，行为。行为恰是这个体系开始变得强大之处。科克帕特里克询问参训者通过培训，行为发生了多大的改变。这个简单的询问中引入了几个非常聪明的理念。对行为变化的评估需要等待学习经历结束之后一段时间进行，确保课程整合为长期记忆，而不是为早上考试做准备的短期记忆，过后就忘记了。这种评估还要求依靠持续的外部验证。评估行为变化的理想方法是不仅要询问学生，还要询问他们身边的团队成员。寻求外部意见不仅可以更全面地了解这名学生的行为，还能含蓄地鼓励他更加客观地对自己的表现做一下评估。比如，你问大多数销售人员他们的表现如何，他们都会告诉你自己是业内顶尖的。但是如果你问他们的客户，并告诉他们你会如此做，他们的回答就会更加谦虚和真实。

第四层次，评估培训项目的实际结果。你的销售额有没有增加？你成为一名更优秀的领导者了吗？你编写的代码更简练了吗？

美国外科医师学会采用了科克帕特里克的模型，将"病人（客户）的健康改善情况"作为教学项目的直接结果。[154] 假设一名眼科医生专攻激光视力矫正手术，即利用激光重塑角膜矫正视力。在这名医生进修了新的技术之后，通过记录患者的康复时间、并发症出现概率以及视力改善情况等因素，可以评估手术效果的变化。

相比较而言，评估培训对于结构性较弱的工作或通用技能产生的影响会难得多。你可以开发出非常复杂的统计模型，分析培训与结果之间的联系，我们在谷歌就经常这么做。事实上，通常我们不得不这么做，因为换用他法，我们的工程师根本不会相信我们！

但是对于大多数组织而言，评估培训结果是有捷径可循的。不需要用研究生才能学到的复杂数学分析，只需要比较两个一样的团队在其中一队参加培训之后的表现即可。

首先确定你们的培训要达到怎样的目标。假设是更高的销售额，那么将你的团队或组织分成两组，两组的构成尽可能相同。在实验室外想要做到这一点很困难，但至少要在地理位置、产品结构、性别结构、工作经验等方面相当，消除明显的差异。其中第一组是对照组，即该组不做任何变化，不上课，不培训，不特别关注。第二组是实验组，他们将参加你们组织的培训。

然后等待。

如果两组确实在各方面相当，唯一的区别就是有没有参加培训，那么销售额结果的差别就是培训带来的了。[1]

这种实验方法可能有违人的本性，令人感到沮丧，因为如果你发现一个问题，你就想要当场为所有人解决这个问题。正如我在第八章中介绍的，参加"经理的辅导角色"课程可以使辅导能力一项的平均得分提升13%。我们等待了一年去观察这种课程是否真正有效，而与此同时数千名谷歌人并没有从这种本可以帮助他们的项目上受益。

我在另外一家公司工作的时候，每年都会有一波强制的销售培训，他们对我们说，保证能够提升销售业绩。但是让每个人都参加你认为能解决问题的项目并不一定能真正解决问题。一项精心设计的实验和耐心等待结果并加以评估的受众，将向你展示真实的效果。你的

---

[1] 只要两组各方面相当，另外还有一种方法是给每一组安排不同的培训。因为这样你就没有了对照组，可以同时尝试多种不同的方式。这种做法的不利之处在于你无法全面掌握可能影响结果的外部因素。比如，如果两组的销售量增长相同，那么是因为两组的培训都有效，还是因为经济好转，销售变得容易了一些呢？产生的变化可能是由随机的某种变量引起的。有数据评估方法可以测试这些结果，但是还有一种非定量的替代方式，即多次或在其他小组中尝试这种"实验"。

培训项目或许有效，但也可能无效。想要确认结果，唯一的方法就是在一组中进行实验，然后与另外一组进行比较。

人类生而为学。

但是我们很少思考怎样才能最高效地学习。

有一种务实的方法可以采用，将一项技能分成小的部分，提供具有针对性的即时反馈意见，可以提高你所在组织或团队的学习效率。有太多的组织在向员工传授技能的时候急于求成，内容也过于宽泛。对培训的结果进行评估，而不是询问员工是否喜欢培训，经过一段时间，这种做法能够更清晰地说明你们所做的是否有效。

但是我们不能仅仅为了学习而学习，还应该寓教于乐。你只需要看看自己的家便能了解一二。每位家长都会教育孩子，每个孩子都会学习。如果你是一位家长，你就会认识到孩子经常是你的老师，而你则是在学习的那个人。

据称，著名物理学家尤利乌斯·罗伯特·奥本海默的弟弟弗兰克·奥本海默说过，"最好的学习方式是教导他人"。[155] 他是对的。因为要教好学生，你需要深入思考教学内容，需要掌握将要教授的主题，想出优雅的方式将知识传递给他人。

我们请员工做老师还有一个深层原因。给予员工做老师的机会也给了他们目标。即便他们在日常工作中找不到意义，传授知识的工作也足够鼓舞人心。

学习型组织发端于一种认识，即我们所有人都渴望成长，也都希望帮助他人成长。然而，在很多组织中却是员工受教，专业人士负责教学。

为什么不让员工同时做两件事情呢？

> **谷歌工作法则** 🔍
>
> - 进行刻意练习：将课程分成易于消化的小块，给出明晰的反馈意见，并不断重复这个过程。
> - 请最优秀的员工教学。
> - 只在已经证明能够改变员工行为的课程上进行投入。

第十章 谷歌的薪酬分配原则

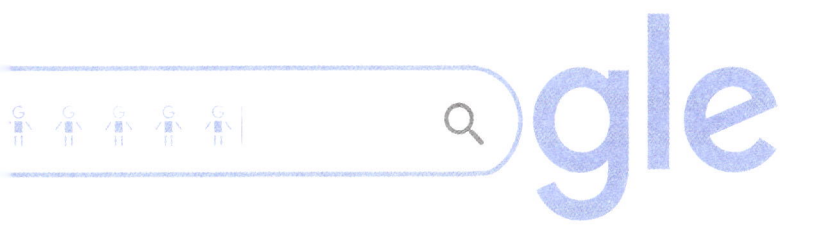

如果你手下最优秀员工的价值是平均水平员工的 10 倍,那你就必须给他不公平的薪酬;否则,你就给了他一个辞职的理由。

拉斯洛·博克　谷歌首席人力官

谷歌薪酬理念的转变过程

我没能有幸与谷歌的第一位技术副总裁韦恩·罗辛共事。我来谷歌上班的时候他已经退休了，但是关于他的故事仍在谷歌流传。我最喜欢的一个故事是他在我们 IPO（首次公开募股）前一周对谷歌工程师所做的一段演说。演说是要求员工坚持谷歌的价值观，关注用户，IPO 只不过是普通的一天，第二天我们还要照常回来工作，为用户创造很酷的产品。大家会因上市变得富有，有一些人甚至会富得流油，但是我们不能改变初衷。为了强调自己的观点，他总结说："如果上市之后我看到公司停车场里有宝马车，那你最好买两辆，因为我会带上棒球棒砸烂车子的挡风玻璃。"

尽管我们的 IPO 创造出很多百万富翁，但是多年来我们一直保持着不过度挥霍的传统。这种不愿张扬的生活方式既反映了硅谷工程师的传统文化，也是谷歌的特别之处。《纽约时报》记者大卫·斯蒂菲尔德将这种传统追溯到 1957 年硅谷创立之初，[156] 当时罗伯特·诺伊斯、戈登·摩尔、尤金·克莱尔和其他五人创立了仙童半导体公司（Fairchild Semiconductor），开发出一种大规模生产硅晶体管的方法。[157] 斯蒂菲尔德将其描述为一种"新型公司……具有开创性，勇于冒险。东部僵化的等级制度在此被荡涤干净，同时消失的还有炫耀性消费"。"钱看起来都不是真的，"诺伊斯后来对他的父亲说，"只不过是一种计分的方式。"[158] 硅谷的社会气质一直都是"努力工作，但不炫耀"。

当然，这些传统近年来也发生了一些改变，甚至在谷歌也是一样。脸书、领英和推特等数以十亿美元的 IPO，加上二级市场的涌现，做上市前投资的员工能以数十亿美元的价格卖掉自己的股份，这使得硅谷钱潮涌动，到处都是不相称的 10 万美元特斯拉跑车和百万美元豪宅。即便如此，记者尼克·比尔顿还是如此总结当前的硅谷气质：

> 在纽约，你看到人们为了引人注目而衣着鲜丽。在圣弗朗西斯科，人们身着帽衫和牛仔裤出入五星级饭店，并以此为荣（不过时尚杂志的报道则恰恰相反）。
>
> 在纽约，人们赤裸裸地炫耀财富。
>
> 那么在圣弗朗西斯科呢？当然，甲骨文的首席执行官、美洲杯帆船赛冠军劳伦斯·J.埃里斯很愿意显露一下自己的财富。但是大多数有钱人都会隐藏财富，害怕有损硅谷"我们在此要把世界变成一个更好的地方"的形象。（我认识一位非常成功的公司创始人，他有一辆 1985 年生产的破烂不堪的本田车，他会开着这辆车去开自己的秘密私人飞机。）[159]

但是韦恩的话不仅是在建议如何避免公司财务成功所带来的贪欲，还有其更深刻的含义。我们有避免炫耀的传统，我们用锯木架和木门做桌子，在悉尼和苏黎世的分部还回收废弃的滑雪场观光车和单轨列车做会议室使用（见图 10-1 和图 10-2）。[160]

图 10-1　我们澳大利亚悉尼办公室里的一辆退役
　　　　　单轨列车
版权归谷歌所有

在我们的产品上，这种气质最典型的表现便是谷歌清爽整洁的搜索主页。这在当时是革命性的改变。当年盛行的认识是用户想要通过单一门户（还记得门户网站吗）通向整个网络，单一门户中嵌入数十个其他门户。拉里和谢尔盖的想法则有所不同。如果你只需要将自己想要找的内容输入搜索栏中，然后一切就像变魔术一样展现在你面前，那么会怎样？图 10-3、图 10-4 和图 10-5 是 2000 年 2 月 29 日，其他两家主要竞争者的主页与我们的主页对比。[161]

我们这种大幅留白的主页非常另类。早期我们面临一个巨大的挑

图 10-2 苏黎世分部办公室里的一台观光车
版权归谷歌所有

图 10-3 2000 年左右 lycos.com 的主页

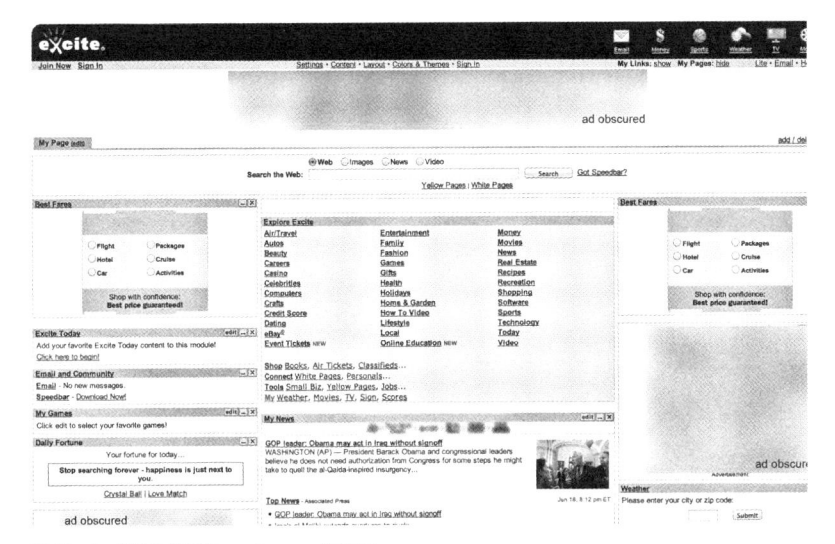

图 10-4 2000 年左右 excite.com 的主页

图 10-5 2000 年左右 google.com 的主页
版权归谷歌所有

战：用户看着谷歌的网页，不知道该输入些什么。我们一直也弄不清原因，直到后来我们走了出去，在附近一所大学进行了用户调查，真正地去观察学生使用谷歌。根据当时谷歌人、现任雅虎首席执行官的玛丽莎·梅耶尔所说,他们对"亮闪闪的、旋转的、引你点击的"凌乱主页太熟悉了,因此误以为我们的网页还有内容没刷新出来,[162] 他们没有开始搜索是因为在等页面完全载入。技术副总裁珍·菲茨帕特里克补充说:"我们最后在页面底部加上了一个版权标志,主要不是因为我们需要宣称主页的版权,而是因为这样做相当于说'到此结束'。"版权标志解决了我们的问题。

谢尔盖曾开玩笑地说,谷歌的主页之所以空空如也,是因为他不太擅长超文本标记语言(HTML)。根据珍所说,现实中"不把太多分心的东西丢给你,后来成为我们的自豪之处和刻意的设计点。我们的工作是要帮助你从一点极速到达另一点"。这样的用户体验更好:更少的分心之物,更快的载入速度,更快通往目的地的通道。[163]

韦恩关于IPO可能带来公司文化改变的担忧也确有其道理,因为如何安排员工的薪酬,如何保证公平,并如何与我们公司的价值观保持一致,在谷歌一直都是一个很严肃的问题。事实上,作为管理层,薪酬问题是招聘问题之外我们在所有人力资源问题中思考用时最多的。你应该还能回忆起来,招聘一直都是首要问题,因为如果你能招聘到比自己更优秀的人,大多数人力资源问题都能迎刃而解。

公司成立的头一两年,资金很紧张。但是即便后来我们想出办法在互联网上拍卖广告(想象一下),营业收入大幅提升,我们在多数时候也不太愿意支付高薪水。谷歌上市之前,我们的高管年平均薪水为14万美元。一方面,14万美元是一笔不小的数目;另一方面,拿到这么高薪水的是我们公司的顶层。我们员工所在的圣克拉拉和圣马特奥是全美消费水平最高的地区之一,我们全公司的平均工资低于该地区中等收入家庭的 87000 美元水平。[164]

几乎所有新员工都要降低薪水。正如我在第三章中介绍的，我们甚至将这一点作为招聘筛选的一个条件，认为只有敢于冒险、企业家型的人才会愿意降薪 2 万美元、5 万美元，甚至 10 万美元。新招聘的人会接受进一步的考验：他们可以放弃 5000 美元的薪水，换取 5000 美元额外的优先购股权。（当初做了这种选择的人，今天口袋里就能多出 500 万美元。我们的股票于 2014 年进行过分拆，因此早期谷歌人现在应该持有 1 万股的股份。）

随着谷歌的发展壮大，我们意识到需要调整薪酬分配方式。低薪水和 IPO 股权承诺对最优秀人才的吸引力不可能一直延续下去。记者阿兰·道伊奇曼于 2005 年就这个主题对谢尔盖进行了采访。

谢尔盖说，当一家公司只有几百人的时候，股权是非常大的激励因素，因为所有人都能拿到足够多的股权，有机会赚到非常多的钱。但是"数千人的公司，这种做法的激励效果就不那么明显了"，因为人太多，股权分配之后摊得太薄，"而人们希望得到真正的奖励"。虽然谷歌全球范围内有大约 3000 名员工，但是"我感觉薪酬的分配应该更像小型创业企业一样拿更少的薪水和更多的股权。虽然并不完全一样，但是因为在我们这里的风险更低，所以很像。我们提供上升的空间——或许不是完全一样的上升空间，或许会小一点——和更高的成功机会"。

我们还希望员工能够求知若渴，保持雄心，争取创造更大的影响力。我们仔细研究了其他打造出百万富翁的科技公司的经历。道伊奇曼观察到，"20 世纪 90 年代的微软，工程师和市场营销人员喜欢戴着圆形的小徽章在办公室游荡，上面写着'fuifv'。头两个字母代表的意思你应该能够猜到，后三个字母的意思是'我已经钱包满满，不愁吃穿'（I'm fully vested）"。

这是我们最不想看到的情况！

之后我们大约用了10年的时间，一方面创造合适的环境因素，确保内在激励因素能继续保持（我们的使命，关注信息透明度，谷歌人对公司如何运转有很强的话语权，可以自由地探索、经历失败并学习，有助于协作的工作空间），另一方面调整了外部激励因素。总结下来共4条原则：

- 不公平薪酬。
- 以成就为荣，不以报酬为荣。
- 创造易于传播爱的环境。
- 对一些失败同样也要奖励。

忠告：本章我会抛出很多大数据。为了更好地凸显结果，有些数据我做了四舍五入，避免过分纠结于细节，有些则显示了谷歌为谷歌人提供的机会。我们的创始人一直都很慷慨，他们坚持与员工分享公司所创造的价值。因此，在谷歌真的有机会赚取巨额的金钱或得到巨额的奖励。

与我们规模相当的科技公司大多数都不再向所有员工做实在的配股；相反，他们给高管更高的奖励，因此留给普通员工的股份近乎为零。在我们行业之外，我知道一家公司会向高级高管（最高层的0.3%）配股，股票额相当于数十万甚至数百万美元；向初级高管（再往下的1%）的配股相当于数万美元，而余下98.7%的员工什么都得不到。他们没有奖励最优秀的员工，只是简单地给高层分配更多的收益。我记得有一位高管私下告诉我，如果养老金每年达不到50万美元，他就拒绝退休（说句公道话，他在自己的工作上也非常出色）。

在谷歌，每个人都有资格得到股权奖励，不管在哪个国家、哪个级别的员工都可以。依据你的工作和当地的市场情况，你有资格获得的股权奖励会有不同，但是决定你所得股权多少的最重要因素在于你的表现。我们不需要把所有人都纳入其中，但是我们却这么做了。这样做是好的经营之道，也是正确的做法。

我意识到谷歌有其优势地位。我还记得自己最开始工作的时候时薪3.35美元，后来找到一份时薪4.25美元的工作，顿时感觉摆脱了束缚。当我得到一份年薪34000美元的工作之后，我感觉自己再也不用担心钱的问题了。我拿到这样的第一份薪水之后出去吃饭，第一次感觉钱包鼓鼓，有钱买开胃菜和饮品来配饭——真奢侈！

与此同时，在低利润率行业中的公司也发现给员工丰厚的薪酬是很聪明的生意经，即使他们不需要这么做。好市多（Costco）和沃尔玛山姆会员店都属于大型廉价卖场。科罗拉多丹佛大学的韦恩·卡西欧对比了二者在2006年的数据（见表10-1）。[165]

表10-1 山姆会员店与好市多

	山姆会员店	好市多
店面数量（家）	551	338
员工数量（人）	110200	67600
平均工资（美元/小时）	10~12*	17

*沃尔玛并没有透露山姆会员店的工资水平，但卡西欧称此为可能的工资范围。

第十章 谷歌的薪酬分配原则 251

除了更高的工资之外，好市多还为当时已有健康保险的82%的员工承担了92%的保险费。此外，91%的员工参加了好市多退休计划，公司要为每一位员工支付1330美元。尽管薪酬结构成本更高，店内顾客多来自富裕家庭，大件商品也更多，但是好市多的每位时薪员工创造的平均营业收入为21805美元，山姆会员店则为11615美元：薪酬高55%，但创造的营业收入则高88%。卡西欧解释称，"由于公司丰厚的工资和福利，好市多在所有零售企业中有最高的员工忠诚度和生产效率……和最低的减缩率（员工偷窃）……好市多稳定且高效的员工队伍远不止抵销了更高的成本"。

我现在将要分享一些非常敏感的细节，介绍谷歌是如何解决这种非常隐秘的问题。此举并非炫耀谷歌的成功，而是因为我们在探索如何奖励员工的道路上犯了许多错误。一路上，我们研究了薪酬、公平、公正和开心度。我们初窥堂奥，了解了如何在庆祝成功的同时不滋生嫉妒。我们吸取了其他公司的经验，证明了人们认为能够带来喜悦的事情或许不能如愿。我希望我们的经验能够被其他公司借鉴，可以在任何工作环境中适用，就如他们在好市多所做的一样，创造更自由的空间，带来更多的欢乐和满足感。

不公平薪酬

多数公司都在误导之下探索"公平"，建立起的薪酬体系迫使表现最优和潜力最大的员工辞职。首先，也是最重要的一条准则要求你们摒弃现行的做法——最初或许会有些不自在。

所谓的薪酬最佳实践法是以收集每一项工作的市场数据为起点，

而后设定控制界限，确定员工的个人薪酬可以偏离市场薪酬和其他员工薪酬的范围。通常，公司会允许薪水与市场水平上下浮动20%，最优秀的员工或许能拿到高于市场水平30%的薪水，平均水平的员工或许每年能加薪2%~3%，特别优秀的员工能够加薪5%~10%，具体幅度根据公司的不同有所差异。这样做带来了不良的后果：假如你是非常优秀的员工，将会得到几次大幅加薪，之后加薪的速度会越来越慢，直到最后你接近容许的薪酬范围上限，加薪也会随之停止。

我们想象一下，假设你是一名顶尖的销售人员、出色的会计师或非凡的工程师，工作表现极好，为公司做出了很大的贡献。第一年你或许能拿到10%的加薪，但是第二年只有7%，之后或许是5%，很快你的加薪速度就变得与普通员工一样或成为"红圈员工"（人力资源部门的人是这么叫的），薪水再也不会增长了！大多数地方，类似的限制在奖金和股权奖励分配中也存在。适时的升职可以为你争取到一点儿时间，但是很快你又会达到下一个工作级别的薪酬界限。

这个体系中有些缺陷。多数公司采用这种薪酬支付方式以控制成本，因为他们认为某一工作的绩效表现范围是很狭窄的。但是他们错了。罗伯特·弗兰克和菲利普·库克在他们1995年所写的《赢家通吃的社会》（*The Winner-Take-All Society*）一书中预测，越来越多的工作会出现薪酬不平等加剧的情况，因为最优秀的人才越来越容易发现，流动性越来越大，因此从他们为雇主创造的价值中争取更多的机会也更大。这恰恰是纽约扬基队的认识：最优秀的队员除了需要高报酬之外，也能持续创造优异的成果。

问题在于一个人的贡献很有可能比他所得的薪酬提升更快。比如，一家顶尖的咨询公司或许每年为一位刚毕业的MBA员工支付10

万美元,这名 MBA 员工对客户的收费为每天 2000 美元(每年 50 万美元),大约是她薪水的 5 倍。第二年,这位 MBA 员工或许能赚到 12 万~15 万美元,每天收费 4000 美元(每年 100 万美元),大约是她薪水的 8 倍。且不论这位咨询师能否为雇主或客户创造 100 万美元的价值,她从自己创造的价值中获得的收益比例每年都在下降。这是一个极端的例子,但是这种形态在大多数专业服务公司中都存在。事实上,斯坦福大学的经济学家爱德华·拉齐尔曾称,员工在职业生涯初期的平均薪酬收入相比其贡献较低,在职业生涯后期则拿到太多。[166] 内部薪酬体系没有做出足够迅速的调整,也没有足够的灵活性,为最优秀的员工安排与其价值相当的薪酬。

作为一名优秀的员工,理智的做法是辞职。

在一家《财富》100 强的大型工业企业中,"首席"层次的工作大约 5~10 年轮换一次。如果你是一名非常优秀的三四十岁的员工,每隔 10 年左右你就有一次机会得到公司最顶层的几个工作岗位的机会。与此同时,你的薪水也会与职位相匹配,最开始会得到几次大幅提升,之后又会囿于人力资源准则,在下一次升职之前再也得不到加薪。对于那些快速学习成长和表现顶尖的人来说,确保薪水与所创造的价值相适应有一种方法,就是离开这种垄断的内部市场,进入自由市场,即寻找一份新工作,以自身的真正价值为基础,协商薪酬,然后离开现在的公司。这也是你在人才市场上看到的真实情况。

为什么公司不设计一种体系,避免最优秀和潜力最大的员工辞职呢?因为他们对公平有一种错误认识,没有勇气坦诚面对自己的员工。公平的薪酬并不是说所有在同级别岗位上的人都要拿同样的薪水或是上下差不到 20%。

薪酬与贡献相匹配才能算得上公平。① 因此，个人薪酬应该有巨大的差异。还记得我们在第三章介绍过艾伦·尤斯塔斯所说的"拔尖工程师的价值相当于普通工程师的 300 倍"吧。比尔·盖茨的观点更加激进，据称他这样说过："一名了不起的车工工资应该是普通车工的几倍，但是一位了不起的软件编码程序员的工资应该是普通程序员的 1 万倍。"软件工程师所创造的价值范围或许比其他类型的工作要广，但是，虽然了不起的会计的价值或许不如普通会计的上百倍，但至少也能抵得上三四倍！

但是，请不要一字一句地全听我的话。1979 年，美国人事管理局的弗兰克·施密特发表了具有开创性的论文《有效的招聘选择流程对劳动生产力的影响》。[167] 施密特与我在本书第三章和第四章所持的观点一致，他认为大多数招聘流程并不能选择出真正优秀的人才。他推断，如果能够证明招聘更优秀的员工可以带来实际的财务回报，那么各家组织就会在改进招聘工作上投入更多精力。

施密特研究了为联邦政府工作的中等水平电脑程序员。他询问了那些所谓的出众的程序员相比一般的程序员能够创造出多少额外的价值，出众和一般分别指优于 85% 的员工和优于 50% 的员工的程

---

① 大多数公司的薪酬设置混淆了平等和公平的概念。当你探讨个人权利或公正的时候，平等的意义非凡，但是平等地或近乎平等地支付所有员工的薪水则会出现最差的员工薪水过高，而最优秀的员工薪水不足的现象。人力资源专业人员甚至有专门的习惯用语形容这种现象。他们说"内部平等"要求他们限制顶尖员工的薪水；如果某些人拿到的薪水远高于另外一些人，结果是不平等的。严格意义上讲，他们的说法是对的，这样做确实不平等，但是很公平。这样说来"不平等薪酬"本应更合适作为该部分的小标题，但是我选择了"不公平薪酬"，因为这样能够更加凸显我的观点，还因为薪酬的巨大差异化最初在人力资源人员和管理者看来既不平等（确实不平等）也不公平（其实是公平的）。

序员。出众的程序员每年比普通程序员要多创造 1.1 万美元，这些美元可是 1979 年的美元。

然后他尝试预测了如果招聘时能更好地选到出众程序员将多创造多少价值。他预测的中位数大约为每年 300 万美元。如果全美范围内选择程序员的时候都能更好地筛选，那么预测创造价值提升的中位数为 4700 万美元。

他仅在一点上犯了错误：顶尖员工创造的价值远比他想象的要高。艾伦·尤斯塔斯和比尔·盖茨比施密特更了解现实。

施密特假定员工绩效表现符合正态分布，但其实不然。

我们在第八章提到的欧内斯特·奥博伊尔教授和赫尔曼·阿吉斯教授在《人事心理学》——发表报告称，人员的绩效表现其实服从幂律分布[168]——回看第八章头几页，温故知新。正态分布与幂律分布最大的区别在于，某些现象中，正态分布严重低估了极端事件发生的概率。比如，在 2008 年经济危机之前，银行所采用的金融模型大多数都认为股市收益符合正态分布。欧内斯特·奥博伊尔和赫尔曼·阿吉斯解释称："利用正态分布曲线预测股市表现，单日 10% 的金融市场跌幅应该 500 年一遇……但实际上，每 5 年就会发生一次。"纳西姆·尼古拉斯·塔勒布在他的《黑天鹅》一书中也阐释了这一点，他解释称，极端事件发生的概率远高于大多数银行模型的假设。[169]因此，经济波动和衰退出现的频率远比正态分布预测的频率要高，但是与采用幂律分布或类似分布的预测频率相差不多。

个人的表现也同样符合幂律分布。在很多领域很容易指出哪些人的表现远远超过他们的同事，超出的体量超乎人类想象。比如，通用电气的杰克·韦尔奇；苹果和皮克斯公司的首席执行官史蒂夫·乔布斯；华特·迪士尼赢得过 26 座奥斯卡奖杯，是有史以来个人获奖最多的人；[170] 比利时小说家乔治·西默农写了 570 本书和故事（其中很多主人公都是他的朱尔斯·梅格雷侦探），销售量达 5 亿~7 亿册；英国的芭芭拉·卡德兰出版了 700 多个浪漫故事，卖出 5 亿~10 亿册。[171]（显然我写书的体裁选错了）；至 2014 年初，布鲁斯·斯普林斯汀获得 49 次格莱美提名，碧昂斯 46 次，U2（英国著名乐队）和桃莉·芭顿各 45 次，但在指挥家乔治·索尔蒂（74 次）和制作人昆西·琼斯（79 次）面前却黯然失色；[172] 波士顿凯尔特人队的比尔·拉塞尔 13 个赛季获得 11 座 NBA 总冠军奖杯；[173] 杰克·尼克劳斯获得 18 座高尔夫球四大赛奖杯；[174] 比利·琼·金获得 39 座网球大满贯冠军奖杯。[175]

奥博伊尔和阿吉斯做了 5 次调研，受调查人覆盖 633263 名研究员、演艺人员、政治人物和运动员。表 10-2 显示的是利用正态分布分析出的各个群体中优于 99.7% 表现的人数，以及现实中此类人的真实数量。

表 10-2 正态分布在预测某些方面表现时的失效

	正态分布预测数量	现实中的数量
发表过 10 篇及其以上论文的研究员	35	460
获得 10 个以上格莱美提名的艺术家 *	5	64
美国众议院成员中任职超过 13 届的 +	13	172

* 奥斯卡、布克奖提名、普利策奖提名、《滚石》排行前 500 的歌曲及其他 36 种奖项都符合类似的形态分布。
\+ 美国政府和加拿大省议会，丹麦、爱沙尼亚、芬兰、爱尔兰、荷兰、英国和新西兰的议会也都符合类似的形态分布。

在奖励公司内的员工时，本能引导我们犯了施密特研究政府程序员时同样的错误。我们将平均数等同于中位数，认为中等水平的员工就是平均水平的员工。事实上,大多数员工都在平均水平以下。

- 66%的研究员发表论文的数量低于平均水平。
- 84%艾美奖提名演员获得提名数低于总提名平均数。
- 68%的美国参议院议员的任职届数要低于平均数。
- 71%的NBA球员得分低于平均分。

要注意,低于平均数并非坏事;这只不过是一种数学统计而已。数据显示,非凡贡献者的表现水平要远高于大多数人,他们可以拉动平均数远高于中位数。

你所在的组织,比如通用电气,采用正态分布的绩效考评方式是由于人力资源部和管理层的压力。公司对绩效表现分布的期望值如此,考评人接受的培训也都坚守这种原则。这种体系迫使薪酬安排也遵从同样的分布,这与员工实际创造的价值完全背离。

采用恰当的幂律分布,施密特调查的优于85%的程序员比平均水平创造的价值不止高1.1万美元,而是高2.3万美元。1979年,水平优于99.7%的程序员能够比平均水平程序员惊人地多创造14万美元。考虑通货膨胀因素之后,这0.3%的人多创造出的价值差不多有50万美元。[176]艾伦·尤斯塔斯的估测开始显得非常有道理了。

奥博伊尔和阿吉斯又对其做了分解:"10%的产出来自最顶尖1%的员工,26%的产出来自最顶尖5%的员工。"换言之,他们发现最顶尖1%的员工的产出是平均产出的10倍,最顶尖5%的员工的产出是平均产出的4倍多。

当然,这种算法并非在所有地方都适用。恰如奥博伊尔和阿吉斯所指出的:"工业和以体力劳动为主的组织,技术能力有限,对最低和最高产量有严格的标准。"在这些地方的员工表现更接近于正态分布。在这种环境下,极少有机会能做出非凡的成就。但除此种情况之外,幂律分布都占据主导。

你如何判断自己所处的环境是否属于这样的工作环境?艾伦给了我一个简单的测试方法。他自问:"用几个人来换杰夫·迪恩或桑杰·格玛沃尔特我才会愿意?"你应该还能记得,正是因为杰夫和桑杰创造出的技术,谷歌和几乎所有的大型数据公司才有存在的可能。

用几个人才能换走你最优秀的员工?如果这个数字大于5,那么你就很可能没有给最优秀的员工足够的工资;如果超过10个,你几乎一定是没有给足这个人工资。

在谷歌,确实有两个做着同样工作的人产生的影响和所得奖励有百倍之差的情况。比如,公司里有过这样的情形:某名员工获得了1万美元的股权分配,而另外一名在同样领域工作的员工却获得了100万美元的股权分配。这并非常态,但是几乎每个级别的薪酬差异都很容易达到300%~500%,甚至还为异乎寻常的员工预留了足够的薪资空间。事实上,我们有很多情形是"低级别"岗位员工的收入比相对"高级别"岗位的平均水平员工收入高很多。个人工作能够带来巨大影响,自然就会有这样的结果,而谷歌采用的薪酬体系能够充分认可员工工作的影响力。

要有效施行这种极端奖励政策,你需要具备两种能力。第一,要非常清晰地理解哪些影响是由被考量的角色带来的。(这需要有互补意识,了解哪些变化是由环境因素造成的:是市场环境有幸变好了吗?有多少是因为团队的努力或公司的品牌效应?这番成就的效果是短期的还是长期的？）对影响力做过评估之后，你就可以查看可用的预算，决定报酬分配曲线的形态。如果最优秀员工创造的影响力是平均水平员工的 10 倍，他们所得的报酬不一定要达到平均水平员工的 10 倍，但是我向你保证，最少也应该给他们 5 倍的报酬。[177] 如果你们采用了这样一种制度，那么要想保证不超过预算，就只能给表现糟糕，甚至水平一般的员工更少的报酬。最初这样做的感觉肯定不会很好，但是了解到最优秀的员工有了留下来的理由，所有员工也都有了动力追求更远大的目标，你也能得到些许宽慰。

第二，公司中要有能够充分理解奖励体系的管理者，他们可以向体系的受众或其他听闻该体系之后前来询问的人解释，为什么奖励可以如此高，以及员工如何能够得到类似的奖励。

换言之，极端奖励的分配必须公正。如果你无法向员工解释清楚奖励差异巨大的原因，也不能给出具体建议，指导他们将自身表现提升到此等超高的水平，那么你所做的只是在孕育嫉妒和愤恨。

或许正是出于这个原因，很多公司才不愿意招惹麻烦。某些人的薪酬是其他人的 2 倍甚至 10 倍，保持这种薪酬幅度非常困难。但是眼睁睁地看着最有潜力和最优秀的员工离开公司则是更难接受的事情。这不禁让人思索，到底哪一种公司的薪酬体系不公平：是那些最优秀员工收入远高于平均水平员工的公司，还是那些所有人都有同等薪酬的公司。

以成就为荣，不以报酬为荣

2004 年 11 月，谷歌成立 6 年，但上市仅三个月，我们颁发了第

一个创始人奖(Founders' Awards)。[178] 谢尔盖在 2004 年创始人给股东的一封信中写道:

> 我们坚信对做出卓越贡献的员工应该慷慨。在很多公司里,做出巨大贡献的人并没有得到相应的奖励,有时是因为利润分配范围太宽,所有人的奖励都平均分摊;有时则是因为贡献没有被发现。我们想要有所不同,因此我们在过去的一个季度中创立了创始人奖。
>
> 创始人奖的设立旨在对做出特殊贡献的团队给予特殊的奖励。由于并没有评定成就的一定之规,按照通常的经验法则是选出为谷歌创造巨大价值的团队。奖励以谷歌股票份额的形式发放。团队成员根据参与度和贡献度分配奖励,最大的个人奖励可能达到数百万美元……
>
> 谷歌像小型创业企业一样,根据员工的成就提供大幅的上升空间。但是我们又与小型创业企业有所不同,因为我们提供了平台和机会,使这样的成就更容易实现。

在公司上市前的三个月,谷歌人担心有些人加入谷歌晚了几个月,虽然与早先加入谷歌的人一样为用户创造着类似的价值,却得不到类似的奖励。管理层也认为这样存在不公。我们头脑中的疑问是上市之后员工的动力是否会降低。我们希望每一个团队都能享受他们所创造的部分价值,作为奖励和激励。当然,没有什么能比获得数百万美元的机会更令人兴奋、更能鼓舞人心的了。

有两个团队获得了 2004 年 11 月的 1200 万美元奖励,其中一个团队使谷歌广告更贴近用户,另外一个团队谈妥了一个关键的合作伙伴。[179] 接下来的一年,我们向 11 个团队颁发了超过 4500 万美元的奖励。[180]

尽管听起来有些奇怪,但是这个项目使谷歌人变得更不开心了。

我们是一家科技公司,为用户创造了最大价值的是技术谷歌人。我们大多数的非技术工作人员也都做出了非凡的成绩,但是受工作性质所限,无法每天影响到 15 亿用户。随着我们推出的产品越来越多,大多数的创始人奖都由工程师和产品经理获得。这样一来,公司中半数的非技术人员会认为创始人奖是非常令人泄气的一种奖项,因为他们很难赢得这个奖励。

结果还显示,很多技术人员也认为这个奖很难拿到,因为产品与产品之间总会有所不同,它们对世界产生的影响不同,推广速度不同,考量的标准也有所不同。改进我们的广告系统能产生实时的影响,也很容易考量。这件事相比于改进我们的谷歌地图影像质量更有价值或更难吗?建立网上文字处理协同工具呢(就像写作本书所用的工具)?难说。随着时间的推移,很多技术人员开始认为创始人奖有些难以企及,他们把这个奖项看作是预留给少数几个核心产品团队的。

在获得创始人奖相对较多的一些产品领域,一直存在着一个激烈的争辩:该如何界定哪些工作应该得到认可。以一个要推出像Chrome(其设计宗旨是世界上最安全、最快捷的浏览器)一样级别的产品的多年期项目为例,显然,从头到尾全程参与项目的人应该得到奖励,但是如果你只在这个团队中工作过一年,难道你不应该得到些什么吗?如果你只在这个团队工作过半年,如果安全团队在产品研发过程中在浏览器安全性方面提供了极有价值的帮助呢？制作出令人拍案叫绝的Chrome广告的市场营销团队？（如果你是一位家长，可以搜索一下"亲爱的苏菲"。如果你能坚持不哭出来，那你就是一个比我更坚强的人。）每一个创始人奖，管理层都会尽力理清该由谁获得，但总是难免遗漏一些人。因此，每一次颁奖都伴随着接近胜利的一些人的咬牙切齿，他们的工作也适合获奖，但是可惜被无奈地一刀切到获奖大门之外。

那获奖者一定很开心吧？

并不是太开心。因为这个项目经过大肆宣传，所有人都认为获奖者能拿到100万美元的奖励。实际上，奖励有可能会那么高，但是大多数时候不会。这个奖的奖励下限为5000美元。我肯定不会拒绝这样的奖励，但是你可以想象那些本以为可以得到100万美元的人，结果却只拿到了0.5%的奖励金额时是多么震惊和沮丧。

但是，那些拿到100万美元奖励的人一定是狂喜的吧？

他们确实很开心。我的意思是说，拿到这样的奖励非常激动人心，人生就此改变。

之后，我们最优秀的、最有创造力的且又有洞察力的技术人员中有一些人（虽然不是全部）——他们曾创造出谷歌历史上最具有影响力的一些产品——意识到自己不太可能通过同样的产品两次获得创始人奖，因此立刻会想要转移到新的产品领域。

虽然并非本意，但是我们创造出的这种激励体系，使公司里几乎所有人都不如以前开心，即使有少数人开心了，但也动了念头，不愿继续从事为他们赢得奖励的关键的创新性工作。

我们默默地将这个奖项改为每年一次，又调整为隔年一次，甚至频率更低。我们或许还会再颁发这个奖项，但是已经很久没有颁发了。

那么，这个项目的缺点是不是否定了我早先给特殊人才特殊奖励的建议？其实没有。你绝对要为他们提供特殊的奖励，但是要用公正的方式奖励。

我们在创始人奖上犯的错误在于，虽然并非本意，但我们是在以金钱为荣。我们宣布将要提供创业型企业似的奖励。我们告诉谷歌人，这项奖励可能高达100万美元。或许我们还不如索性把谷歌人放进图10–6这样一台装置里。[181]

薪酬体系依据的是不完整的信息，负责管理的也并非完人。在执行过程中难免会有一些错误和不公之处。我们执行这个项目的过程中过于强调金钱，由此自然而然地引出对评选流程公正性的质疑，最后导致不开心。

北卡罗来纳大学教堂山分校和弗吉尼亚大学前教授约翰·蒂鲍特和劳伦斯·沃克在他们1975年的著作《程序公正》（*Procedural Justice*）中建立了程序公正的理念（尽管我得说他们在书名艺术方面的贡献实在是太小）。[182] 更早之前的文献认为，如果结果公正，则人们开心。这种现象被称作"分配公正"，意为财产、奖励、认可以及诸如此类的最终分配是公正的。

但在现实中却并非如此。这就好似说你只关心销售人员卖出多少东西，但并不关心他们如何实现销售额。我在以前的公司中与一名销售人员共事过，他恐吓同事、欺骗顾客，销售额总是很高。依照销售额，他拿到了很丰厚的奖金，但是他完成工作的过程应该与他的成就一样重要。蒂鲍特和沃克将这称作理想程序公正。从分配角度来看，

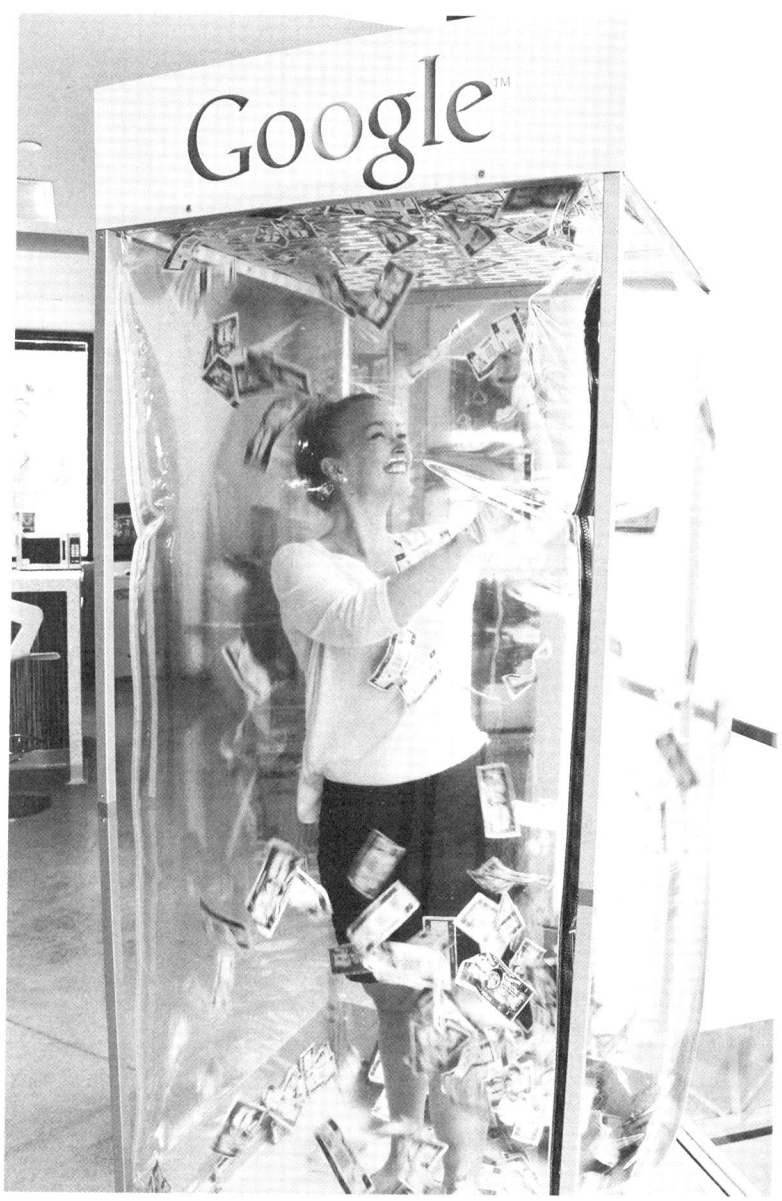

图 10-6　所幸，谷歌的薪酬体系相比这种梦境场景更加公平和公正
感谢特莎·庞帕和戴安娜·芬克提供照片

这名浑蛋销售人员拿到巨额奖金是公正的。但是他的同事火冒三丈，因为从程序角度来看，他的做法是错误的。更糟糕的是，这家公司对他的奖励无形中鼓励了这种不良的行为。

我们人力与创新实验室的成员凯瑟琳·迪凯斯博士简析了这种现象带来的危害："公正性感知非常强大，几乎影响到人们对工作中一切事物的看法，特别是他们对自身价值的认知度、对工作的满意度、对上级的信任度以及对组织的忠诚度。"

最后直到足够多的同事团结起来威胁要辞职，那名销售人员才受到责罚，他的行为也多多少少得到改善。

我们的奖励项目无意间在两种公正上都有所缺失。我们所选的获奖人名单并不合理，奖励的差异在某些人看来也不太恰当，缺乏分配公正。此外，确定获奖者的过程不够透明，给人的感觉是公司中半数的人被排除在外，程序公正也有所缺乏。难怪这个项目没有达到我们预期的效果。

极端奖励体系要同时满足分配公正和程序公正两项要求，这是至关重要的。认识到这一点，更准确地说是碰了壁才吸取了教训，我们对奖励项目进行了调整。我们决定，公开的、自上而下的奖励项目要真正面向全公司开放。我们不再只请技术部门领导提名，还会找到销售部门、财务部门、公共关系部门和其他非技术部门的领导，鼓励他们提名团队参与评奖。

此外，我们还将这些项目从提供金钱奖励改为体验奖励，这是我们为了得到更好的结果而进行的一次深刻变革。人们对体验奖励和物品奖励的看法与金钱奖励不同。人们对现金奖励是从认知层面进行估量的。现金奖励的估量要与当前的工资进行对比，或是能够用这些钱买到什么。现金奖励与薪水一样多还是没有薪水多？能用这些奖励买一部手机还是买一辆新车？而且由于金钱的交换属性，现金奖励通常都会挥霍在奢侈的高跟鞋或按摩推拿上，而不是用在关键事项上，最终很容易从记忆中消失。非现金奖励，不管是一些体验（一两次晚餐）还是礼品（一台Nexus7平板电脑），都能够激发情感反应。获奖者会重点关注他们获得的体验，而不是计算奖品的价值。[183]

我们在学术研究中看到了这些，但又有些担心，不敢在谷歌尝试。我们在谷歌人中调查他们想要哪种奖励时，他们明确地表达了对现金奖励的倾向性，相比体验奖励的比例高出15%，而且他们认为现金比体验的实际意义要高31%。更准确地说，这是谷歌人自认为能够使自己更开心的方式。但是，恰如丹尼尔·吉尔伯特在其《撞上快乐》（*Stumbling on Happiness*）一书中所解释的，我们不太擅长预测哪些事情能使我们快乐，也不擅长预测某件事情能给我们带来多少快乐。

于是我们做了实验。在一段时间里，对照组里的谷歌人还如以往一般获得现金奖励。在我们的实验组中，获奖的员工得到旅行、团队派对以及与现金价值相当的礼品奖励。我们不再给予股票奖励，而是送获奖团队去夏威夷度假。小额的金钱奖励也换成了健康疗养中心旅行、团队美食晚宴或是赠送家用谷歌电视。

结果令人震惊。尽管员工告诉我们说他们喜欢现金奖励超过体验奖励，但是结果更开心的反而是实验组，而且开心很多。认为自己得到的奖励更有趣的高出28%，更令人难忘的高出28%，更细心周到的高出15%。不管是团队迪士尼之旅（结果显示大多数成年人的内心还都是小孩子），还是给个人发放礼券独自去做某些事情，结果都是如此。

而且他们的喜悦比获得金钱奖励的谷歌人持续时间更长。5 个月之后再做调查时，获得现金奖励的谷歌人的开心程度降低了 25%，实验组员工的开心程度反而比获奖时更高。金钱带来的喜悦转瞬即逝，但是美好的记忆却永远地留在脑海中。[184]

我们现在依然会给特殊人才金钱和股权奖励。我们每年的奖金和股权分配更符合幂律分布。但是过去 10 年里，我们明白了，如何决定奖励与奖励多少是同样重要的事情。未能通过分配公正和程序公正测试的项目都被取消或都做过改进。我们更加强调提升体验，而不仅仅是关注金钱。我们公开地进行体验奖励，私下里进行差异化奖金和股权奖励，这样的结果使谷歌人变得比以前更开心。

创造易于传播爱的环境

写到这里，我们已经讨论过管理层给予的奖励，但是请员工参与到给予奖励的工作中也是非常重要的。恰如我们在第六章探讨过的，相比管理者，同事对彼此在一个项目成功执行中的贡献更清楚。还记得第七章介绍的萨姆吗？他全力做上司的工作，但是他的伎俩在同事面前却很容易被无情地戳穿。因此鼓励同事互相奖励也有道理。gThanks 是一款方便员工对了不起工作表达赞许的工具（见图 10–7）。

简单的设计也是这一工具具有魔力的原因之一。gThanks 使发送感谢消息变得更简单，只需要输入某人的姓名，然后点"赞"，再输入消息即可。这种方式相比发送感谢电子邮件有什么优势呢？因为点赞是公开的，其他人也能看到，而且可以通过 Google+ 分享，将称赞

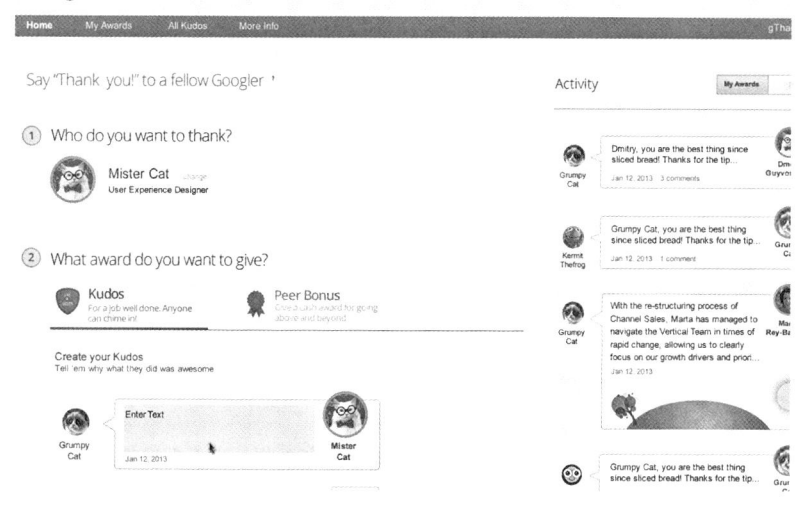

图 10-7　谷歌的内部点赞工具 gThanks 界面
版权归谷歌所有

广而告之能使点赞人和被赞人都更加开心。同时，这样做比写一封私人电子邮件要少敲一些键盘，因此做起来也更简单一些。令我们惊奇的是，gThanks 上线之后，与前一年谷歌人需要到专门的点赞网站表达赞赏的时候相比，当年点赞的使用率增加了 460%，每天有 1000 多名谷歌人访问新网站。

并不是说传统的方式不好。我还保留着办公室外面的"欢乐墙"，也会将团队成员获得的称赞贴在墙上（见图 10-8）。

据传拿破仑曾写过这样的话，尽管其中透着邪恶的语气："我有一个世上最奇妙的发现，我发现人为了获得绶带愿意冒任何危险，甚至不惜付出生命！"很简单，公开的赞许是最有效也是最少使用的一种管理工具。

gThanks 的另外一个特点是同事奖金，你可以在屏幕底部中央的

图10-8 加州山景城谷歌总部我的办公室外面的"欢乐墙"

位置看到一个按钮,使员工能够自由地赞许彼此的工作非常重要。很多公司允许员工提名其他人做月度最佳员工;有些公司允许员工在获得人力资源部或管理层的许可之后,给予同事小额的同事奖金。

在谷歌,任何员工都可以给其他员工175美元上限的现金奖励,不需要任何管理层监督或签字授权。在很多组织中,这种做法会被认为是疯狂的举动:难道不怕员工做私下交易,互相交换奖励吗?难道不怕他们玩弄这个体系,赚几千美元的外快吗?

我们还没有遇到过这样的情况。

10多年来,我们几乎没有发现滥用同事奖金体系的情况。滥用出现的时候,也都是谷歌人自己维持了体系的秩序。比如2013年夏天,有一位谷歌人向内部邮箱发布了一条消息,招募志愿者测试一种新产品。他在消息中写道，任何参加测试的人都能得到一份同事奖金作为感谢。在此需要说明，同事奖金应该是为那些做出突出贡献的个人颁发的，而不是作为一种薪资或激励因素。不到一个小时，这名谷歌人就向内部邮箱发布了第二条消息。他解释称有一位同事联系到他，和蔼地向他说明了设立同事奖金的本意。他坦陈自己没有注意到提供的交换条件不合规则，并表达了歉意。结果一切平安无事。

我们发现，相信员工能做正确的事情，结果通常他们都会去做正确的事情。允许员工互相奖励，营造了一种互相认可和互相服务的文化氛围，也向员工展示了他们应该像主人翁一样思考，而不是像奴隶一般。凯莉·劳伦是高盛前副总裁，现任谷歌创新实验室的市场主管，也是谷歌退伍军人网（Veterans Network）的创始人，恰如她向我解释的："来到谷歌之后我首先做到默认信任，10 次有 9 次都不会令我失望。"

而且令人惊奇的是，虽然点赞的使用频次增加了，但是我们并没有发现同事奖金的使用情况发生变化。表达赞许更简单了，使谷歌成为一个更快乐的地方，而且并没有一点额外的花费。

对一些失败同样也要奖励

最后，对失败进行奖励也是非常重要的。虽然激励因素和目标重要，但是经过精心筹划之后的冒险之举本身也是值得奖励的，特别是面对失败时。否则，员工就不会愿意冒险。

恰如霍尼韦尔公司首席执行官高德威对《纽约时报》的记者亚当·布兰特所说："我 23 岁时作为商业捕鱼工作者学到的最重要的一

件事情就是，努力工作不一定都能取得成功。如果你做的是错误的事情，那么你工作多么努力都没有意义，因为不会对结果有任何影响。"[185] 即使是我们中最优秀的人，偶尔也会遭受失败，但重要的是如何应对失败。

谷歌波浪（Google Wave）于 2009 年 5 月 27 日宣布研发，第二年 9 月上市。它的推出是一个特别优秀的团队努力的成果，这个团队经过数年的努力，研发出一种集电子邮件、文本处理、视频聊天于一体的产品，创造出一种全新的网上交流方式（见图 10-9）。

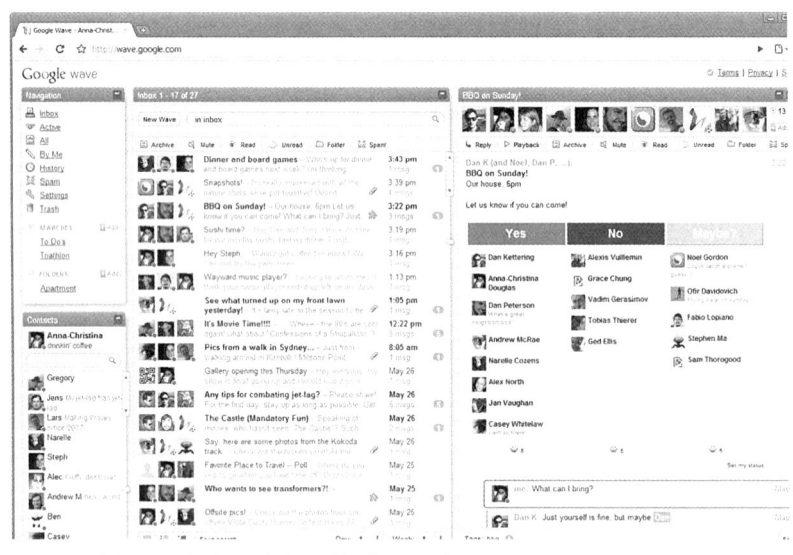

图 10-9　大约 2009 年时谷歌波浪及其创新性界面一览
版权归谷歌所有

科技新闻网站 Mashable 将谷歌波浪称作"最近能够回忆起的谷歌最复杂的一款产品"。[186] 谷歌波浪一些引人注目的特征包括：

- 它是直播性质的。与当前市面上几乎所有的产品都不一样，你可以实时看到人们输入的评论或进行的交谈，每一个字母的输入都能看到。如果你是后来才加入某一波波浪，还可以回放整个交谈过程，体验真实情境。
- 它是一个平台。与大多数的电子邮件或聊天产品不同，你可以在波浪平台上构建应用。你可以在其中加入媒体文件、编写游戏，当今大多数社交网络上可以做的事情在这上面都可以做。
- 它是开放资源。代码向公众开放，可以进行修改和改进。
- 它有拖放功能。现在这项功能已经得到普遍应用，但是谷歌波浪是社交产品中允许用户通过简单拖放便可分享文档和图像的先驱之一。
- 它有机器人。机器人！你可以创建自动化代理，按照你预设的方式进行交流。比如，你可以设计一个机器人，任何时候提及一家公司的名称，就会插入该公司实时股价。

然而，虽然这个产品很高明，却失败了。2010年8月4日，上市后大约一年，我们宣布停止使用谷歌波浪。虽然团队仍准备在产品中加入一些新的东西，而且有一定用户群体对谷歌波浪充满热情，但是使用率已经惨不忍睹，我们的管理团队最终决定终止该项业务。谷歌波浪后来移交给阿帕奇软件基金会（Apache Software Foundation）[187]，这是一家非营利组织，开发并传播免费的开源软件，谷歌波浪团队的一些创新点，比如直播、并发编辑等成为其他一些产品的重要功能。

除了首创一种新产品之外，谷歌波浪团队同时还在运作一种实验性项目。我们当时正在探索设定里程碑，以及为团队做出IPO似的成就、给予IPO似的奖励能否激发更大的成功。他们选择放弃谷歌的奖金和股权奖励,以此换取更大奖励的可能性。这个团队用了两年的时间开发这个产品,经过无数小时的努力,尝试改变人们在网上沟通的方式。他们承担了巨大的预期风险,结果却失败了。

于是我们奖励了他们。

从某种意义上讲,这是唯一合理的做法。我们想要确保那些承担了巨大风险的员工不用受到处罚。

当然这个团队没有获得巨额奖励,他们的产品没有如我们所有人期望的那样大获成功,但是我们确保了他们没有因为放弃常规的谷歌报酬而遭受经济损失。这种奖励没有他们最初期望的那么多,但鉴于实际情况,已经超过了他们的期望值。

结果还可以,但并不算很好。这个团队的领导者和几位成员辞了职,因为期望的成就与实际的成就之间的落差太大。我们的财务支持缓解了很多人的伤痛,但并不是所有人都能熬过去。不管怎样,有很多人留了下来,继续为谷歌完成其他了不起的工作。这件事给我们最大的经验就是精心筹划却遭遇失败的项目要奖励,这对于培养敢于冒险的文化至关重要。

哈佛商学院荣誉教授克里斯·阿基里斯在1977年发表了一篇精彩的文章,[188]他研究了哈佛商学院学生毕业后10年的表现。总体说来,他们都渴望成为首席执行官和行业领头人,却陷入中层管理岗位无法继续提升。到底发生了什么?阿基里斯发现,当不可避免地遇到发展障碍时,他们学习的能力崩溃了:

> 组织中看似最善于学习的一些人,其实并不一定特别善于学

习。我所说的是那些接受过良好教育、能力强、志向远大的专业人士,他们在现代公司中占据着核心的领导岗位……简单说来,因为很多专业人士在从事的工作中一直一帆风顺,很少经历失败。因为他们很少经历失败,因此没有学会如何从失败中学习……他们变得过于自我保护,听不进批评意见,把"罪责"推到其他人身上,不会找自己的原因。简而言之,他们的学习能力在最需要的时候消失了。[189]

谷歌波浪被宣布停用之后的一两年,杰夫·胡贝尔负责运营我们的广告技术团队。他推行了一项规定,任何明显的程序故障或错误都要在团队会议的"我们学到了什么"时间段进行讨论。他希望坏消息和好消息一样被广泛分享,这样他和团队的领导者就不至于无视真实发生的事情,也能够强化从错误中学习的重要性。在一次讨论中,一名工程师羞愧地坦白说:"杰夫,我搞砸了一行代码,造成了100万美元的损失。"杰夫带领团队做了事后错误分析和修正之后,总结道:"我们从这个错误中学习的东西,价值是不是超过了100万美元?""是。""那么就回去工作吧。"[190]

这种做法在其他环境下也同样适用。洛斯阿图斯的布利斯特许学校是圣弗朗西斯科湾地区的一家公立学校,他们就在中学数学课中采用了这种方式。如果一个孩子在数学考试中做错了一道题,他可以再次尝试解答这道题,做对可以得到一半的分数。他们的校长威尼·赫西告诉我:"有些孩子很聪明,但是在现实生活中难免会有碰壁的时候。掌握几何和代数知识非常关键,但是让他们学会面对失败时再次尝试而不是放弃也同样重要。"2012—2013学年,布利斯特许学校在

第十章 谷歌的薪酬分配原则 275

加利福尼亚的中学排名中位列第三。[191]

本章引入了很多大得惊人的数字,我知道在现实中很少有人能够企及这么高的薪酬。[①] 平心而论,虽然我们在竞争异常激烈的国际人才市场中争夺最优秀的人才,但是这样的薪酬在其他公司也很少见。

即便如此,绩效表现遵从幂律分布的基本概念在我工作过的几乎每个地方也都适用,不管是公立学校、慈善非营利组织、饭店还是咨询公司。在任何环境下都有一些特别优秀的人超出正态分布管理曲线的期望值,而这些特别优秀的人很明显要远远强于其他人。每年都得奖的老师,筹集资金量是第二名3倍的筹资人,每天晚上拿到的小费都是我2倍(真是令人恼火)的服务员,他们所得的薪酬总是"公平的",也就是说他们的薪酬不会比平均水平的员工高太多,因为那样平均水平的员工可能会很生气。事实上,我们都能看到他们到底有多优秀,也明白他们应该多拿多少薪酬。如果你手下最优秀员工的价值是平均水平员工的10倍,那你就必须给他不公平的薪酬;否则,你

---

① 明显的特例包括弗兰克和库克在《赢家通吃的社会》中介绍的现象,最优秀人群与次优秀人群之间的区别非常明显,比如专业运动员、音乐家或演员。在这些行业中顶尖人群的薪酬达到上千万美元,而且薪酬分布符合幂律分布。比如,美国演员工会(SAG)自2008年起就再也没有公布成员的报酬数据,但是通过各种报道也能总结出个大概。粗略说来,SAG成员中最底层的三分之一在2007年没有从演艺事业获得任何收入;中间的三分之一赚到不足1000美元;下一个群体,即优于68%~95%的演员收入在10万~25万美元;最顶层的1%演员收入超过25万美元;最顶层1%演员中的顶层1%收入更多。威尔·史密斯是收入最高的演员,收入超过8000万美元,随后是约翰尼·德普的7200万美元,艾迪·墨菲和迈克·梅尔斯同为5500万美元,莱昂纳多·迪卡普里奥4500万美元。资料来源:《洛杉矶时报》2008年5月28日刊《中产阶级戏剧》;《纽约时报》2008年7月1日刊《美国演员工会关注好莱坞选秀》;《好莱坞报道》2012年3月3日刊《中产阶级演员所应得》;《福布斯》2008年7月22日刊《好莱坞最高薪演员》。

就给了他一个辞职的理由。

与此同时，在奖励员工的时候一定不能只用现金奖励，还要考虑体验奖励。很少有人回顾人生时只会看到一张张薪水单，他们会记住一些谈话、一些午餐，与同事和朋友共度的一些事件。不要用金钱庆祝，要用行动庆祝。

相信员工，给他们自由去赞许彼此。可以是点赞，也可以是赞誉之词，还可以是一些小额的奖励。当地咖啡店的一张礼品卡或一瓶红酒赠予员工家属，感谢他们理解我们的员工深夜加班工作。给员工关怀彼此的自由。

有些员工心怀壮志，成就却不尽如人意，对他们不要太过苛责。缓解他们失败的痛苦，留出空间学习。恰如拉里经常说的：如果你的目标足够有野心、足够疯狂，即使失败了也能有相当不错的成就。

谷歌工作法则

- 控制情感，做到不公平薪酬。薪酬差异化要明显，应符合绩效表现的幂律分布。
- 以成就为荣，不以报酬为荣。
- 创造易于传播爱的环境。
- 精心筹划却遭受失败的员工或团队也要奖励。

第十一章　谷歌的福利项目

想到带我的母亲参观我引以为豪的工作场所,看着她与我共度时光的欢乐,我总会不禁露出笑容。

汤姆·约翰森　一名参加"带父母上班日"活动的谷歌人

没有公司，人类仍然可以存在，事实上人类已经这样生存了数千年；但是没有人，公司则无法存在。在经济困难时期，我们都忽略了这个事实。公司苦苦挣扎，为了保持利润水平，甚至为了避免倒闭，削减了员工的工作时间和福利。人们随意找一份工作，工作变得无比痛苦。一旦经济好转，公司就惊奇地发现员工离职率骤增。

与此相反，我们在2004年进行IPO申请的创始人给股东的一封信中这样写道：

> 我们为员工提供很多不同寻常的福利，包括免费餐、医生和洗衣服务。我们很细致地考虑这些福利对公司的长远益处。随着时间的推移，我们不但不会削减这些福利，还会有所增加。我们认为在可以节省员工大量时间、改善他们的健康状况、提高他们生产效率的福利方面不能贪小失大。

我们在增加各种项目的时候，很高兴地发现对谷歌人最重要的一些项目花费并不是太高。这一部分原因是员工强烈依靠雇主的时代已经一去不复返，我稍后将做解释；另一部分原因是增加新项目很大程度上只是对员工的想法表示赞同。

大多数人都认为谷歌为员工所做的这些特殊事情需要花费巨额的资金。

除了我们的餐厅和通勤车之外，其余的成本其实都很低。[①] 我们为了快乐的氛围并照料谷歌人所推行的大多数项目都是免费或花费极低的。而且其中大部分项目几乎所有人都可以随意复制。真正令人吃惊的是，很多公司不在内部展开此类项目。其实做这些项目只需要一点想象力和一些意愿。

我们利用人力资源项目达成三个目标：效率、社区意识和创新精神。我们的每一个项目都至少对其中一个目标具有推动作用，而且经常推动的不止其中一项。

目标一：提高谷歌人工作和生活效率

大多数公司都希望员工能够工作高效，谷歌也不例外。你或许能够

[①] 我们为全体员工及他们的客人提供免费用餐，旨在创造一个社区和机会，使员工能够产生新想法。2013 年，我们每天提供 75000 份免费膳食。我们的通勤大巴从遍布圣弗朗西斯科半岛的车站接上谷歌人，送往位于圣弗朗西斯科和山景城的办公室。2013 年，我们配置了无线网络的大巴总行车里程达到 5312156 英里（约 855 万米），成为地区最大的私人大规模公共交通提供者。通勤大巴缩短了谷歌人的通勤时间，使他们的时间利用得更有意义，也提高了他们的生活效率。此举还使每日公路上行驶的车辆减少了数万辆，缓解了交通堵塞的状况。

猜到，我们会对一切进行评估：我们密切监控数据中心的使用效率、电脑代码的质量、销售业绩、差旅费使用情况等。我们还希望员工在个人生活中也能保持效率。谷歌人工作很努力，如果一周的辛苦工作之后回家还要面对耗时又无聊的家务活，恐怕是再心烦不过的事情了。因此我们提供了很多现场服务，使员工的生活能轻松一些。这些服务包括：

- ATM（自动取款机）。
- 自行车修理。
- 洗车和更换机油。
- 干洗。谷歌人可以将衣服放进洗衣篮里，过几天再来取。
- 时令生鲜、有机农产品和鲜肉快递。
- 假日市场，商人可在那里现场售卖商品。
- 流动理发和美发服务。开着一辆巨大的大巴车，外面装饰着理发椅。
- 流动图书馆。我们为很多有分支机构的城镇提供的服务。

这些服务不需要谷歌有任何花费，因为我们不用为它们付钱。商家也希望提供这些服务，只需要我们允许他们进入公司。谷歌人会付钱接受这些服务（尽管有些时候我们可以代表谷歌人谈些折扣）。有些时候杂货派送服务也会由谷歌人自行发起。

这些服务很容易发起。在我们的芝加哥分部，有一位谷歌人问当地的美甲业主能否每周在我们的一间会议室做美甲，这样谷歌人在办公室就能享受美甲服务了。现在这已成为谷歌人管理的一项服务了，不需要谷歌支付任何成本，只要为美甲师准备一些咖啡就可以了。我们只需要建立起一种文化，谷歌人在这种文化氛围中知道自己可以提议一些新项目，塑造自己的工作环境。

有一些服务确实需要谷歌支付一些成本，不过费用相对较少，却能给谷歌人带来巨大的影响。比如，我们为那些骑自行车或乘坐公共交通工具上班的人准备了一些电动车，以便他们需要取杂货或去机场接朋友的时候使用。我们还有一个 5 人的礼宾服务团队（concierge team），为公司 5 万多名员工提供支持，帮助他们制订出行计划，找管道维修工和杂务工，订购鲜花礼品，并提供其他一些服务，节省谷歌人一两个小时的时间。在此要说明一点，这些费用是谷歌负担得起的，因为我们的公司已经足够大，额外聘用几个人、备几辆车（多年下来折旧成本会有所降低）在我们的费用构成中占不了太大份额。除此之外我们还建立了网上电子公告，任何公司都可以复制。员工在电子公告上分享一些当地服务的小贴士，比如推荐一些管道工、辅导老师，分享他们看到的一些当地优惠特卖。如果你凑齐 50 或 100 个人，还能建成一个潜在市场，可以与当地经销商谈批发折扣。

目标二：关联谷歌的社区意识

社区意识有助于员工更好地完成工作，一如扫清纷繁的杂物和分心之事能够提高工作效率一样。随着公司的壮大，我们一直努力维持着公司人数很少之时的社区意识，而且我们的社区概念也有所延伸，包括谷歌人的孩子、配偶、伙伴、父母甚至祖父母和外祖父母。很多公司都举办"带孩子上班日"，我们也这样做了很多年。2012 年，我们举办了第一次年度"带父母上班日"，在山景城总部和纽约办公室分别迎来2000多位家长和500多位家长。每次这样的活动日都以欢迎仪式作为开始，之后或是匆匆一瞥我们正在创造的未来产品，或是从内部人员的角度讲述我们的发展史。有一年，我们请来了公司首位销售执行官奥米德·科德斯塔尼，讲述了谷歌从10人发展到2万人的成长史。还有一年我们请来了搜索部门的高级副总裁艾米特·辛格尔，他回忆起自己童年在印度观看《星际迷航》的库克船长声控电脑的场景，而现在令人吃惊的是谷歌即时（Google Now）使他也能做到同样的事情。这一天剩下的时间用来做产品展示，家长们可以试驾我们的自动驾驶汽车，或是站在20英尺（近6米）高的房间里，谷歌地球的图像投影到他们周围，或是参观谷歌园区，之后参加一次拉里和高层团队主持的特别TGIF会议。目前我们在包括北京、哥伦比亚、海法、东京、伦敦和纽约等地的全球19家分支机构中开展了"带父母上班日"活动，每年都会有更多的分支机构开展这项活动。

"带父母上班日"并非为了迎合望子成龙的父母继续溺爱已经成人的孩子，而是借此机会表达谢意，拓展谷歌的大家庭。一点都不奇怪的是，我们的家长非常为我们自豪，而有些奇怪的是，他们中大多数人并不知道我们靠什么赚钱。帮助他们理解自己的孩子产生的影响力，即便这些孩子已经年届50，也是一件温暖人心的事情。我曾十余次被噙着泪水的家长拦住，他们因为能够与孩子走得更近而心怀喜悦，也因为养育了优秀的孩子得到认可而倍感宽慰。谷歌人也爱这项活动。汤姆·约翰森写道："想到带她（我的母亲）参观我引以为豪的工作场所，看着她与我共度时光的欢乐，我总会不禁露出笑容。"

这是我在谷歌有史以来最快乐的一天。

我们还在公司内部建立起社区。正如我们在第二章中介绍的，

TGIF 的问答环节是会议最重要的一部分，任何谷歌人都可以提问，问题内容也不限，从"为什么我的椅子这么不舒服"到"我们在用户对隐私的关切方面是否有足够的敏感性"不一而足。谷歌达人秀（gTalent show）和随机午餐（Random Lunches）一类的活动很容易协调。在谷歌达人秀上，你会突然发现某位女销售员还是一名一流的马戏演员（就是那种在运动的马背上做体操动作的），某位工程师是全国知名的交谊舞舞者。而在随机午餐中，员工可以与从未见过面的谷歌人坐在一起，利用午餐时间互相了解。这些活动使谷歌似乎变小了，人与人之间也好像更亲密了。这些项目几乎不用任何成本，只需要花些时间来构思（尽管我们会在某些活动上准备零食和饮料，这是可选项）。

　　谷歌有 2000 多个电子邮件列表。[1] 我们有各种群组和俱乐部，从独轮车俱乐部到魔术俱乐部（似乎每一家科技公司都要有这样一个俱乐部）再到读书俱乐部，有财务计划群组，甚至还有一个小组根据布拉德·皮特的电影起名叫"搏击俱乐部"。他们不会真的去搏击，有些爱搞笑的人只是觉得如果要组织俱乐部的话，当然要有一个搏击俱乐部（我真的说不清其中的道理）。在我们的俱乐部中，有一个员工资源团组（Employee Resource Groups, ERG）需要特别说明。目前我们有 20 多个这样的团组，其中很多在全球都有会员，包括：

- 美国印第安人群体。

---

[1] 其中的问题和话题包括：一位父亲需要帮助女儿缝一套绵羊戏服，已经没有时间了；一位谷歌人分发自制的牛肉干；某人要借婚礼蛋糕架、棉手套，还有一次有人要借一把剑；失物招领；介绍法律意见和幼儿园；高管找人帮忙送机；公司附近有美洲狮出没的警告。

- 亚裔谷歌人群体。
- 黑人谷歌人群体（BGN）。
- 同性恋谷歌人（专注男女同性恋、双性恋和变性人的相关问题）。
- 谷歌女性工程师。
- 年老谷歌人（为老龄谷歌人组建）。
- 拉丁裔谷歌人群体。
- PWD 群体（残障人士）。
- 特殊护理群体（需要特殊护理的，包括孤独症、注意力缺陷多动症或失明等）。
- VetNet（退伍军人群体）。
- 谷歌女性（Women@Google）。

10 多年前我注意到时代出版公司（Time Inc.）有他们自己的此类内部组织。其中一个是亚裔美国人俱乐部，他们发传单宣传风水课，邀请公司里的所有人参加。他们的举动令我震惊，因为以往我的经验都是群组关注于服务内部社区，很少会在不同社区之间建立联系。

与之相似的是，谷歌所有的群组也以不同的方式交融在一起。任何人都可以选择加入任何 ERG。我们有很多组合俱乐部，聚合了各家 ERG 的成员，比如在一些分部，员工数量太少，不足以建立起专门的退伍军人群体和同性恋谷歌人群体。我们有一系列的谷歌会议和活动汇集，从百乐餐到电影之夜，再到职业发展对话和志愿者项目，这些活动的前提是这些群组的成员在社会中的经历有很多共通之处。

另外值得一提的群组还包括我们的 52 个文化俱乐部，它们的存在也保持了我们每一家分部的强盛文化，组织的活动团结了谷歌人，促进了与谷歌以外的人之间的深度联系。近期由志愿者、各家 ERG 和文化俱乐部组织的项目包括：

- 2014 年，在美国大约有 2000 名谷歌人参加了同性恋尊严游行，另外在海德拉巴、圣保罗、首尔、东京、墨西哥城、巴黎和汉堡还有数百人参加游行。
- 拉丁裔谷歌人群体在山景城组织了家庭健康日，欢迎 300 多个当地低收入家庭来访我们的园区，与他们分享科技、健康和营养相关的信息，医生和营养学家在他们身旁提供医疗建议和帮助。
- 黑人谷歌人群体每年主办一次拓展旅行。2014 年，7 家分部的 35 名谷歌人来到芝加哥参加了为期 3 天的拓展活动，帮助少数族裔的小型项目、职业发展和社区合作等事宜。他们开展了"小型企业闪电战"办公时间，帮助了 30 名少数族裔商业主。在这段时间中，商业主可以在 6 个不同的地点利用谷歌人的智慧，处理社会营销到建立网站等各方面问题。BGN 还在谷歌芝加哥分部邀请了 40 多名初高中学生，其中包括一些问题少年。这些学生参观了谷歌，听了关于计算机科学的机遇与多样性的演说展示，还亲身体验了编码入门活动 Bolckly。
- 在新加坡，每个月谷歌人都会用两个下午的时间帮助亚洲各地境遇不佳的人，他们有些丢掉了工作，有些需要帮助重新开始生活。谷歌人教这些心怀抱负的商人如何使用网络和谷歌产品，帮助他们掌握技能，获取信心，助力他们找到新工作或在母国创业。
- 退伍军人群体帮助退伍回归平民生活的老兵培养技能，寻找工作。最近的一例是"帮助英雄找工作"，为回归平民生活的老兵举办制作简历的讲习班。作为我们 2013 年谷歌社区服务周的一部分，退伍军人群体在全国 12 个城市组织了 15 次这样的讲习班。

- 为了支持我们阿姆斯特丹分部的一位等待肾脏移植的谷歌人，该分部组织了一项"付费撒尿日"，每次某位谷歌人尿急的时候，需要付一点钱才能去方便，付的钱后来都捐献给荷兰肾脏基金会。
- 2011 年大海啸之后，东京的谷歌人在东京举行了"销售你的灵魂"拍卖，募捐赈灾。谷歌人提供能够反映内心深处真实自我的一些服务，包括烹饪技巧、编码建议以及 700 公里骑行去日本北部的旅行指导等。他们为海啸募集了 2 万美元。
- 在加利福尼亚山景城，谷歌人为保洁人员举办了计算机和英语培训课程，这些课程属于"通过教育与对话"（Through Education And Dialogue）项目的一部分。
- 为了应对西班牙有史以来最高的失业率，我们的马德里分部决定在 40 天的时间里捐献一吨食物，为有需要的人提供 7000 顿热饭。这个团队最终募集了 4 吨食物，谷歌也匹配了相应重量的食物，然后捐献给了当地一家救援组织明爱会（Cáritas）。

在此要特别说明，我们并没有期待或强行要求任何员工去做这些事情。正如我们在学校读书时一样，有些人加入了俱乐部，有些人玩耍的时间更多一些，而有些人只想静静地独处，把自己的事情做好。

我们在第九章里探讨了谷歌的学习方式，但是通常我们并不会预测这些项目能带来难以表述但巨大的附带利益。2007 年，我们启动了先进领导力实验室（Advanced Leadership Lab），这是一个为期三天的项目，参加项目的人都是公司的高级别领导。我们刻意从不同的群组中选出参加项目的人员，综合了各个地域、专业职能、性别、社会、种族背景和工作年限。史黛西·布朗-菲尔波特参加了我们的第一期项目，当时她是我们销售部门的一位销售主管，后来成为谷歌风投（Google Ventures）的一名入驻企业家，再后来成为跑腿网站任务兔子（TaskRabbit）的首席运营官。几年之后，她和我就从无到有创立这个项目的特殊体验进行了交流。

"我很喜欢在那里见过的人。之前我并不知道公司里有那么多优秀的人做着各种不同的事情。"她告诉我。

"你还与他们中的哪些人保持着联系呢？"我问。

"都没有。"

"但是……"

"听起来很奇怪。我从来也不需要去找他们帮忙，但是单单知道他们在那里就能使我感觉好很多。"

史黛西的评述把我带回童年时期，回想起A.A.米尔恩的作品《小熊维尼》中维尼与他的好朋友小猪皮杰的一次对话：

皮杰悄悄躲到维尼身后。"维尼？"他轻声说。

"怎么了，皮杰？"

"没什么。"皮杰说着拉住了维尼的手，"我就是想叫叫你。"

或许这些网络和群组的价值恰恰是知晓它们存在这么简单。

目标三：推动创新

这些努力给世界带来了实际的好处，同时也给我们谷歌内部带来了一些不同。不同的人以意想不到的方式聚集在一起，必然会激励创新——推动我们这些项目的第三个目标。亚马逊有54950种关于创新的书籍，各种书互相竞争甚至理论冲突。谷歌当然也有自己的一些行事方式，但其中最显著的一点就是我们如何利用收益和环境来增加闪耀创造光芒的"意外时刻"。

谷歌房地产和办公服务副总裁戴维·德拉克里夫对我们的餐厅进行了特殊设计，拉长了纵深，这样员工就能有一些"偶遇"，进而可能进行一些有趣的对话。

我们在办公区设置了很多微型小厨房和口袋，你可以从里面取一杯咖啡、一块有机水果或是一点小零食，用几分钟的时间放松一下。你经常可以看到谷歌人边探讨问题，边吃饼干、下棋或打台球。谢尔盖曾经说过："谁都不应该离食物超过200英尺（约60米）。"但是这些微型小厨房的真正目的则与霍华德·舒尔茨创立星巴克的初衷一样。舒尔茨发现了人们对家和办公室之外"第三场所"的需求，人们在这个地方可以放松，恢复精力，与他人交流叙旧。我们也在做同样的尝试，为谷歌人安排了一个会面的场所，在视觉和感觉上都与办公桌有所不同。我们设置了这些微型小厨房，将不同群组的人吸引到一起。通常这些小厨房会设在两个团队的交界处，为的是让两个团队的成员能够无意间遇到。最不济，他们也能进行一次有趣的交谈，或许偶尔还能碰撞出一些前所未有的对用户有益的想法（见图11-1）。

图 11-1 谷歌的微型小厨房遍布我们的各个办公场所,图中所示为其中特别好的一处
版权归谷歌所有

芝加哥大学社会学家罗纳德·伯特指出,创新往往出现在社会群体的结构间隙中。此类间隙可以是不同商业职能单元之间,可以是不太交流的团队之间,甚至还可以是会议桌尽头某个从来不说话的安静的人。伯特对此种现象有一种很有趣的说法:"站在社会结构间隙的人想出好主意的可能性更大。"[192]

具有紧密社交网络的人,恰似隶属于同一个商业组织或团队的人,看问题通常有类似的观点和方式。久而久之,创造力就会消失殆尽。但是处于几个团组之间交叉位置的人往往能想出更好的点子,有些想法甚至并非原创,只不过是将一个群体中的做法应用到另外一个群体中。

伯特解释说:"一般认为,创造力是一种与生俱来的天赋,是一种英雄的创举……但实际上创造力是一种"输入—输出"的游戏,并非一种创造游戏……追溯一种想法的本源是一种有趣的学术活动，但这类学术活动其实无关紧要……其中的技巧在于你能否将某个地方看似平凡普通的想法移植到另外一个地方，得到人们对其价值的认可。"

这些精心安排的偶遇并非我们唯一的技巧。我们还尝试不断向组织中灌输新的思维和想法。我们鼓励员工做技术演讲，与那些有好奇心的人分享近期的工作。我们还会从公司外请来一些名人。苏珊·沃西基和谢丽尔·桑德伯格（当时是我们的一位副总裁，现任脸书的首席运营官）在这些演讲背后起到了非常重要的作用，她们利用自己的关系网，请一系列演讲者来到谷歌，讲授领导力、女性问题和政治。

谷歌人第一次自发将这些活动组织成正式的项目是在2006年，当时他们注意到越来越多的作家来访，在我们的图书阅览小组中做演讲。志愿者请来访的作家逗留一段时间，进行一番对话。我们第一位正式的谷歌客座作家不是别人，正是马尔科姆·格拉德威尔。

这个活动现在已发展成今日受众更广的一个项目——"谷歌演讲"（Talks at Google）。这是一个系列讲座，作家、科学家、商业领导人、演员、政治家和其他能启迪思想的人物受邀来到谷歌园区，分享他们的思想。这个项目背后有80多名志愿者提供服务，其中包括一些很了不起的人物，比如安·法尔梅和克里夫·雷迪克，他们先后邀请了2000多名演讲者来访谷歌。邀请的嘉宾包括奥巴马总统、克林顿总统、蒂娜·菲、《权力的游戏》一书作者乔治·R.R.马丁、歌手Lady Gaga、经济学家伯顿·麦基尔、吉娜·戴维斯、托尼·莫里森、乔治·索罗斯、小额信贷先驱穆罕默德·尤努斯、快斯拉、安妮·赖斯、诺姆·乔姆斯基、大卫·贝克汉姆和迈哈迈特·奥兹医生。这些演讲中有1800多段被录制了下来，在YouTube上的总浏览量超过3600

万次（你可以登录 http://www.youtube.com/user/AtGoogleTalks 观看），订阅数超过 15.4 万人。对于一群用 20% 时间做这件事的志愿者来说，效果还不错。安描述的终极目标是："从外部获取创新想法，辅以热情激昂的谷歌听众，而后将对话传播给全球数十亿 YouTube 听众。如果用马尔科姆的话就是，我们想要做连通者。"

将这些与每周数十次关于谷歌内部话题的技术演讲加以融合，这些来访者及其对话将创造出一种氛围，一种持久涌动的创造力和激情，同时给了员工一个摆脱日常工作、重塑自己想象力的出口。

这种规模的项目似乎无法在小型组织内开展，但是我们最初启动这个项目的做法是任何人都能做的。并不是所有公司都能请来诺姆·乔姆斯基，但是任何人都能找到当地的大学，请一位文学教授来做一次关于大卫·福斯特·华莱士的演讲，请一个四重奏乐队在午餐时间表演一段音乐，或是请某人展示亚历山大疗法是如何缓解办公桌前的背部疼痛的，而且这些不需要任何花费。

这些项目还有些无法预见的好处，正如安·法尔梅所说：

> 我主持过一次乔·卡巴金谈正念禅修的演讲，上一次查看的时候已经有 180 万的观看量了。有一位观看者给我写了一份电子邮件，告诉我那段视频救了他的命。他本打算自杀，偶然的机会看到了那段视频……然后开始修习正念。他的抑郁症不治而愈，毒瘾也戒掉了，他找到了一份自己喜爱的工作，修习正念之后的 6 年得到 6 次升职，而且现在还有了一段美满的恋情。他看过那段视频 6 年之后给我写了电子邮件，告诉了我这一切。

微小的投入和关怀带来巨大的效果

有这么令人兴奋的事情和活动,难免有人会怀疑员工到底什么时候才能真正地去工作。

确实,如果一个人参加所有这些活动,他们一天的时间都会耗在上面。现实中,没有谁会使用所有的服务或参加所有的演讲,就好似没有谁会一直使用 20% 的时间一样。我从来没有用过公司的干洗服务,但是有人每周都在用。我在我们的流动巴士理发店里理过头发,麦克斯和关的手艺非常好,[193] 25 分钟后我就回去继续工作了。

从某种意义上讲,这就好似逛商场,有很多店你根本不会进,但是每个人都有的选。

我们做的几乎所有事情都是免费或费用很低的(见表 11-1),所有这些项目都是为了提升效率,创造社区意识或创新精神。有些人或许会辩称这一切都是镀金的笼子,是一种把戏,为了诱使谷歌人做更多的工作或在公司待更长时间。这种想法不仅从根本上误解了我们的本意,也误解了像我们一类公司的行事方式。

我不能给出数据证明有多少经济价值是由免费洗衣机创造的,因为我根本就不在乎这些。我还记得职业生涯早期的麻烦经历,从我公寓到地下室的公用洗衣机要经过堆满杂物的楼道和摆满清洁用品的楼梯,然后要困在家里好几个小时,生怕别人偷走我的衬衫。超级烦人。我们为什么不在园区找一间空房间,放上几台洗衣机和一些清洁剂,让生活稍微愉悦一些呢?我们为什么不请一些演讲者来园区给我们做演讲呢?不管怎么说,我也喜欢这些演讲。奥兹医生来访的时候,埃里克(我们当时的首席执行官)和我邀请他参加我们的管理层

表 11-1　谷歌的部分特别福利

项目	公司费用	谷歌人费用	对谷歌人或谷歌的益处
ATM 自动取款机	免费	免费	效率
官僚主义克星	免费	免费	效率
谷歌达人秀	免费	免费	社区意识
假日集市	免费	免费	效率
流动图书馆	免费	免费	效率
随机午餐	免费	免费	社区意识，创新精神
TGIF	免费	免费	社区意识
修车服务	免费	付费	效率
洗车和换机油服务	免费	付费	效率
干洗	免费	付费	效率
理发和美发	免费	付费	效率
有机杂货派送	免费	付费	效率
礼宾服务	微不足道的费用	免费	效率
文化俱乐部	微不足道的费用	免费	社区意识
员工资源团组	微不足道的费用	免费	应该做的事情，社区意识，创新精神
收益均等	微不足道的费用	免费	应该做的事情
谷歌职业（gCareer, 回顾职业项目）	微不足道的费用	免费	应该做的事情，效率
按摩椅	微不足道的费用	免费	效率
豆袋坐垫	微不足道的费用	免费	效率
现场洗衣机	微不足道的费用	免费	效率
带孩子上班日	微不足道的费用	免费	社区意识
带父母上班日	微不足道的费用	免费	社区意识
谷歌演讲	微不足道的费用	免费	创新精神
电动车租用	较低	免费	效率
按摩	较低	付费	效率
免费食物	高	免费	社区意识，创新精神
通勤车服务	高	免费	效率
儿童保育补贴	高	付费	效率

版权归谷歌所有

会议……前提是他至少要签名 300 本书，送给他的谷歌粉丝。

更加重要的是，谷歌并不是温柔的陷阱，诱骗员工整天待在办公室工作。如果员工的工作效果良好，为什么还要在乎他们工作多少个小时呢？而且在现实中，你在哪儿工作根本就不重要。团队聚在一起合作是非常必要的，我们很多了不起的产品创意和合作伙伴关系的建立都是团队碰撞的结果。但是否有必要让员工从早到晚都留在办公室里？有没有什么理由使我期望他们能够早到或晚到？员工应该随自己的心意上下班，我们也确实是这样做的。很多工程师要早上 10:00 甚至更晚才会出现。等他们回家之后，夜里再次登录网络，又有大量的线上活动要处理。员工何时发挥创造力不应该由我们决定。

我们宠溺谷歌人，是不是为了不让他们去寻找别的工作？不太可能。我们进行过离职调查，从来没有任何人说这些服务能够使他们留下，也没有人因为这些服务才加入谷歌。这其中并没有什么秘密：我们所做的这些事情（大多数）仅是举手之劳，但收获巨大，而且我们感觉这样做是应该的。

但是要说所有人都能做到这些真的实际吗？

还记得这些项目大多数都是免费的吧。要实现这些只需要公司里有人走出去，找到希望卖东西给员工的经销商，或找到希望安排午餐的商户，或邀请演讲者来访。人人共赢。

而且有些看似神秘的项目已经变得司空见惯了。雅虎现在有一个叫作 PB&J 的项目，是流程、官僚主义和堵塞（process, bureaucracy and jams）三个英文单词首字母的缩写，[194] 与谷歌的官僚主义克星非常相似。推特、脸书和雅虎也都有了各自的 TGIF。全体员工大会的想法并非谷歌首创，但是能够看到不设限问答的理念在各大公司盛行的感觉真的非常好。周一来谷歌的那辆理发大巴，周二去雅虎。多宝箱（Dropbox）从 2013 年起第一次举行带父母上班日活动；领英后来宣布每年 11 月 7 日为公司带父母上班活动日，有 60 多名员工带着父母参观了他们的纽约办公室。[195] 孕产服务项目在行业内也有大幅改善。现场餐厅已经成为硅谷公司的标配。

但是实施这些项目的好像还仅限于美国硅谷的公司。对于考虑推出类似项目的公司，我大胆猜测几点原因，说明为何这些独特的项目未能在不同的组织中盛行。

第一，有错误的假设认为这些项目需要花钱。这种假设是不对的。确实，有些情况确实要有机会成本（时间用在各种社团上，就会夺走"工作"时间），但是现实情况中员工保留度和开心度的提升远超成本的回报。

第二，对取消员工权利的担忧。"如果我们请美甲店来公司大楼做美甲，后来却取消了这个项目，员工不会很失望吗？"这确实是个风险，但是我们会预先告知员工某个项目属于测试项目，只有证明了有足够的价值才会继续。

第三，管理者可能会担心员工的期望不断提升。如果我们今天做了"这个"，明天员工就会想要"那个"。还是上面说过的方法，诚恳的对话可以防患于未然。比如，我们刚开始推行谷歌购物速递（Google Shopping Express）——用户可以通过这种服务从当地商店订购商品，并可当天送达——的时候，我们给了谷歌人 25 美元做试用。随着这项服务的发展，我们偶尔还会给谷歌人再发 25 美元试用。每一次我们都解释这是一次测试，因此员工从来都没有期待每月都能拿到免费的 25 美元。当我们停止测试的时候，也没有任何人抱怨。

第四，或许也是最重要的，是因为说"好"真的很难。如果一名员工提出要请外面的人来公司做演讲，想象一下其中的风险吧！演讲者或许会说一些不明智的话，可能会浪费所有人的时间，我们没有空房间，我们太忙了，还有一些很阴暗的想法："如果我说好，万一出了什么差错，我是不是就有麻烦了？"想要找出理由说"不好"非常容易，但是说"不好"是错误的答案，因为这样压制了员工的声音，也失去了学习新东西的机会。

想办法说"好"。员工会给你回报，使工作环境更有活力、更有趣，也更有效率。

戈皮·卡拉伊尔是我们销售团队的一员，同时还是一位科尔坦（Kirtan）音乐家，表演一种在印度一些宗教传统中常见的唱颂。他跟我分享了一盘自己录制的CD（激光唱片），我在邮件中谢过他之后，他给我写了回信：

> 不客气，拉斯洛。享受这份音乐，回头告诉我这些音乐是否使你产生共鸣。上周一我与云游四海的国际音乐团体Kirtaniyas做了现场表演。他们在查尔斯顿公园做了现场演出，周一随我一起的瑜伽谷歌人在小瀑布旁，围在他们周围练习瑜伽。谷歌人很喜欢这种体验。这又是一项由谷歌人自发组织的"优化你的生活"（Optimize Your Life）项目，成本为零。这恰恰是我们公司文化的奥秘。其中很多都是由"草根"推动，表演者负责整个"马戏团"。

尽管采取了上述诸多措施，但我必须要承认，并非我们做的所有事情都能纳入提升效率、创造社区意识和创新精神的大框架中。有一些项目纯粹是因为它们能使我们的员工生活得更好一些。我们推行这些项目的时候只是感觉那样做是应该的。

比如，人生必将面临的残酷事情之一是，我们中有一半人终究要面对伴侣去世的痛苦。不管如何，这都将是一段痛苦、困顿的时光。如果死亡不期而至，那么悲惨的境遇更会加剧。几乎每一家公司都会投保人寿保险，但总是感觉保额不够。每当我们公司有人经历这样的不幸，我们就会尝试各种办法，帮助过世谷歌员工的配偶。

2011年我们决定，如果这种不堪想象的事情发生，去世谷歌员工的配偶将立刻获得这名谷歌员工全部的未到行权期股票。我们还决定在谷歌员工去世后的10年时间里，向该谷歌人的配偶支付其50%的薪水。如果家里还有孩子，这个家庭将每月额外获得1000美元，直到孩子19岁或23岁（如果孩子是全职学生）。

这项改变我们没有告诉任何人，甚至连谷歌员工都没有告诉。宣传这样的事情会显得非常可怕。我们没有将这种政策当作吸引或留住员工的方法。因为这其中没有任何商业利益，只不过是一件应该做的事情。

18个月之后，我意识到自己犯了一个错误。我接受《福布斯》记者梅根·卡瑟利采访的时候，不经意间透露了这项福利。她立刻意识到这项政策的重要意义，发表了一篇标题非常吸引人眼球的文章《谷歌员工死后发生的事情》。[196] 文章引起了强烈的反响，阅读量很快达到近50万次。

风声传出去之后，我立刻收到其他公司同行的问询，首要的问题是"这样做要花很多钱吗"?

一点都不多。迄今为止我们在这方面的费用为工资的千分之一。换言之,美国公司平均每年薪资增长4%:大约3%为年度普涨,另外1%为升职加薪。我敢打包票,你问员工是否愿意将3%的薪资增长改为2.9%以换取这样一个项目,几乎所有人都会说"愿意"。

2012年,我们的福利团队收到一封谷歌员工发来的匿名电子邮件:

> 我是一个癌症幸存者,每6个月就要去复查癌症有没有复发。你永远也不会知道坏消息何时会来,但是难免会想坏消息真正到来的时候该怎么办。因此当我躺在扫描仪台上时,会反复思考如何给拉里写电子邮件,恳请他将我的股权转移到我的家人名下继续持有,尽管我还活着,但已命不久矣。
>
> 当我收到你们发来的那封关于新人寿保险福利的电子邮件时,泪水湿润了我的眼眶。每一天我都因这家公司为我的生活所做的诸多贴心、有影响力的事情而满怀感激。这项人寿保险政策恰属于这些事情中的一种,是令我感到在谷歌工作很自豪的一长串事项的延续。
>
> 你们宣布这项新的福利政策后两周,我又做了一次检查。在扫描台上时,我没有再思考如何写那封电子邮件。
>
> 我不知道是谁负责这项工作,但是请向所有参与者转达我最诚挚的谢意。你们为员工的生命做了一件了不起的事情。

看了这封信后,我意识到我错在没有向谷歌员工宣布这项政策。

我未曾想象如这位匿名信作者一样的谷歌员工在恐惧的笼罩下所承受的压力，也未曾预料这项政策对其他公司带来的影响，现在它们也都在探索类似的项目。

2011年，我们还调整了孕产假政策。我们决定在美国提供5个月的产假，而通行的做法只有3个月。在此基础上我们还做出一项更加深刻的变革：我们决定初为父母者在休假期间可以拿到全额的薪水、奖金和股票期权，而且任何初为父母者都能拿到额外的500美元奖励，帮助他们生活得稍微舒适一些，比如，可以在孩子刚出生的几个星期订三餐送货上门。

说到这里，你应该已经猜到这个决定也是以数据为基础的，根据的是谷歌员工开心度、保留度和项目成本的详细分析。我也建议你以同样的方式做出决定。但是，与死亡福利一样，我们做出这项决定也是出于本能。有一天我开车上班，想到3个月大和5个月大婴儿的发展差异，怎么说我也算不上这方面的专家，但是我还记得自己孩子的成长过程。恰是在这两个月里，孩子才开始懂得响应和交流，初为父母者不会再因为孩子咳嗽和打喷嚏而惊慌失措，意识到孩子应该不会有什么问题。等来到公司之后，我说："我们来做点儿改变吧。"

直到后来我才查看了相关数据。

我了解到女性在生育之后的离职率是平均离职率的两倍。很多经过12周产假的母亲回来上班之后感觉有压力、疲惫，有时还有些愧疚。调整了产假时间之后，离职率的差异消失了。一些母亲告诉我们，她们通常会利用这额外的两个月时间慢慢调整状态，适应工作，使她们在产假结束时能够更有效率、更快乐。

最后我们统计数据的时候发现，这个项目并没有任何额外的成本。这项政策留下的女性所创造的价值以及避免再次招聘和培训新员工的费用,足以弥补给新生儿母亲两个月额外产假的费用。

我们很高兴地看到脸书和雅虎也追随了我们的步伐,为新生儿的母亲提供了类似的福利政策。我希望有更多的公司能够这样做。你应该还能回想起第二章所述的使命之重要性,以及将工作看作使命的重要性。收到戈皮和安这类消息或匿名感谢信之类的事情,是推动这片家园更好发展的方式。想象一下,员工不会带着焦虑和绝望来找你,而是来感谢你使他们的生活变得更简单,感谢你在他们最需要帮助的时候伸出援手,在这两种情况下工作的感觉差别是多么大。

我见过使工作环境更特别但又不至于耗尽组织资源的最好范例,它来自加利福尼亚州圣塔克拉利塔市拉梅萨初中的校长米歇尔·克兰茨。米歇尔是这样一位领导者:她每周开始的时候都会站在学校大门口欢迎学生,叫出每位学生的姓名,与他们一一握手;她口袋里装着优先午餐券四处走动,表现优秀的孩子就能得到一张;在她主持的月度教职工会议上,她的团队会互相赠送表达赞赏的格兰诺拉燕麦卷,"为他们提供彼此认可的机会",他们真的会彼此称赞;她会给每一位教师写生日贺卡。

结果呢?午餐时,学生都与她闲谈,向她吐露心中的秘密,教师空前团结,职工全心全意地工作。有一位在学校工作了十多年的园丁,因为米歇尔亲自写了生日贺卡给他而感动不已,他还给米歇尔回了信。"他非常激动,"米歇尔告诉我,"并承诺此后的整个职业生涯都要为我努力工作。"[197]

当然,这并非她的目标,但是这段感人的故事提醒我们,微小的关怀和资源投入也能带来巨大的成果。

> **谷歌工作法则** 🔍

- 使员工的生活容易一些。
- 想办法对员工说"好"。
- 生命中的不幸罕有发生……一旦员工遭遇不幸,要伸出援手。

第十二章　谷歌丰富多彩的助推项目

助推并非硬推，即使是非常温柔的提醒也可以带来不同。助推不一定要花费不菲或精心策划，它只需要及时并具有相关性，而且容易采取行动。

拉斯洛·博克　谷歌首席人才官

生活在公元110年至180年的希腊地理学家鲍桑尼亚拜访过德尔斐的阿波罗神庙（见图12-1）。他发现神庙前殿的一块儿石头上刻着阿波罗神谕：认识你自己（gnothi seauton）。

这是明智的忠告，却很难实现。我们认为自己了解自己，而这种确信的态度本身就是问题的一部分。诺贝尔奖获得者、普林斯顿大学荣誉退休教授丹尼尔·卡尼曼在他的《思考，快与慢》一书中描述人类有两套思维系统。其中一套慢，有深度、有思索，以数据为导向，而另外一套快，依靠本能，属于直觉思维系统。多数时候我们会依赖第二套思维系统，因此即便我们认为自己理性的时候，其实恐怕也并非如此。

比如，5美元对你来说有多大价值？你愿意为了省下这么多钱而离开一家商店，开20分钟的车去另外一家商店吗？

1981年，卡尼曼和他的同事阿莫斯·特沃斯基，[198]想了解人们对

图 12-1　位于希腊德尔斐的阿波罗神庙
感谢诺姆·本海姆提供照片

金钱和时间的价值量度是否恒定一致。他们询问了 181 人，请他们回答下述两个问题：

问题一：假设你准备买一件 125 美元的夹克和一个 15 美元的计算器。卖计算器的人告诉你同一款计算器在另一家分店有打折活动，卖 10 美元，距离这里 20 分钟的车程，你会开车去另外一家分店吗？

问题二：假设你要买一件 15 美元的夹克和一个 125 美元的计算器。卖计算器的人告诉你同一款计算器在另外一家分店有打折活动，卖 120 美元，距离这里 20 分钟的车程，你会开车去另外一家分店吗？

要记住这里的美元是 1981 年的美元。如果考虑到通胀因素，[199]

放到今天这些钱的价值差不多是当时的3倍。(当然,你还要考虑商品的价格变动,20岁以下的人恐怕连计算器都没怎么见过。"我直说吧,你是想让我花360美元买一个比手机更大、更重,甚至连《愤怒的小鸟》都玩不了的东西吗?")

特沃斯基和卡尼曼发现,68%的人"愿意多走一段路,为15美元的计算器省下5美元;当计算器价格变为125美元的时候,只有29%的人愿意费同样的力气"。[200] 尽管两种情况下省下的都是5美元,但是只有当这5美元相对于购买产品的价格比例较高时,人们才愿意行动。节省钱的相对比例不同也影响了人们对价值的认知。

那么换作一个更根本性的问题,比如,你认为自己对眼前东西的观察能力如何?在《大脑诡计》(Sleights of Mind)一书中,巴罗神经研究所(Barrow Neurological Institute)的负责人史蒂芬·麦克尼克和苏珊娜·马丁内斯-康德阐释,人类的视觉其实很糟糕,但我们认为自己的观察能力很好,因为我们的大脑填补了空白(然后他们解释了魔术师是如何利用这一点骗过我们的)。他们提出下述测试方法:

> 从一堆卡片中挑出带人像的扑克牌,然后洗牌。视线盯住房间另一头,保持眼睛一动不动。随便抽出一张人头牌,用手拿住向一侧伸出一臂远,恰处于你的周边视觉边界的位置,然后向前转动胳膊,拿着卡片向你保持不动的视线方向移动。假设你能克制住偷看一眼的冲动,要等到那张牌离视觉中心很近的时候你才能识别出这张牌。

他们解释称:"你的双眼只有在目光所及最中心的锁孔大小范围

内才能看清精密的细节，它仅仅覆盖了视网膜的 0.1%……你的视野里 99.9% 都是垃圾。"但是实际感觉并非如此，是因为眼睛飞速扫视：眼睛迅速地、不间歇地移动，从一点扫视到另外一点。你的大脑"编辑删除掉动态模糊图像"，创造出一种持续的现实幻觉。[201]

如果你还不相信我，打开 YouTube，输入"注意力选择测试"（selective attention test）。第一条搜索结果应该是由伊利诺斯大学的丹尼尔·西蒙斯贴出来的。快去，我等你。

……

……

……

几乎所有人都没有看清这一分钟的视频中到底发生了什么（尽管我已经给了你提示，视频中可能会有一些有趣的事情发生）。我们认为自己看清了周围发生的事情，但是其实我们经常没有看清。有大量的文献研究人类大脑的缺陷，这些缺陷不仅扭曲了我们所做的决定，还使我们很高兴地忽视了这些缺陷。我们在毫无意识中持续受到环境、他人和自己潜意识的助推和冲击。恰似小鹿选择障碍最少的路径穿过树林，我们也经常依据潜意识中的一些暗示掌控生活。你在公路上开车的时候，是根据限速要求时常观察速度计来调整行车速度，还是跟着车流走？你在商店买衣服的时候，多数售货员会从柜台后侧把购买的东西递给你。高端时尚零售商诺德斯特姆公司则要求销售助理走到柜台前将顾客购买的衣物递给顾客，这样使顾客感觉得到了更亲切的照顾（因此也更可能继续在诺德斯特姆购物）。我当餐馆服务员时，在客人桌前与其交谈的时候经常采用蹲姿，这样我们的眼睛可以在同一水平线上，而不是俯视顾客，可以使他们感觉更舒服，也为我赚到了更多的小费。

2012年秋，伦敦巴比肯艺术中心（Barbican Centre）的曲线画廊举办了一场名为雨屋的装置艺术展，由兰登国际（Random International）设计。第二年夏天，这套装置转移到纽约现代艺术博物馆（Museum of Modern Art）。雨屋是一块100平方米的室内场地——感觉好像室内在下雨。你在屋中走的时候，由于身上佩戴的传感器的感应作用，雨水不会落在你的身体周围（见图12–2）。

在两座城市，人们都要排上12小时才能看到展览，但是伦敦的参观者平均在室内停留7分钟，而在纽约，虽然博物馆请参观者将参观时间控制在10分钟内，甚至会"礼貌地轻拍"那些停留过长时间的参观者的肩膀提醒，但是仍有很多人会停留45分钟甚至更久。两座城市都是相差不多的大都市，伦敦人对艺术和雨屋的兴趣似乎也不小，而且等待的时间也没有不同，那么到底是什么原因造成了如此差异？

展览在伦敦是免费的，但是在纽约要25美元。[202] 这可以作为我们在第七章中看到的现象的补充——德西教授和瑞恩教授发现他们开始为执行任务向实验者付钱之后，内在动机和生产效率都下降了。一旦你对某种东西收费，人们看待它的眼光就会发生变化。他们想要"钱花得值"。尽管并非本意，尽管要求参观者控制参观时间，但是纽约现代艺术博物馆创造出一种激励机制，由此引发的行为恰是他们希望避免的。①

---

① 我暂且认为纽约现代艺术博物馆设定每人10分钟的目的是为了让尽可能多的人观看展览。伦敦的经验显示，他们可以通过放弃入场费达到这种效果。如果纽约现代艺术博物馆的目标是收益最大化，那么他们做得还不赖。展览头47天共有55000名参观者，单单入场费一项的收入就达到137.5万美元。

图 12-2 雨屋展览
感谢兰登国际提供图片

可见一个环境的布局也以我们未曾意识到的方式影响着我们。我记得 2011 年参观惠普总部，眼前一片灰褐色的海洋，高如院墙的小隔间似乎延伸到了天边。这种环境下不太适合向邻座寻求建议，你甚至都看不见邻座的人。相反，彭博新闻社的创始人，同时也是前纽约市长的迈克尔·布隆伯格模仿传统报社新闻编辑部的样子布置了自己开放式的办公室，优化想法和信息沟通的速度（见图 12–3）。

图 12-3　前纽约市长迈克尔·布隆伯格在自己的开放式办公室中工作[203]

布隆伯格站在最中间。还是小隔间，但是区别如此之大。布隆伯格以前的一位雇员告诉《纽约》杂志的克里斯·史密斯："这样一个工作环境，你恐怕永远也无法习惯……但是当你看到市长在所有人都清晰可见的地方召开高层会议，你就开始理解这种开放式沟通的办公场所设置并非胡闹，而是确有其道理。"[204]

此处的主旨是要说明，我们在引导世界的时候远没有想象中那么一以贯之、客观、公平和有自知之明。因此，组织可以帮助人们做出更好的决定。

在《助推》（Nudge）一书中，芝加哥大学教授理查德·塞勒和哈佛法学院教授卡斯·桑斯坦通过长篇论述，说明了利用我们头脑的缺陷可以改善我们的生活。"助推"可以定义为："虽然不禁止任何选项，也不大幅改变经济激励措施，却促使人们在选择时期朝可预见的方向发展，这种力量就是助推……纯粹的助推中，必须能够不费力气地避免干预。助推并非强制性的。将新鲜水果摆放在与人们视线平齐的柜台上算是'助推'，而以法律形式禁止食用垃圾食品则不是。"[205]

换言之，助推影响选择，而非强制选择。有些人辩称，助推是不道德的，它迫使人们做出一些本不会做出或不想要的选择。但是助推的反对者忽略了一些事实，即有些人选择不将水果放在与视线平齐的柜台上。苏格兰哲学家大卫·休谟阐释了这个问题，他将其称作"是—应是"谬误或"休谟的断头台"（Hume's Guillotine，因其割裂了"是"和"应是"之间的联系）。仅仅由于某件事实是以某种方式进行的，并不意味着这件事就应该以这种方式进行。事实上，很多助推是对当前糟糕选择的改变，避免有损健康、财富或快乐的结果出现。

比如，杂货店会将基本需求品和易腐类产品（如牛奶等）放在商店最远的一头，顾客每次去取的时候都要穿过摆满商品的货架走廊。他们还会将糖果等高利润率、易于冲动购买的产品放在收银台前——尽管你在商店的其他地方也可以找到同样的商品，因为这样会引导我们购买更多的糖果。不将水果放在收银台旁，是不是就说明他们做错了或者是邪恶的？把糖果换成水果，效益肯定会降低，但是同样也对购物者的健康更有好处。然而，杂货店的目的并非改善购物者的健康状况，它的目的是赚钱。听起来或许有些残酷，但是如果没有利润，杂货店就将面临倒闭。即便是家门口的全有机合作社，也要有足够的收入才能保证当月的员工薪水和店租以及下个月的存货。因此，当地的全有机合作社将3美元的有机手工搅拌蜂蜜花生酱放在收银台前，我不会责备他们。但是抓起一只苹果而不是糖果来吃，显然对我的健康更有好处。

即便你承认助推有利于改善生活状况，也认可不应坚持貌似神圣不可侵犯的现状，但心里还是有些厌恶管理层冷冰冰地决定利用助推来控制员工。从某种意义上来讲，了解到我们糟糕的工位小隔断是由于无视需求或规划不周全的结果，相比意识到布隆伯格的开放式办公室布局是经过精心设计来保持团队更高的开放性、更好地进行协作，人们的心理感受或许会更好一些。我们的保障部、领导和政府部门竟然会用这种方式玩弄我们！

另一方面，难道助推不也属于管理工具的一种吗？有人可能会辩称，所有的管理都是在试图使员工有更高的生产效率。但是我敢对你说，提高开心度并非所有公司的管理目标（尽管应该属于，因为这样的目标很有效）。办公室中的助推措施与决定销售人员必须达到多少销售额的奖金计划有什么根本不同吗？[206] 要求更多使用"自然光"，是因为我们认为这样有利于提高员工的生产效率吗？为什么当我们被告知这些工位小隔断是刻意设计安装来隔开我们的时候，我们会感觉更加不安？[207]

我猜测，助推会使人神经紧张有两个原因。第一，被穿工作服的聪明人暗中影响，这种心理阴影会令我们不安。

但是助推不一定需要秘密进行。在谷歌，我们坚持将透明化作为公司文化的基石之一。谷歌人在参加实验的时候，我们通常不会告诉他们有关实验的内容，因为这样可能会影响他们的行为。然而，在实验之后，我们会分享我们的发现以及我们打算下一步做什么。

第二，人们不愿被提醒我们的自由意志有一定的限度。助推会引发各种问题，关于欲望（"我想要一辆凯迪拉克汽车，是因为我需要，还是因为2012年通用电气花了310亿[208]美元用于广告宣传？"）[①]，关于选择（可口可乐2012年占据了美国17%的市场份额，百事可乐则占了9%，[209]尽管有人曾利用核磁共振扫描研究发现，人们很难看出二者的区别），[210]甚至关于身份认同（"如果我所做的选择是环境和历史的产物，那么我的选择是否真正自由？"），这些都是非常深刻的问题，远超出本书的讨论范畴。但是在面对对自我观念和自我认同的威胁时，防御是一种自然的反应。[211]

在谷歌，我们采用各种方式的助推，对决策时刻进行干预。我们的大多数助推都是学术研究在现实世界中的应用。我们人力与创新实验室团队成员詹妮弗·科索斯基博士开玩笑说："有太多的学术研究只调查了大二学生。太多的实验都是由教授提供5美元的奖励请研究生参与的。"我们的方法是将令人叹服的学术发现，辅以我们自己的想法，在数千名进行日常工作的员工身上尝试来观察结果。我们做这些事情，而且我在本书中写到这些内容，目的是让其他人能从我们的洞察中有所收获，不管你们的企业是大还是小。

人文主义精神促使我们在采用助推的时候进行深思，富有同情

[①] 广告当然是谷歌首要的收入来源，因此作为股东，我对广告收入的每一美元都心怀感激！

心，而且最重要的是保持信息的透明度。我们的目标并非取代决策过程，而是用可以提升健康、增加财富，但又不限制自由的结构，替代草率或者糟糕的环境。

我们的指导原则是什么？助推并非硬推。即使是非常温柔的提醒也可以带来不同。助推不一定要花费不菲或精心策划，它只需要及时并具有相关性，而且容易采取行动。

我们在这个领域所进行的工作多数都纳入一个名为"优化你的生活"项目中，该项目由伊冯·阿格耶联合人力运营部的普拉萨德·塞迪、工作环境服务部的戴夫·拉德克里夫（他负责运营通勤车和餐厅），以及他们各自的团队共同领导。当然谷歌人是重要的想法和灵感来源。

助推让员工的工作更高效

我们利用助推使员工更开心、更高效。更早之前我们发现，仅仅一封电子邮件也能提高女性自荐为升职候选人的比例。我们也一直在寻找机会，在恰当的时间提供建议或信息，提升我们整体的工作效率。

有时候只需要向员工展示实情就足够了。比如，有一个领导团队内部不和谐的传闻广为人知，其中有几位成员彼此不愿合作，甚至还会刻意保留资源和信息，阻碍对方的工作。绩效管理是没有用的，因为尽管他们的行为恶劣，但是每个人的总体工作成果还是相当不错的。指导也不可行，因为需要耗费太多的时间，而且其中有两个人特别抗拒承担产生这种状况的责任，"问题不在我，"其中一个人对我说,"是其他人没有帮我!"

真正有效的做法是每个季度做一项只有两个问题的调查:"过去的一个季度里,我向他/她求助的时候,这个人帮助了我"和"过去的一个季度里,在我对他/她的团队工作可能有所帮助或可能受其影响的时候,这个人请我参与了"。团队中的每一位成员要给其他成员评价,不记名的排名和结果将与所有人分享。员工知道自己的名次,但是不知道其他人的排名。当然,最难管束的人会排名靠后,他们也会因此吃惊失望。我们未做任何进一步的干预,他们就通过自己的努力提升了协作的质量。非常引人瞩目的是,通过 8 个季度的努力,这个团队在上述两个问题上的满意度从 70% 提升到 90%。

尽管算不上严格意义的助推,但这种做法也与展现社会对比力量的一些事情相符。[212] 只需简单地提供信息,然后依靠人的本性——好胜的本性和利他的本性——就能改变一个机能失调的团队。看到这种现象真是既有趣,又令人振奋。我们在参加向上反馈调查的经理身上看到过这样的现象,但这是我们第一次将这种做法复制到一个团队身上。

但是,我们是否能够使一个团队从一开始就走上正确的道路,避免出现机能失调的状况呢?那样我们就不需要做任何补救工作了。我们决定探索这种想法,关注那些新来公司、新加入一个团队的员工,即新谷歌人。

新聘用的员工会有损价值。假设有一名销售人员伊凡,年薪为 6 万美元。伊凡每个月要耗费公司 5000 美元,直到他有销售业绩为止,而且即便他开始做销售,也还是要过一段时间才能实现产出超过他的成本。此外,他还要占用培训资源,不断叨扰周围的同事寻求建议,耗费同事的时间。

这不仅仅是谷歌独有的问题。布拉德福德·斯马特在《顶级评级法速查手册》(*Topgrading*)[213]一书中指出，半数的高级雇员在刚开始一项新工作的前18个月表现都很差。在招聘的另一端，咨询师奥特姆·克劳斯发现半数的小时工在120天内就会换一份新工作。[214]

使这项工作变得更困难的是，谷歌经理本身就已经非常忙碌，他们会采用各种不同的方式使新员工适应新团队，到底哪一种方法更好，所有人都莫衷一是。很长时间以来，我们进行过的最有效的一次案例研究来自肯特·沃克。他2006年以高级副总裁和法律总顾问的身份加入谷歌，很快便融入了公司，比我们见过的几乎所有人都快，因此成为高级雇员聘用的经典案例。他用6个月就适应了新工作，而大多数高级员工需要一年才能适应，不过肯特本人异常谦逊，好奇心强，而且有自知之明。①

我们决定给经理们一点小提示，提醒他们只需微小的行动便能给谷歌新人带来巨大的影响，由此他们宝贵的时间投入就能得到最大的回报。

在实验阶段，经理们在新的招聘流程启动前的周日会收到一封恰到好处的电子邮件。恰如氧气项目检查清单中列举了成功经理的8种行为，这封邮件中举出5项行动，内容简单得几乎让他们尴尬：

---

① 肯特的秘密是："我大多数时间都在倾听。"大多数人加入公司后都渴望完成工作，但是如果不理解在谷歌是如何完成工作的，他们只能苦苦挣扎。我经常将这种现象称作"谷歌危机"，经过3~6个月，新来的高级雇员会意识到谷歌文化中自下而上和协作的本质意味着他们不可能仅仅是下命令，期望员工完全遵守。现在我们已经将这一经验纳入谷歌新员工的首周培训课程中。

- 进行一次角色与责任讨论。
- 将新谷歌人与一位同事组成互帮互助组。
- 帮助谷歌新人建立社交网络。
- 谷歌新人来公司后的前6个月，每月进行一次上岗情况检查。
- 鼓励畅所欲言。

如氧气项目一样，通过这些行动我也看到了切实的效率提升。采用了电子邮件中给出的行动建议的经理，他们手下的谷歌新人达到全效工作状态比同伴快25%，省下了整整一个月的学习时间。这些行动能带来如此深远的影响着实令我大吃一惊。简单的一封电子邮件怎么可能带来这么大的影响？

结果显示，检查清单确实有效，即使这份清单简单得有些傲慢也一样有效。我们都是人，总有些时候忘记一些最基本的事情。我们在第八章提到过的阿图·葛文德曾整理了一份外科手术安全检查清单，最开始的一项为"病人身份确认、地点（病人即将做手术的场所）、流程和同意书"，[215]整个检查清单共有19项。2007年和2008年，8个国家各有一家医院①共在7728名患者的治疗过程中使用了这份检查清单。结果显示：并发症出现率从11%降低到7%，死亡率几乎下降了一半，即从1.5%降低到0.8%。[216]这一结果全都要归功于检查清单。

诚然，我们面临的风险比医院要小很多，没有人会因为糟糕的管理而死亡（尽管灵魂或许会有一些枯萎）。但是简单地将这5个步骤发给公司的经理们是不够的，你必须在恰当的时间发送这份检查清

---

① 这些医院分别位于约旦安曼、新西兰奥克兰、坦桑尼亚伊法卡拉、英国伦敦、菲律宾马尼拉、印度新德里、美国西雅图和加拿大多伦多。

单，使其有意义，易于执行。我们知道这封电子邮件发送得恰是时候，因为是在启动工作前一天晚上发送的。我们知道这封电子邮件是有意义的，因为经理们可能正在忧心该如何带新人。而要使检查清单易于执行，则是一件更复杂的工作。

首先我们必须确认数据可靠，因此我们援引了学术资料、内部研究结果以及这封电子邮件背后的潜在数据。毕竟谷歌人是以数据为导向的。而后，我们需要确保经理有清晰的步骤可循。我们的员工很聪明但又很忙。如果我们能够提供明晰的指示而不是要求他们从无到有创造一些实践方法或内化一种新行为，就可以降低他们的认知负担，同时还可以避免额外的步骤导致他们不执行这些行动。就连美国总统也会削减需要思考的事项总量，以便关注重点。《名利场》的迈克尔·刘易斯解释道："'你会看到，我只穿灰色或蓝色的西装，'奥巴马总统说，'我是在减少需要做出的决定。我不想去决定该吃什么或穿什么，因为我有太多的决定要做。'他提及有研究显示，做决定这项行动本身就会降低一个人做后续决定的能力。正因为如此，购物才会令人精疲力竭。'你需要集中自己的决策能量。你要有一定的程式化，你不能整天都被琐事分心。'"[217]

图12-4是我们建议经理在第一次关键交流时做的事情。我保留了附注标记和超链接，以便你能看到谷歌人真正收到的清单是什么样的。

乍一看，如此事无巨细似乎有点把成人当成孩子了。但是要记住，并非每个人都天生有做经理的本事。告诉经理具体该怎么做，他们就可以划掉待办事项中一项非常烦人的工作。他们需要思考的事情减少了，转而可以专注于行动。最近一位谷歌经理给新员工培训团队

1. 进行一次"角色与责任"的讨论

研究显示,对个人的工作有明晰的理解可以带来更高的工作满意度。[1] 在谷歌,有一项研究发现,对工作期望理解不清晰的新毕业入职员工,第一年离职的概率是清晰了解工作期望的员工的 5 倍。[2] **你可以做些什么?** 在谷歌新人入职的第一周,与他/她进行一次会面。以书面形式列出会议日程效果更佳(模板参见链接)。为你手下的谷歌新人回答以下几个问题:

1)OKR 是什么?你手下的谷歌新人在第一季度的 OKR 应该怎样设定?

2)你手下谷歌新人的角色与谷歌的商业目标如何联系在一起?与团队的目标如何联系在一起?

3)与他/她的第一次绩效管理交谈将在何时进行?他/她的绩效考评结果该如何决定?

图 12-4　谷歌经理与新员工第一次交流前的准备清单
版权归谷歌所有

发来一条简短的感谢便条:"你和你的团队建立的运营方法真是太棒了!那封电子邮件包含了上岗信息,说明了全部工作的要点。真心感谢你们帮助我们把这项工作变得如此简单。"

回到图 12-4:在第一项"角色与责任"讨论中有很多方面。第一行引用了波特兰州立大学教授塔尔雅·鲍尔博士的文献,[218] 她对能使人们开心和高效的因素,以及与你在一份工作的第一体验之间的关系进行了令人叹服的研究。第二行、第三行说明了我们在谷歌也见证过类似的现象,这与当前事项有着极大关联,应该再重复一遍:"对工作期望理解不清晰的新毕业入职员工,第一年离职的概率是清晰了解工作期望的员工的 5 倍。"

之后我们概要列出了具体的步骤：检查清单内部的检查清单（检查清单的"火鸡鸭"[①]！），而后有一个模板链接，那些特别忙或有些懒的人可以直接点击链接，另外还有几个问题可供经理与新员工开启交谈。

余下的 4 项检查清单项目也采用同样的格式。值得注意的是，这些都是为了帮助谷歌新人建立支持网络，培养出清晰交流的习惯。电子邮件包含所有这些内容，总共有一页半，我们认为期待别人阅读注意事项最多也就只能读这么多了，而最后效果也非常不错。

这样一来，新员工经理的问题已经解决，但是新员工本身怎么办呢？关于人们如何融入团队和公司的研究显示，有些员工并不会无所事事地坐在那里等待别人"带他们上道"。他们会到同事、找资源、问问题，组织午餐建立关系网，自己想办法融入团队。展现出这种积极主动且具有前瞻性行为的员工能更快实现全效工作，在文化适应测试中的表现也更好。[219]

作为一项实验，我们在谷歌新人培训中加入了一个 15 分钟的环节，有人会在这段时间内讲授积极主动的益处。为谷歌新人介绍 5 种具体的行动，可以帮助他们找到需要的东西，同时重申这种行为符合谷歌的企业心态：

- 问问题，问很多问题！
- 筹划与经理的一对一定期会面。
- 了解你所在的团队。
- 积极寻求反馈意见，不要等待反馈意见！

[①] 火鸡鸭为火鸡、鸭、鸡各一只，去骨，鸭塞入火鸡腔，鸡塞入鸭腔，最后再塞入玉米青椒填料。

- 接受挑战（敢于冒险，不害怕失败……其他谷歌人会给你支持）。

两周之后，他们收到一封跟进电子邮件，提醒他们这 5 项行动。

与之前的方法一样，这种方法也不是什么复杂的事，对吧？

这是因为，当你为用户设计产品的时候，在能满足预期要求的前提下，你肯定会尽力做出最精巧优雅的产品。如果你希望员工改变行为，就不应该给他们一份 50 页的学术论文，甚至 400 页的书来看。

那么，复杂的地方在哪里呢？在于通过密切观察两端的做法有何不同，识别出引起员工表现超常的一般特性——在该背景下这一特性为积极主动。要解析出一些能够例证积极主动的特定行为集群，便于谷歌人去模仿。要开发出一种方法，将这些行为传递给那些天生并不具备这些素质的人。最后，要评估产生的影响。

我们在第五章中曾介绍过，所有人都认为自己很擅长面试和评估他人，但其实只有极少的人是真正擅长的，我们大部分人都只有平均水平。在管理实践和人力关系的几乎每个方面，我们每个人都认为自己属于顶端的一群人。而且因为我们相信自己，所以会继续根据自己的直觉来设计管理员工的方法。结果是我们持续设计出平均水平的管理体系，产出的结果也仅是平均水平。

好消息是，通过学习可以变得擅长此道，我们只需要加倍注意。

说到这里，这种助推实验产生了怎样的结果呢？

得到助推的谷歌新人相比对照组，要求提供反馈意见的可能性更高，能够更快具备生产力，对自己的表现也有更准确的认识。而那些最需要这方面能力的员工——那些并非天生积极主动的人——相比其他人，在第一个月参与到积极主动行为方面评估的得分要高 15%。

图 12-5 中两条曲线的区别会带来全体员工总生产力 2% 的提升。相当于每聘用 50 个人就免费得到一名员工，放在谷歌就是我们雇佣 5000 个人就免费得到 100 名劳动力。15 分钟的展示和一封电子邮件就能有这样的回报，效果还不错。[220]

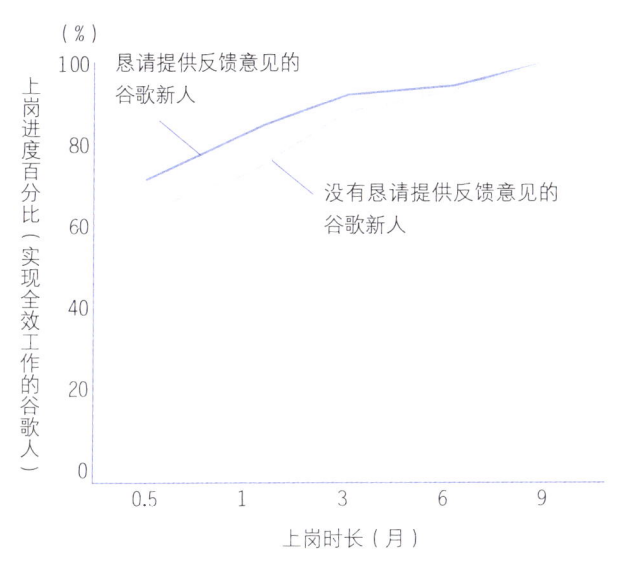

```
(%)
100 ┤        恳请提供反馈意见的
     │        谷歌新人
 80 ┤
     │                没有恳请提供反馈意见的
 60 ┤                谷歌新人
 40 ┤
 20 ┤
  0 ┼────┬─────┬───────┬────────┬────────
     0.5  1      3       6        9
              上岗时长（月）
```
（纵轴：上岗进度百分比（实现全效工作的谷歌人））

图 12-5　谷歌新人中实现全效工作的比例

给谷歌新人一个助推还有一点好处，就是可以成为我们对经理助推的补充。即便经理忘记了检查清单中的某一个步骤，谷歌新人也会提起。我们在此借用了一个名词 poka-yoka，意为"防错"，这是日本在制造业中使用的一个概念，是 20 世纪 60 年代新乡重夫在丰田工作时推行的一种管理方法，[221] 在很多现代化产品中也都有所体现。大多数汽车如果不系安全带，警示铃就会响，提醒你犯了一个错误；当你摘掉耳机时，苹果夹子（iPod Shuffle）就会自动关闭，节省电量；美膳雅（Cuisinart）榨汁机只有在盖子安全锁好之后才会启动，避免伤到你的手指。与之类似,我们也希望在帮助谷歌新人提高生产效率的过程中将错误降到最少,而最好的办法就是在这个流程中的员工和经理两端都设定提醒。

对谷歌新人和经理的助推,结合我们为员工上岗做的其他方面改变,使"实现全效工作的时间"从数月降到数周。

我们面临的另外一项挑战是谷歌人经常报名参加某些学习课程,但最终都无法参加。2012年上半年,我们的缺课率为30%,一面是很多排队等待上课的谷歌人得不到听课的机会,另一面教室里却有一半是空的。我们尝试了4种不同的电子邮件助推,旨在呼吁节制自己的欲望,避免伤害他人(展示等待上课名单上的人员照片,这样得到上课机会的人就能看到如果缺课会伤害到哪些人),也呼吁言行与身份要相符(提醒报名上课的人要像谷歌人的样子——做正确的事情)。这些助推有了双重效果,即缺课率下降,预先取消听课名额的比例也得到提升,我们得以将机会提供给其他谷歌人。然而每一种助推带来的效果各有不同。展示在等待上课名单上的人员提高了10%的出勤率,但是并没有太多人因此取消听课报名。呼吁言行与身份相符对预先取消听课名额有非常大的鼓励效果,提升了7%。从那以后,我们将这些助推融入所有课程的提醒中,由此出勤率得到了更好的保证,等待名单也变短了。

实践证明,助推还有利于改变谷歌的内部规程。鉴于我们在公司内部分享的信息量,对进出大楼的控制显得异常关键。潜入大楼盗取笔记本电脑和电子设备,甚至试图进入公司系统的情况,在硅谷并非没有先例。为了避免类似的事情发生,所有外部大门都需要刷卡进入。但是我们发现公司还有一种礼貌、友好的文化传统,谷歌人会为其他人拉住大门，毕竟这是父母教导我们应该做的事情。我们发送了电子邮件，请员工在为他人拉住门的时候互相检查工牌（通常会夹在腰带上），但是这样做感觉粗鲁且尴尬。员工并没有真正这么做，直到后来我们的安保团队在所有的外部大门上都贴上了图 12-6 所示的提示。

图 12-6　幸亏每一座大楼门外都贴上了这样的警示标志，谷歌人在助推下对园区内的安保问题更加警觉了

这张傻乎乎的卡通告示——或许是因为太傻，或许是因为贴到了每一座大楼门外——打破了僵局。有了这张告示，员工互相要求出示

工牌和检查身份就不会有任何不妥。结果，盗窃和未经授权进入系统的事故发生率明显下降。现在，某人为你拉住门的时候，你会发现他们总会匆匆瞥一眼你的腰部。不要担心，他们只是在查看你的工牌。

助推让员工变得更富有

达特茅斯学院教授史蒂文·文蒂和哈佛大学肯尼迪政治学院教授戴维·怀斯在2000年完成了一篇极好的论文，探究了不同家庭在退休时财富积累水平不同的原因。[222]

收入显然是一个重要因素。赚钱多的家庭相比赚钱少的家庭，经过30年的累积，财富水平更高是合乎情理的。比如，医生通常都比咖啡调配师的最终结余要高。

文蒂和怀斯根据1992年美国社会保障总署（US Social Security Administration）报告的一生收入数据，将家庭分为10个同等规模的小组，他们称作十分位数（deciles）。收入最低10%的家庭为第一个十分位数，第二低的10%为第二个十分位数，依此类推，收入最高10%的家庭为第十个十分位数。报告中第五个十分位数中的家庭一生收入为741587美元，比第一个十分位家庭收入（35848美元）高20倍，不足第十个十分位数家庭收入（1637428美元）的一半（见图12-7）。[223]①

---

① 注意，这些收入数据比较低有几个原因。第一，样本对象为51~61岁的人群，他们中大多数人还能继续赚几年钱，他们的财富也会增长。第二，这段时间内没有收入的人群也计算在内，比如家庭主妇。第三，政府转移性支付的收入未计算在内。比如，大约有10%的美国人口当年接受了联邦政府资助的食物福利，在此项研究中并没有计入收入。第四，在收入高的家庭中，一生的收入有所低估，因为当时只有55500美元以下的收入需要缴纳社会保障税。第五，数据是1992年的，虽然结论不会有变化，但是折算成2014年的数字，所有的数据都要增加69%。

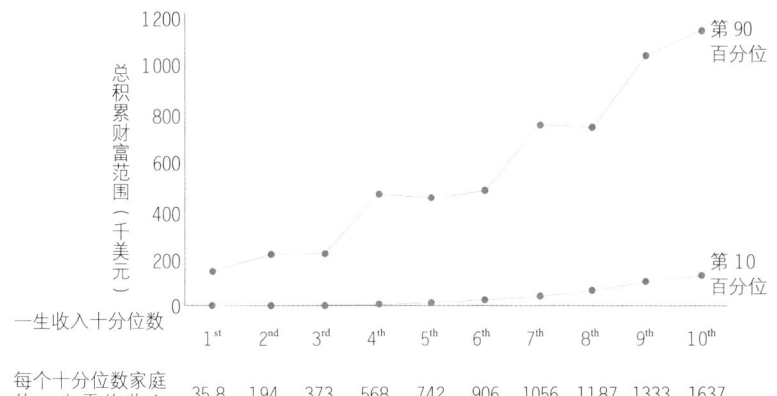

图 12-7 一生收入和财富积累关系图

但是当他们研究同一个十分位数家庭的财富，对比一生收入相当的家庭的财富情况时，发现的结果非常令人震惊。[224]

是的，第五个十分位数中的家庭一生平均收入为 741587 美元，但是他们积累的财富，包括积蓄、投资和房产，则从 15000 美元到 450000 美元不等。换言之，保持收入不变，单看一生收入相当的家庭，财富积累最多的家庭的财富积累是最少家庭的 30 倍。这种财富积累的形态在每一个收入阶层都保持一致。看看图 12-7 中每个十分位数中最高财富积累和最低财富积累的差异。即便是在第一个（或最低）十分位数中，几乎所有的家庭收入都源自政府支持，有些家庭也能积累到 15 万美元的财富。这是一项惊人的成就，需要该收入阶层的人有极强的自律性。

怎么可能会是这样的结果？是不是有些家庭更擅长投资？是因为他们的家庭成员数量更少，或者继承了一笔意外之财？更多的财富积累更多的家庭是由于他们更愿意冒险，在风险投资上下了赌注，因此有更高的收益？那些积累财富较少的家庭是因为有人不幸患病，需要很多医疗花费吗？他们吃得很奢侈吗？

不是。这些都不是主要影响因素。

文蒂和怀斯解释称："大多数的财富分布都取决于选择，有些人年轻时就节省，有些人则不。"[225] 斯坦福大学教授道格拉斯·伯恩海姆与同事研究了相关问题并得出结论，家庭"在坚持自律，遏制花掉当前收入的能力方面有所不同"。[226]

我最初读到这个结论的时候还有些怀疑，因为看起来实在是太明显了。积累更多财富的秘密仅仅是因为年轻时积蓄了更多的钱吗？然而，即使是在最低收入水平的一组中，研究者掌握了随机获取的意外财富和困扰我们所有人的悲剧事件之后，有些家庭仍然能够积累不成比例的财富。

伯恩海姆给了我们一点线索，说明了其中的原因："比如，如果家庭按照经验法则决定在退休前开始储蓄，那么本文中所记录的财富累积结果将可能实现。"换言之，很多家庭在储蓄方面倾向于遵循本能，研究的结论仍然适用。①

因此，为了提升早年的积蓄——退休时财富积累的最重要决定

---

① 用一个脚注来解释这一点似乎稍显不足。你在年轻时积累的资金对积累财富量的影响非常惊人，甚至有些违背人的直觉。一方面，假设你从25岁制订了55岁退休的计划，开始攒钱，同时每年有8%的投资收益。要在这段时间内积累15万美元的财富，你需要每月储蓄110美元。但是如果你每月的储蓄能增加到180美元，那么要实现预定目标只需要10年的时间。另一方面，如果你等到45岁才开始攒钱，每个月就需要储蓄460美元，才能累积到15万美元。这里的经验在于要尽早开始攒钱，尽可能多地攒一些，不要碰攒下的积蓄。复利的效果非常巨大。不同的做法会带来安享晚年或根本无法退休的差别。

因素，家庭需要改变现有的一些习惯。在即将发表的一篇论文中，[227]耶鲁大学的詹姆斯·周、宾夕法尼亚大学的凯德·马西、谷歌的詹妮弗·科索斯基和巴克莱银行的艾米丽·海斯利认为，"家庭财富积累的差异有相当大一部分原因是个人在生活中接触到的有关积蓄财富的暗示有所不同"。也就是说，所得信息的细小差别可能会引起人们行为的巨大差异。

为了验证这个观点，詹妮弗、周和马西合作进行了一项实验，目标是利用小的助推帮助谷歌人增加退休财富。

在美国，我们为员工提供了一份 401（k）退休计划①。2013 年，美国国内税收法规（Internal Revenue Code）规定，允许员工积蓄上限 17500 美元的钱，直到退休之后再付税。谷歌决定与员工各出 50%，由公司为每位谷歌人的退休基金投入最高 8750 美元的免税资金。

然而，并不是所有人都参加了这个项目。说句公道话，并非所有人都有 17500 美元的余钱存下来。即便是有这么多钱的人，也不是每个人都想参加这个项目。

传统观点认为，这种现象是由于人们需要付账单或是更喜欢将钱用在喜欢的商品上，或仅仅是因为退休离现在还远。但是如果研究结果是正确的，真正的原因并非这些因素。这种现象的出现仅仅由于要适时地做助推。

2009 年，5000 多名尚未投入最大限额且未准备如此做的谷歌人收到一封电子邮件，记录了他们年内迄今在 401（k）计划中投入的资金金额，同时还附注了下述 4 条信息之一：

---

① 401（k）计划的名称取自美国 1978 年《国内收入法》中的第 401 条 k 项条款。它是美国一种特殊的退休储蓄计划，因可以享受税收优惠而广受欢迎。——译者注

- 关于401（k）项目的基本提醒，作为我们研究的对照组。
- 与第一条相同，但是附加了投入增长1%的收入说明。
- 与第一条相同，但是附加了投入增长10%的收入说明。
- 与第一条相同，但同时还提醒他们可以在任何一次发工资的时候投入不超过60%的收入，以便赶上限额。

我们没有想到的是，每一封电子邮件都激发出一些反应。不论收到了哪一封电子邮件，收到电子邮件的谷歌人中有27%调整了投入比例，平均存款比例从8.7%提升到11.5%。假定有8%的年化收益率，一年的投入将为这些谷歌人带来总额3200万美元的退休金。假设他们一直在谷歌工作，而且每年都按照这种比例投入，这些谷歌人退休时每人在401（k）项目中都将多出262000美元。结果更好的地方在于，投入比例最低的一些人的存款比例提升最多，相比对照组的提升要高出60%。正如一位谷歌人写的："谢谢你们！我根本就不知道自己存下来的钱那么少！"

从此以后，每年我们都会发送这样的助推邮件，不断调整，进一步增加谷歌人的存款金额。每年，谷歌人都会存入更多钱。

助推本身不需要花太多钱，虽然助推的结果使我们要不断匹配员工的退休金投入，这带来了不小的费用。即便如此，这些钱也是我们愿意花的。

芝加哥大学教授理查德·泰勒和加州大学洛杉矶分校教授什洛莫·贝纳茨进行过一系列更微妙的实验。[228] 他们为三家公司——一家未提及名字的中等规模制造企业、一家名为伊斯帕特内陆（Ispat Inland）的中西部地区钢厂和飞利浦电子公司的两个部门——的员工提供一次机会，可以预先将未来的部分加薪分配到退休储蓄金中。这项名叫"明日多储蓄"（Save More Tomorrow™）[229]的项目有 4 个特点：

- 提议员工在预定加薪之前很久，预先决定提升退休金投入。
- 投入变化从加薪后的第一次发薪水时开始。
- 每次预定加薪时增加退休金投入，直到达到预设限额。
- 员工随时都可以选择退出。

此后的 4 次加薪周期中，获邀的员工中有 78% 加入了项目。所有加入项目的人中有 80% 坚持了下来。在 40 个月的时间里，平均储蓄比例从 3.5% 提升到 13.6%。

这是一个非常引人注目的结果，而且这些公司的背景与谷歌大有不同，使这样的结果更为难得。这几家都是传统型公司，员工也都是传统型劳动力，能够产生如此深远的影响非常令人鼓舞和安心，也再次验证了研究成果。上述几种干预实验说明，提高储蓄投入，使员工更好地做好退休准备的工作是大多数组织都力所能及的。需要做的只是一点点助推。

助推让员工更健康

2013 年，人力资源主管托德·卡里塞对圣弗朗西斯科联邦俱乐部的一些人说，终极的招聘宣传口号将是"来谷歌工作，享长寿人生"。

他并不是在开玩笑。[230]

作为"优化你的生活"项目的一部分,我们多年来一直在尝试各种方法,提升谷歌人的生活质量和寿命。

由于为谷歌人提供免费的餐饮和零食,我们得以有一个得天独厚的条件,可以检验学术研究中的一些见解能否用于现实世界中。食物主要从两处获取:餐厅,通常每天供应两餐(早餐和午餐或是午餐和晚餐);储存有饮料(苏打水、果汁、茶、咖啡等)和零食(干果、新鲜水果、饼干、薯条、黑巧克力、糖果等)的微型自助小厨房。

根据每一家分部的规模,我们可能设置现场的健身房、医生、脊椎按摩师、物理理疗师、健身教练、健身(瑜伽或舞蹈)课程、体育场馆,甚至还可能设置保龄球道。医疗服务和健身教练的价钱与公司外一样,但是课程和设施供所有人免费使用。我们在其中很多方面都进行过实验,但是此处主要关注几项与食物相关的实验结果。

我们当然都在食物方面有很多经验,但是同时面对食物的表现又提供了一种非常简单、原始的证据,展现了我们的直觉如何压倒理性思维。从食物相关实验中得到的大多数见解都直接转化成更广范围的问题,比如,我们周围的物理空间如何塑造我们的行为,我们的决定中有多少是在无意中做出的,以及微小的助推能够产生多大的影响。

我强调食物的另外一个原因是日常饮食在美国是影响健康和寿命的最重要可控因素之一。全美有超过1/3的成人属于肥胖人群,根据美国疾病控制中心的定义,他们的身体质量指数(BMI)为30或更高,[231]由此每年在医疗服务方面的花费大约为1500亿美元。[232]算上超重人群(BMI为25~29.9),总数占美国人口的69%。BMI是衡量一个人体重和身高关系的一种数据。不管怎么说,BMI都算不上一种完美的衡量标准。比如,肌肉超常发达的人的BMI可能显示为超重,而实际上只是因为肌肉比其他身体组织的密度更大。但是 BMI 是一种易于计算的数据，可以作为起点。如果你想要检查一下自己的数值，网上很容易找到 BMI 计算器。

管理你的健康，特别是控制体重，具有所有不可能完成任务的特征。结果显现很慢且难以观察，因此你得到的积极反馈极为有限。这需要持久的毅力，而我们所有人的毅力都是有限的。[233] 我们还一直受到社会压力和鼓励我们摄入更多的信息轰炸。我在麦肯锡工作的时候，罗博·罗希罗是康涅狄格州斯坦福德分部的负责人，他说英语中最赚钱的一句话是"你还要配点儿薯条吗"。

这不是一本介绍瘦身的书，我也远远算不上健康和营养方面的专家，但是我们在谷歌推行的技巧帮助我在两年的时间里减掉了 30 磅（约 13.6 千克），并保持了下来。即使你们的办公场所没有餐厅，或许也会有一间休息室，或自动售卖机，或一台迷你冰箱。而且你家里肯定有一个厨房。或许我们学到的经验也可以帮到你。

我们决定尝试三种类型的干预：① 一种是提供信息以便员工做出更好的食物选择，一种是仅提供健康食物选择，还有一种就是助推。三种干预中，助推是最有效的。

其中一项研究测试了惊吓的引导标志是否会减少含糖饮料的摄入。这种做法的灵感源自加拿大滑铁卢大学的戴维·哈蒙德教授的研究。[234] 2000 年 9 月起，加拿大的香烟包装盒上都必须加上健康警示，

---

① 要注意我们的实验并非完美无瑕。提供免费食物通常会因此过度摄入，至少在新鲜感褪去之前如此。食物的持续供应和易于获取也很容易导致过度摄入。此外，谷歌人也不是我们生活地区的典型代表。但是我们采用的方法与你在同行评议的文献中能够找到的内容一样严谨，且有数据证明其可靠性。

配以吸烟危害的图片展示和粗体文字，在包装侧面可见（见图 12-8）。哈蒙德对 432 名烟民进行了调查，研究这些标志在三个月时间里对他们吸烟习惯产生的影响。19% 的烟民称因为警示而减少了吸烟。看过这些标志之后产生恐惧（44%）或厌恶（58%）的烟民减少吸烟或戒烟的可能性更高。

图 12-8　加拿大香烟盒上的惊吓引导标志
感谢加拿大滑铁卢大学的戴维·哈蒙德教授提供照片

尽管苏打水和香烟的危害远远不能相提并论，但是我们想是否可以采用相似的方式，降低含糖饮料的摄入量（见图 12-9）。

我将这些标志贴在某个分部的微型小厨房中，然后对标志贴出前后两周的含糖饮料消耗量进行了监控。这些标志并未产生任何特别的影响，或许是因为标志不够警醒，或许是因为苏打水的品牌效应强于每年增加 10 磅体重带来的冲击，或许是因为其中的风险要低于吸烟。

如果一年每个工作日你都要喝一听苏打水：

每听 140 卡路里
× 260 个工作日
= 每年 364000 卡路里

3500 多余的卡路里
=1 磅体重（约 0.5 千克）

你自己做做算术！
* 如果你不愿意做算术，我告诉你，相当于每年增加 10 磅（约 4.5 千克）体重。

图 12-9　我们在苏打水实验中使用的惊吓标志样例
版权归谷歌所有

我们还尝试在餐厅中用不同的色彩分类食物，红色标签代表不健康食物，绿色标签代表健康食物。谷歌人告诉我们，这种做法值得赞赏，但是并没有带来摄入量的可观变化。这与卡内基·梅隆大学副研究员朱莉·唐斯和我们人力分析团队成员杰西卡·威兹德姆博士的发现相一致，他们研究了位于曼哈顿和布鲁克林的两家麦当劳店内公布卡路里信息是否会影响消费，结论是不会。[235] 单独提供信息不足以改变行为，即便他们看到 10 块装的麦辣鸡翅含 960 卡路里的热量，几乎与两份大薯条相当，消费者的消费习惯也不会产生变化。[236]

如果单独提供信息不足以产生影响，那么我们减少选择范围，只提供健康选择会怎样呢？我发现反对助推的人对此种方式心怀恐惧。减少选择同时还有违我们的民主风气，但是我们又希望响应那些热心帮助人们变得更健康的谷歌人。

减少选择的效果并不是太好。

我们的"无肉周一"(Meatless Monday)试验,在两处餐厅停止供应陆地动物肉类,并持续了一个月的时间。其中一家餐厅的就餐者减少,员工躲开这家餐厅的首要原因是不愿意他人为自己做选择。过程中还有非常强烈的反应,我们将在下一章中探讨。

谷歌人还告诉我们,他们珍视多种选择。在6处微型小厨房范围内进行的调查评论中,有58%支持更健康的食物,但是必须在提供现有食物的基础上做补充。谷歌人愿意吃得更健康,但是不愿意因此放弃选择的机会。

至此,我们了解到员工喜欢更多的选择和信息,但是行为并没有任何变化。因此我们转向使用助推,对环境结构进行细微调整,同时也不限制选择。

这个办法是受哈佛大学经济学教授戴维·莱布森的一篇文章启发。在论文《消费的暗示理论》中,[237] 他通过数学方式阐释了我们所处环境中暗示对消费的影响。我们饿了的时候肯定会吃东西,但是有时我们吃东西只是因为到了午餐时间,或是因为周围的人都在吃东西。如果我们消除一些引导吃东西的暗示会怎样呢?

我们不收走甜食,而是将更健康的零食放在开放的柜台上,抬眼可以看见,伸手可以拿到,更容易获取,也更吸引人。将放纵自己才该吃的零食放在底层的货架上或不透明的容器里。

在科罗拉多州博尔德分部,我们测量了两周时间里微型小厨房的零食消耗量,以此作为基准线,然后将所有的糖果放进不透明的柜子里。尽管容器上贴了标签,但是从外面看不到色彩鲜艳的糖纸。谷歌人都是普通人,喜欢糖果要多于水果,但是如果我们使糖果不那么容易见到且更难获取会怎样呢?

结果令我们大吃一惊。随着人们选择更显眼的格兰诺拉燕麦卷、薯条和水果,通过糖果摄入的卡路里减少了30%,脂肪摄入减少了40%。受这项结果的鼓舞,我们在拥有2000多名谷歌人的纽约分部也尝试了同样的方法。水果干和坚果等健康零食放在玻璃容器中,甜点则藏在彩色的容器中。7周之后,纽约分部的谷歌人吃掉的卡路里减少了310万(3100000!),足足减少了相当于885磅(约400千克)体重的摄入。

我们又回到餐厅,查看类似的助推是否能够改变饮食行为。经过一系列的研究,康奈尔大学的布莱恩·文森克和佐治亚理工学院的薛尔特·范伊特苏姆阐释了餐盘的尺寸对食物的摄入量有极大的影响。[238] 他们利用德勃夫大小错觉(Delboeuf illusion)的概念对这个问题进行了很好的阐释,德勃夫大小错觉的概念由比利时哲学家和数学家约瑟夫·德勃夫在19世纪60年代末期提出。德勃夫大小错觉看起来如图12-10所示。[239]

图1中黑色圆点的大小是一样的,还是一个大于另一个?图2呢?

图1中,尽管左边的黑色圆点看起来更大一些,但其实两个黑色圆点的大小是一样的。图2中,虽然两个黑色圆点看起来大小一样,但是右边的黑色圆点要大20%。现在假定白圈为盘子,黑色圆点是食物。

结果证明就是眼见为实。我们的评估显示,员工吃多少以及何时算吃饱受餐盘的影响非常大。盘子越大,我们吃得越多,就越难有吃饱的感觉。

图1

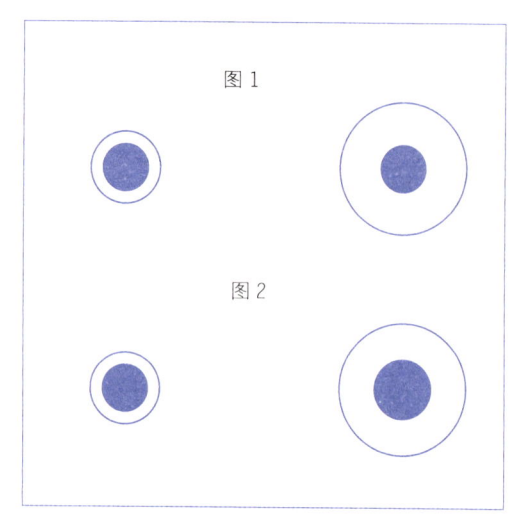

图2

图 12-10 德勃夫大小错觉模型图解

专家们展示了 6 项研究，其中一项研究了健康夏令营的早餐。研究对象是超重的青少年，这些青少年已经学过如何做成分控制和摄入监控。算是专家了，对吧？

实际上远远算不上专家。麦片碗小一点的孩子比使用大碗的孩子不仅摄入量减少了 16%，而且认为自己比用大碗的孩子多摄入了 8%。尽管他们已经学过如何衡量和控制摄入，但其实他们吃得更少，却更满足。

另外一项研究在一个纯中式自助餐馆中进行，就餐者可以选择餐盘的大小，文森克和南伊利诺伊州立大学的满清水对这些就餐者进行了观察。使用大餐盘和小餐盘的两拨就餐者在各方面都相当，如性别比例、大体年龄、大体 BMI 以及吃自助餐的次数都没有明显的不同。读到这里，你应该不会奇怪选择大餐盘的人吃得更多，其实多了 52%，而且他们还浪费了 135% 的食物，有一部分原因是盘子大，能够盛更多的食物，结果他们在餐盘中剩下了更多的食物。

这些发现非常耐人寻味，于是我们决定在谷歌展开类似的实验。我们的首要目标是提升谷歌人的健康水平，同时鉴于我们的餐厅是自助式的，我们也希望能够减少浪费。

但是学术研究的样本太小，而且与我们的员工队伍差异太大：夏令营的139名青少年和中餐馆的43名就餐者。这样的研究结果在数千名谷歌人身上行得通吗？

我们选择了一家餐厅，用9英寸（约23厘米）盘子替换了标准的12英寸（约30厘米）盘子。不出所料，与其他做出改变但没有提供选择的案例一样，谷歌人有些生气。"现在我要起身两次才能吃完午饭了。"其中一个人抱怨道。

而后，我们重新引入了选择，提供了大小两种盘子。抱怨停止了。大约有21%的谷歌人开始使用小盘子。有进步！

然后我们补充了信息。我们张贴了海报，在餐桌上放上信息卡，引用了之前的研究成果：用小餐盘进餐的人平均摄入卡路里更低，而且满足感不变。选用小餐盘的谷歌人增加到32%，只有极少数人需要第二次取餐。

实验结果怎样呢？那一周，我们在那家餐厅供应了3500多份午餐，总摄入量降低了5%，浪费量降低了18%。买几个新盘子的成本换来这样的回报，相当划算。

精心设计，用心设计

助推是实现团队和组织提升的强有力机制，而且非常方便实验，可以先在小范围群体中测试，再调整实验结果。英国首相戴维·卡梅伦在 2010 年建立起助推小组，通过发送过期税单提醒和粗体的"要么交税，要么丢掉造车权"标签以及一张汽车照片，将汽车税的征收状况提升了 30%。这个小组还将以往电子邮件通知罚款的方式改为短信通知，使法院罚款的收回率提升了 33%。2011 年，他们用阁楼清洁补贴取代了原来的阁楼隔热补贴；如果阁楼后续将做隔热处理，那么政府将提供清理杂物的优惠。这种政策之下，百姓的花费更高了，但是采用率是原来的 3 倍。[240]

根据斯普林菲尔德学院布里顿·布鲁尔的研究，进行身体康复的人中 60% 无法坚持完成整个项目或不能完全按照恢复计划进行恢复训练。[241] 圣弗朗西斯科湾区的一个身体康复中心 PhysioFit，进行康复训练的人按照计划坚持下来的比例相对高一些。他们采用了哪些特别的方法呢？他们会向所有患者发送短信："PhysioFit 身体康复和健康中心请求为您发送短信提醒。回复'Y'参与。"患者可以收到短信提醒他们的康复预约，并每天提醒他们在家进行理疗。这一方法简单、免费而且有效。

理查德·泰勒介绍了伊利诺伊州对器官捐赠者注册管理上的一点改变。[242] 在大多数州里，就如伊利诺伊州在 2006 年前一样，在更新驾照的时候，你需要勾选一些选项框或填一张表，说明如果你不幸去世且他人有需要，你愿意捐献自己的器官。大约有 38% 的美国司机选择注册成为器官捐献者。伊利诺伊州将这项工作变得稍微简单了一些。你在换驾照的时候会被问及："你希望成为一名器官捐献者吗？"他们不需要等你签字报名，而是直接问你。三年之后，伊利诺伊州的器官捐献者注册率达到了 60%。奥地利的司机拿驾照时必须决定不参加器官捐献（否则视为参加），他们的器官捐献参与率达到99.98%。法国、匈牙利、波兰和葡萄牙也都是如此。[243] 正如休谟所述，当前"是"的情况或许并非"应是"。有时，只需一点点助推就能达到效果。

归根结底，我们既不是完全理性的，也不是永恒不变的。我们会受无数小的信号影响，助推我们从一个方向走向另外一个方向，而助推的背后通常没有任何深层的意图。组织决定如何构建工作环境、团队和流程，所有这些决定都助推我们开放或保守、健康或生病、快乐或悲伤。

不管你在一家大型组织还是小型组织工作，你对于自己创造的环境都可以进行深度思考。我们的目标是助推谷歌人向着心向往之的方向前行，使他们的生活更好，过程中不剥夺他们选择的权利，但要使他们更容易做出正确的选择。

谷歌工作法则

- 区分"是"和"应是"的不同。
- 进行许多小的实验。
- 助推，不要硬推。

第十三章 谷歌的教训

危机是塑造影响力的机遇。放下一切工作,处理危机。

乔纳森·罗森伯格　谷歌产品高级副总裁

多年来，有数十位具有怀疑精神的高管对我说过，谷歌的一切太美好，听起来不真实。你们不可能对员工彻底开放，因为有人会将你们的计划泄露给竞争对手。如果你们在公司运营方面给员工话语权，他们最后会做一些管理层不希望看到的事情。你们为他们做了好事他们也不会心怀感激，这样的成本太高了。

这些论点确实有几分道理。

任何想法走了极端都会变得愚蠢可笑。律师小泽卡赖亚·查菲在100多年前写下这样一段话："你有挥舞手臂的自由，但这自由必须止于他人的鼻端。"[244]第一次世界大战期间，在评估美国言论自由的限制时，查菲辩称："利益有个人利益和社会利益之分，二者必须加以平衡，如果二者冲突，也好决定哪一方的利益在这种环境下应牺牲，哪一方的利益应保护。"

谷歌面临一种管理困境，这种困境是任何以价值观为导向的组织都要面临的，即就"他人的鼻端起于何处"的问题达成共识。而越是那些价值观极为强烈的组织，做出这样的区分越重要。麦肯锡咨询公司的网站将"鼓励担当提出异议的责任"列为公司的核心价值观。[245] 1950 年，马文·鲍尔成为麦肯锡的领导者，他编订和塑造了公司的价值观，使麦肯锡在 50 多年的时间里因有诚信地为客户服务而被人铭记。[246] 多年来，麦肯锡的新员工都会得到他写的一本书，这本书只在内部发行，名为《麦肯锡之我见》（Perspective on McKinsey）。1999 年我加入的时候，这本书已经不再向新员工发放，不过我还是在别人的办公室里找到了一本。我详细阅读了公司的早期历史以及塑造了公司职业道德的核心理念。每一位员工都承担着提出异议的责任，当他们认为一种想法是不好的、错误的、会对客户或公司带来损害时，应该大声说出来。

大约一年之后，我为一家媒体客户做咨询服务，他们的企业并购计划已经被证实是非常失败的。这个客户请我们推荐一种方法，以更好地建立风险投资业务。数据非常明显，除了英特尔投资等少数几个知名的案例，大多数公司风险投资业务都是失败的。他们缺乏专业能力，目标不明晰，偏离最有利可图的领域太远。我对高级合伙人说这是个糟糕的想法，我向他展示了数据。我解释说，几乎没有任何此类成功的案例，而且硅谷外方圆数千英里由缺乏技术背景的人管理的公司尚未找到成功先例。

他对我说，客户问的是如何建立，而不是能否建立，我应该关注如何回答客户的问题。

或许他是对的；或许他对这个问题有些高见，能够胜过我的数据；或许他已经与客户进行过争辩，但是被客户驳回。

但是在我看来，我的努力失败了。我以为提出异议的责任要求我毫无保留地说出想法，因此看到我关切的问题被晾到一旁，越发令人心痛。公司越是大力宣扬其价值观，我与同事就越是感觉他们宣扬的价值观与实际的价值观之间存在脱节。

我并不是说麦肯锡是个糟糕的地方，相反，这是一家非常了不起的公司。我亲眼见证了麦肯锡严格的操守，不惜一切关注客户的利益，给予每个层面的人同样的尊重和协作，这一切至今都令我怀念。这是一家极好的公司，是非常好的训练场地，但是那个时刻的经历一直困扰着我，因为在一种如此关注价值观的环境下，即便是极小的妥协也会令组织中的人感觉极为不安。

谷歌也面临着同样的挑战。

我们都在谈论价值观，谈论得很多，而且我们每天都要面对新的状况，检验着这些价值观。我们要对员工、用户、合作伙伴和全世界负责。我们立志自始至终都要做出正确的决定，但是最后我们成为一家 5 万人聚合而成的企业。有时这些人中会有一些人犯错误，有时我们作为领导者也会犯错误。我们还远远算不上完美。

对于公司的考验，以及对我在本书中宣扬的管理方式的考验，并非在于能否创造完美，而在于我们能否坚守公司的价值观，即便在考验面前也能继续做正确的事情，还在于我们能否安然应对这些挑战，实现全体谷歌人都恪守的信念。

信息透明的代价

我在谷歌上任没多久就经历了管理层在公司价值观方面的考验。我第一次参加 TGIF，会议开始后埃里克·施密特站在台上，指着投影在他身后墙上的一张10英尺（约3米）高的设计图说："这是Google Mini 的设计图。"他向我们展示了谷歌早期这款硬件产品的内部工作原理：你可以买下这种产品，然后将其插入网络中，你立刻就能拥有自己版本的谷歌搜索，还可以在公司内网上运行。

会议室中有数百名谷歌人，还有三四十名刚刚度过在谷歌第一周的新人，我就是谷歌新人中的一员，我们都不知道接下来会发生什么。

"这些设计图被泄露给了其他公司，我们找出了泄露秘密的人，他现在已经被开除了。"埃里克解释说，我们认为每个人都能了解其他人在做什么的公司能够更好地运转，因此我们才在对外公开之前在内部分享那么多的信息。也是出于这个原因他才在那天与我们所有人分享了产品的设计图，他宣称信任我们所有人能够保守秘密。显然，如果你辜负了他的信任，第二天就只能拎包走人。

因此外界的批评从原则上来讲是对的，但在实践中却并非如此。每年我们都要遭受一次重大的信息泄露，每一次都要进行一次调查，而且每一次信息泄露不管是刻意而为还是意外事故，不管是出于善意还是恶意，当事人都会被解雇。我们不会宣布泄露信息的人是谁，但是我们会让公司里的所有人都知道泄露的信息是什么，以及后果怎样。很多人了解到很多信息，不可避免地总有几个人会搞砸，但这样是值得的，因为泄露信息造成的损失相比我们享受的开放性而言并不算重大。

摒弃应得权利

应得权利，即因为你得到某些东西就认为那是应得的一种观念，也是我们经营公司所面临的另外一种风险。从某种意义上讲，这是不可避免的。我们从生理上和心理上都想要适应新的体验。人们能迅速习惯提供给自己的东西，然后这些就成为期待的基准而不再会被视作美好和令人愉悦的事情。这样会使期望螺旋式提高，幸福感螺旋式下降。这也是我愿意带一些新客人，特别是孩子来谷歌的原因之一。人们很容易就会忘记每天享受免费的餐食佳肴是多么非比寻常，但是看到一个孩子发现自己可以尝遍每一种甜点时眼中闪烁着喜悦的光芒时，你又会有怎样的感觉呢？

这一点永远不会过时。

我加入谷歌的时候负责餐厅工作，能与昆汀·托平、马克·拉西奇、斯科特·詹巴斯蒂亚尼、布莱恩·马丁利和杰夫·弗雷伯格这些天赋异禀的大厨共事，与负责员工福利之外还带领餐厅团队的苏·伍斯里奇合作，是非常愉悦的一件事情。

但是到 2010 年，餐厅在很少却可憎的一部分谷歌人眼中成为一种应得权利。他们不仅在公司里吃东西，还开始打包食物带回家。有一天下午，我发现一名员工吃完午餐后在汽车后备厢里放了 4 个打包盒（这不禁使我想到：放在后备厢里 6 个小时的食物再拿出来吃真的健康吗？）。另外还有一名员工在周五下午被逮到往背包里塞水和格兰诺拉燕麦卷。因为他周六要去徒步，想要为朋友带上足够的食物和水。有一名谷歌人因为我们换成小餐盘而勃然大怒，她在邮件中写道，自己开始乱扔叉子，以这种奇怪的方式表达抗议。餐厅厨师说有些谷歌人甚至在得到服务之后将食物扔向餐厅工作人员。

压垮骆驼的最后一根稻草是"无肉周一"活动。

我在第十二章曾提到过"无肉周一"活动，该活动由"周一活动"（Monday Campaigns）和约翰·霍普金斯彭博公共健康学院共同发起。

该活动鼓励人们在周一远离肉食，以此改善健康状况，消费那些资源消耗更少的食物。2010年9月，我们20多家餐厅中有两家在周一停止供应陆地动物肉类，不过还会提供鱼类。我们在9月的几个周一对这两家餐厅的就餐人数进行了跟踪，与8月的情况做了对比；同时我们还对在这两家无肉周一餐厅和两家对照餐厅里就餐的谷歌人进行了调查；另外还进行了线上调查。有些人认为素食很好，有些人则不认同。

我们山景城办公室的一些直言不讳的谷歌人有些生气，组织了一系列热烈的讨论，还举行了一次抗议烧烤。他们的愤怒一部分是由于餐厅里的食物选择减少，还有一部分是由于他们认为谷歌在强行推销一些理念：摄入肉类是不健康的。

组织抗议烧烤并没有什么错，这是一种有趣、聪明且切中要点的批评方式。但这件事有点儿有趣的转折，至少有一名"抗议者"不仅向厨师借烤架，还问能不能要点儿肉来烤。当然，我们在加利福尼亚山景城的总部马路对面就有一家In-N-Out汉堡店和许多餐馆，因此，如果你愿意花钱吃午餐，有很多可以吃肉的选择。

那个月的月末，我们收集"无肉周一"的反馈意见。少数抱怨应得权利受损的人渐增，而我则在TGIF的台上与众人分享了我们观察到的现象。我告诉谷歌人有人洗劫了微型小厨房，有几个暴躁的员工对我们辛勤工作的厨房员工有不敬举动，有些谷歌人扔了叉子。我还分享了一个谷歌人写的匿名反馈意见：

> 不要对我的生活指手画脚。如果你们不想提供传统的食物福利，那就关掉所有的餐厅……真的，不要再搞这些屁事儿，否则我就跳槽去微软、推特或脸书，在那些地方没人会乱搞我们。

会议室里鸦雀无声。

一直沉默的大多数谷歌人以前并没有注意到有这种事情发生，此时他们惊呆了。很快他们也参与其中，发了数百封电子邮件，在TGIF上发言，还有一些对餐厅团队表达感谢和支持的便条。其中也有一些声音明智地提醒我们要心怀善意但也要提防坏人，就连扔叉子的那个人也澄清自己不是心怀恶意。当然。

没有人被解雇，但是滥用权利的情况得到了缓和，员工的习惯发生了转变。

像我们这样的一个体系，依靠员工的善意，秉承无罪推定，经常会受到坏人的影响。我的那段公开声明，经由同事们惊愕的回答加以强化，使一切更加透明，使谷歌人能够普遍接受互相助推。现在你要一下打包4个餐盒就会得到温柔的"你一定饿坏了"的招呼，而周五往背包里塞零食的人则会被投以蔑视的目光。①

另外一种应对这种习惯化挑战的方法是，一旦最初提供福利的原

---

① 应得权利的问题不仅仅是科技行业和谷歌的独有问题。我在硅谷见过的大多数人都体贴周到，但是他们当中也有真正的浑蛋——韦恩·罗辛会很高兴砸烂他们汽车挡风玻璃，他们总想从充满活力的社区中孤立出来。特别是在圣弗朗西斯科，大量科技公司的涌入推高了租金，有些人辩称，这些公司为员工提供餐食和交通服务的趋势造成地方企业失去了客流量和顾客。一家创业公司的创始人在博客上发布了一篇名为《我恨你的10件事：圣弗朗西斯科版》的文章，成为引发人们失望的导火索。这篇文章理应受到人们的谴责，他在文章中细数了对这个行业的所有负面偏见。

我们在谷歌也并非一直都行事正确，但是一直都在努力做一个好邻居。我们参加志愿活动，为当地学校和非营利组织提供财务支持，餐厅里的食材也尽可能从当地采购。过去的几年里，我们为湾区的非营利组织捐献了6000万美元，投入了数十万小时的谷歌人时间做志愿活动。

同时我们对焦点之外的一些领域也有所关注。比如，从2013年起，我们与数据中心附近的南加州伯克利郡学区合作，帮助他们招募和输送计算机科学及数学教员，帮助1200多名学生了解了这个领域，促使他们对这个领域产生了兴趣。

因消失，不要害怕取消福利。比如，2005年我们为购买混合动力汽车的员工提供了5000美元的返现。丰田普锐斯刚刚以试验车的形式上市，但是我们希望鼓励员工要承担起环保责任，同时，因为混合动力汽车在高速路上可以使用交通高峰期专用通道，我们想要降低持续增长的员工数量对当地社区带来的交通影响。同期一辆普锐斯比同档次的车要贵5000美元左右。

三年之后，我们在10月宣布年底将取消这项福利。混合动力车已经成为主流产品，价格也与普通车相当，此时继续这个项目无异于给丰田补贴，而且我们找不出任何证据证明这项福利能够帮助吸引或留住员工。谷歌人对这个变化非常失望，因为经过短短几年的时间，他们已经认为这项福利是他们的应得权利。取消这项福利提醒了员工，我们是出于某些特定的原因才提供福利和额外津贴的，当这些特定的原因不再存在，我们就会对福利做出调整。与此同时，为了缓和冲击，我解释称公司将提高在401（k）项目中的投入。

不过我确实从当地普锐斯经销商那里了解到，恰在我们准备取消这项福利前的12月份，谷歌人的普锐斯订购量增至三倍。

一次失败的绩效管理变革[247]

每一次我们对谷歌的绩效管理体系做出改变的时候，都会遭遇两个不证自明的真理：

第一，没人喜欢当下的体系。

第二，没人喜欢改变当下体系的提议。

我们过去在12月开始年度绩效考评流程。这是一项浩大的工作：

公司里的每个人都会收到同事和经理的反馈意见，不同的经理群体会给出绩效考评成绩并进行校准，最后依照绩效考评结果决定奖金分配，一切以此为终。

我们的销售团队不喜欢这个时间。12月是一年最后一个季度的最后一个月，他们正在竭尽全力完成销售任务。另有一些谷歌人也很讨厌这个时间选择，他们理直气壮地不想用假期的时间写考评材料。

我们问自己，为什么要在年底进行绩效考评？这个时间似乎对所有人都不合适，而这种带有"习俗"意味的方式也使谷歌人更有抗拒感。于是我们决定将年度考评改为3月进行，避开年底的纷乱繁杂期。我先将想法与管理层做了沟通，经过几次讨论，他们对这个建议表示了支持。人力运营团队与他们服务的客户做了沟通，也得到了支持。

2007年6月21日，周四下午5点04分，我向公司的经理邮箱列表（其中包含数千名经理的邮箱）发送了一条消息，预先宣布了这项改变。我写道，周五我将向全公司发送一封电子邮件，正式宣布这项改变。

然后，我们就有了一条"百应话题"，即一封至少有100条转发回复的电子邮件。

在发送这封电子邮件之前，我们询问过数十个人，包括管理高层，请他们提意见并最终达成一致。

现在我们有数千人看到了这项改变，而他们完全不同意。

到下午6点，我给我能干的助理发了一份需要我当晚打电话交谈的40人名单，这份名单是根据他们的反对意见质量以及他们的观点对他人产生多大影响决定的。我给他们每个人打了电话，听取了他们的意见，进行了讨论，关注了他们的核心关注点，尝试了其他方案。经理们不喜欢这个方案的原因五花八门：有些人喜欢提前把大部分工作都做完，这样假期就能放松；有些人在一年的其他时间里更忙，而12月没那么忙；有些人习惯了在分配奖金之前进行一次全面考评的传统，即便会给他们增加很多实质性的工作也不是问题。

我继续打着电话，回复这些电子邮件的时候，有一位非常不高兴的谷歌人在晚上11点55分给我发来一封电子邮件。他写道，我们提出的方案恰恰与工程师想要的背道而驰。

当时已经快到凌晨了，我问他是否方便接电话。

他说可以，于是我们聊了30分钟。

经过一整个晚上，我了解到我们的方案是错误的。的确，管理层同意了这个方案，我得到的报告称各个业务部门也同意这个方案，但是它却是错误的。

第二天，我给经理们发邮件称不会将考评推到3月，而会在10月进行。这样一方面避开了年底的工作压力，另一方面也确保了细节考评在奖金分配计划之前进行。因为考评结束与奖金分配之间还有一段间隔期，因此我们允许经理在谷歌人的表现发生实质变化等极端情况下对考评结果进行调整。

表面看来是一批敢于发声的谷歌人代表整个公司改变了一项方案，但实际上，我们能找到一种更好的解决方案恰恰是因为这些谷歌人敢于发声。面对数千人公开改变政策方向并非易事，但这是正确的做法。

这段经历不仅说明倾听员工心声的重要性，还强调了决策之前要有可靠的意见表达渠道的必要性。最后我们组织了一个名为"金丝雀"（Canaries）的工程师群体，他们的资历各有不同，选择他们一方面是由于他们能够代表不同工程师的观点，另一方面是因为他们具备可靠的沟通能力，可以解释清楚决策的过程和原因。这个群体的命名源自 19 世纪的采矿实践，当时人们会带着金丝雀下煤矿，监测有毒气体的累积浓度。金丝雀对甲烷和二氧化碳的敏感度比人更高，它们窒息而死的时候矿工还不会有问题。金丝雀死掉就意味着撤离的时间到了。与之相类似，我们的"金丝雀"会预先警示工程师的反应，是我们组织人力资源项目的可靠伙伴和顾问。

然而，令我印象最为深刻的是，接到我询问电话的员工对我的举动是那么的尊重和赞赏。乔纳森·罗森伯格曾对我说："危机是塑造影响力的机遇。放下一切工作，处理危机。"调整绩效考评的时间是一个微不足道的危机，但是我放下一切工作，用接下来 8 个小时的时间打电话解决问题，一直到深夜。结果我们找到了一个更好的答案，由受影响最大的员工塑造，而我也获得了更广泛的网络可以寻求咨询建议和帮助。

珍视怪人

总有几位工程师会参加每期的 TGIF。他们坐在最前排，问一些冗长、漫无边际的问题，每周如此。有些新来的员工看到同样的几个人每周五都起身问问题会忍不住翻白眼。

资历较老的一些人了解得更清楚一些。

好问问题的几个人中有一位男子身材瘦削、棕色头发。他举止温和，总是以一种叙事的口吻问问题。"拉里，"他娓娓道来，"最近我听到一则有趣的故事（5分钟的题外话）……于是我想如果谷歌能（5分钟的问题）……？"有些时候问题很古怪，有些时候很有预见性——他早在双重身份验证机制真正实施前就提出了相关问题。[①]

10年后的一天，他退休了。第二周又换作另外一个人在TGIF会议上坐在他的前排座位上。

原来他是资历很老的一位谷歌人。我向埃里克·施密特提及他的离开，埃里克心有戚戚，因为少了这样一些从公司成立之初便跟随谷歌的怪人，我们似乎比以前处境更难了。

确实如此。

创新也需要修剪

还记得Google Lively吗？使用这个产品，你可以在网上制作一个以自己为原型的虚拟化身，在虚拟的建筑和房间里与他人会面。

你一定还记得Google Audio Ads（谷歌推送的广播广告）吧？还有Google Answers，你可以在上面提问，别人的答案如果能令你满意，你就可以给作答人奖励。

这些产品在2006—2009年陆续停用了。过去15年的时间里，谷歌推出了250多种产品，其中大多数我连名字都没有听说过。

毫无限制的自由带来的副作用就是创意如洪水般涌来。除了数百种产品之外，我们还设有一个项目数据库，谷歌人可以在数据库中找

[①] 双重身份验证是指，在密码外，你还需要第二条信息来验证你的身份。比如，你买汽油刷卡的时候，还需要提供家庭邮政编码。与之相类似，如果你打开Gmail的双重认证功能，输入密码之后还需要手机或其他设备生成的一组数字码才能登录。

出数千种 20% 时间项目的记录。我们有一个奇思妙想板块，有 2 万多个想法在该板块发布和讨论。

尽管有大量的活动在火热地进行中，但是我们感觉到公司没有足够的人力将每一件事都做好。有太多有趣的项目在开展，但是几乎没有一个能得到足够的投入，变成真正了不起的产品。

2011 年 7 月，我们的搜索和体系基础架构高级副总裁比尔·卡夫兰贴出一条博客，标题为"有的放矢"（More Wood Behind Fewer Arrows）。他解释称，我们准备关闭谷歌实验室（Google Labs）[248]——用户可以在该网站注册试用一些我们的产品。

幕后还发生了更多的事情。拉里将公司前 200 位左右的领导者召集到一起，解释说我们在同一时间尝试了太多东西，因此没有一件做到我们希望的水平。我们开始实行每年春季清理，关闭一些不再有吸引力的产品（比如用于存储健康信息的网站 Google Health）、我们不如其他公司做得好的产品（比如一种网上百科全书 Knol），或是已经不再有存在意义的产品（比如 Google Desktop，你可以下载这种产品，更好地搜索电脑内部的资料；随着大多数操作系统都融入了自己的桌面搜索技术，这个产品已经不再有存在的必要了）。

关闭这些产品中的任何一个都并非易事，因为每一种产品都有粉丝、拥护者，还有人负责产品相关的工作。有人想知道，这种重新启动的"自上而下"的行动决定了产品的生死，是否意味着我们的价值观发生了改变。

事实上，我们是对早年已经认识到正确的一种原则进行了再发现：创新因创造力和实验而蓬勃发展，但同时也需要细心地修剪。拥有数万员工和数十亿用户，创造的机会无穷无尽，而且我们能够吸引想为此努力的人。但是自由并非绝对的，作为一个团队、一个组织的成员，意味着你已经在一定程度上同意放弃小部分的个人自由，换取一份承诺，成就一番个人无法完成的事业。

任何一个人都不可能单枪匹马创造出谷歌搜索，即便是最初起步的时候也是谢尔盖与拉里携手。我们在搜索应该如何进行方面进行过激烈的争辩。在我们公司的历史上，我们的搜索模型更换过数次，几乎完全抛弃了聪明、敬业、富有创造力的员工投入了数千小时才创造出来的旧系统，取而代之的是一种更好的系统。

平衡个人自由与公司整体方向的关键在于信息透明。员工需要理解每一项可能被视作历史倒退、偏离公司价值观的行动背后的理性原因。公司的运营越是强调以价值观为中心，就需要做越多的解释。

与解释每一项决定同样重要的是解释更广的背景。2013 年 10 月，一名谷歌人问我，年度产品关闭的政策是否传递出我们不再那么关心个人想法的信号。我告诉他，任由千朵花恣意开放，[249] 培育每一个想法这种摇摆的态度已经陷得太深，我们所取得的进步已经无法满足用户的需求，我们的产品集合就好似一座花园，需要定期精心修剪，这样做能使我们的公司更健康。

最富有政治意味的甜点

我们在谷歌有一些电子邮件列表，人们可以订阅，关于同一主题的对话称作"会话"（thread）。有时某个特别敏感的主题会引发"百应话题"。我们的第一个千应话题有超过 1000 条回复。这个话题由一个派（pie）引发。

2008年的一天,我们的餐厅提供的午餐甜点菜单如下:

> 免费[1]西藏枸杞巧克力奶油派配巧克力夏威夷果椰子蜜枣外皮:夏威夷果奶油、可可粉、香草豆、龙舌兰、椰子片、枸杞、椰子果酱、龙舌兰糖浆灌浆草莓、椰枣、海盐

菜单贴出来之后不久,一名谷歌人给埃里克写了一封邮件,主要内容如下:"这是从今天的菜单中摘录的。如果公司不给出合理的解释或行动,我就辞职抗议。"

这名谷歌人将他的留言抄送了几个小范围的邮件列表,而后一位工程师又将邮件转发给全公司范围的邮件列表,作为杂事讨论。

后来这个话题创造了最快达到100条回应的纪录,成为第一条突破1000条回应的主题。有一名谷歌人统计过,总共有1300多封关于这个主题的电子邮件。

现在,讲点儿这封邮件的背景知识。

枸杞,又称作西方雪果,原产于欧洲东南部和中国,目前在加拿大、美国和其他地方也有生长。[250]枸杞生长在3~9英尺(约1~3米)高的灌木上,花呈紫色。这种橙红色的浆果本身很小,大约有一二厘米长,富含抗氧化剂,有刺激性酸甜味道。我不敢说自己超级迷恋这种果实,但至少它混在其他食物中味道不错。

在4月的那一天,一名厨师决定用中国西藏产的枸杞做一个派。谷歌提供的所有食物都是免费的,因此这是一个免费的派。派上点缀

---

[1] 此处用了"free"一词,在英语中既有"免费"的意思,又有"自由"的意思。——译者注

有产自西藏的枸杞。

但是对于很多谷歌人而言，这不只是一个"免费西藏枸杞巧克力奶油派"那么简单。

谷歌在全球各地都设有机构，我们在中国也设有几家分支机构。对于中国人而言，西藏自古以来都是中国不可分割的一部分。

像给埃里克写邮件的一些谷歌人及他们的几千个亲密好友，由于甜点的名字暗示西藏应该是"自由的"而感觉受到深深的冒犯。为了证明自己的观点，有些人提出，如果"伦敦的某位厨师"供应了"自由威尔士派"或"自由北爱尔兰饼干"，西方人也会同样感觉受到深深的冒犯。还有人继续提出"自由魁北克枫糖浆""得克萨斯一夫多妻牛排""北方侵略战争[①]薄热香饼"。

另外还有一条回应认为这仅仅是言论自由的表现，而后辩论转变成公司内部的言论是否应该真正自由，而且重要的是我们有没有考虑公司中每个人的信念和价值观。

另外还有一些争论是关于这位厨师是否应该受到惩罚的。他的经理基于谷歌人最初的反应，请他回家停职三天，但是很多人质疑这种做法是否公平，也担忧惩罚会造成公司内部的言论寒蝉效应。他们声称，如果因为这样的事情而停职，人们在进行其他讨论的时候会做何感想？难道谷歌终于成了那种禁止某些言论和思想的"大公司"了吗？

很多谷歌人认为整个事件都很滑稽。

这场争辩不仅检验了言论的边界，还检验了我们面对紧张的个人

[①] 即美国南北战争，这是一种有政治倾向的说法。——译者注

和情感问题时如何抚平员工的心绪。我读过数百封电子邮件之后，发现双方都各执一词；我还发现几乎没有一个人能说服对方改变观点。人们认为这种举动要么是言论自由，要么是令人吃惊的麻木，他们一开始是这样想的，到最后也没有改变。最后，员工的评论不再那么积极，这个话题也慢慢结束了。

什么问题都没有解决。

我意识到此类大范围的、激烈的、观点严重不合的争论也是信息透明和话语权文化的一部分。并非所有问题都能靠数据解决。理性的人看到同样的一套事实或许也会有不同的意见，特别是关乎价值观的问题，但是担忧惩罚那位厨师会造成公司内部噤声的谷歌人则抓住了问题的重点。从宏观角度来讲，一份甜点的名字并没有什么关系，但是如果谷歌人感觉自己可能会因为这样琐碎的事情而受到惩罚，那么怎么可能期望他们问我们首席执行官一些尖锐的问题，质疑我们有没有坚守公司使命或将用户放在首位？人们知道自己有交谈的自由，虽然过程很痛苦，但是能有这样的争论也是自己做对了一些事情的象征。

事实上，有一件事情得到了解决。我研究了一下这位厨师的停职缘由，推翻了最初的决定，第二天他就回来工作了。他的本意是好的，也没有造成任何损害。他的经理反应有些过头，不过在面对数百封电子邮件的情况下有这种过激反应也是可以理解的。我在这个话题的最后几条回复中宣布了这件事，收到了20多条消息：感谢我，感谢管理层做出了正确的决定。这次争辩很重要，而引发一场争辩永远也不应该算作一种罪责。

人类是一种非常复杂、难缠和麻烦的生物，但正是这些难以言传的特质才创造出神奇的事情。本章的目的在于揭示能够定义我们最好和最差时光的激情和琐事。贯穿本书，我一直努力保持真诚，真实地讲述哪些方法在谷歌可行、哪些不可行，但是我倾向于介绍可行的事情，因为这对他人来说是一条更好的路径。

然而，我们经过慎重选择决定坚持以公司使命为导向，保持信息透明，授权于员工，因此前进路上的每一步都伴随着紧张、挫折和失败。至少在我们渴望的理想状态与我们实际生活中的纷杂混乱之间存在着巨大的差异。我们永远也不可能做到100%透明。任何一个谷歌人，包括拉里和谢尔盖，也都不可能有足够的话语权左右公司运转的一切大小事务。原因很简单，如果有人试图掌控一切，那么员工就会离开。但是与我所见过的其他环境不同，在谷歌，我们承认愿望总是要超过真正能把握住的事情。正因为如此，每个季度的OKR能达到70%就是相当不错的成绩了；也正因为如此，拉里才坚信要心怀壮志，即便我们失败了，取得的成就也超过一个平庸目标下成功的成就。

我在此分享的每一段经历都使我们变得更强大。我们提炼了公司的价值观，至少强化了一个事实——我们在谈论自由的时候确实是当真的。

任何团队或组织希望采用本书介绍的一些想法，都会像谷歌一样，在实践的路上遭遇坎坷。蹒跚学步一段路，你们就能有自己的"枸杞时刻"，员工在过程中会感到不安，会产生糟糕的想法，也会利用组织的慷慨。没有人是完美的，有些人还是浑蛋。

恰恰是这些危急时刻决定了未来。

有些组织宣布失败，将一些绩效最小的滑坡作为员工不可信的证据，证明员工需要规则和监督迫使他们为公司服务。"我们已经试过这种方法了,"他们宣布,"看看把我们带到哪儿去了。员工要么疯了,要么在浪费钱,要么在浪费我的时间。"

另外有些领导者则更加坚定。你们中面对恐惧和失败依然坚忍不拔、坚持原则的人,亲身协调对组织造成冲击的力量和方方面面,他们的言行举止将塑造所在组织的灵魂,而正是这样的组织才是人们希望为之服务的组织。

谷歌工作法则

- 承认错误,坦诚地面对错误。
- 吸取各个方面的意见。
- 不管什么坏掉了,把它修好。
- 找出错误中的寓意,并加以传播。

第十四章　谷歌塑造的环境理念

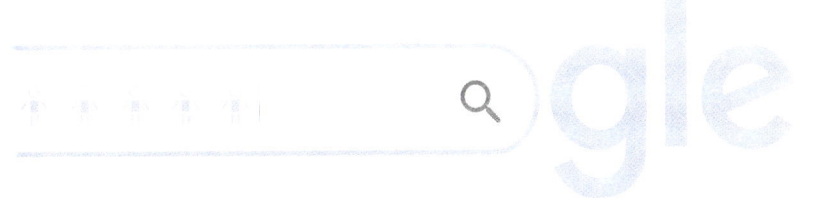

如果你相信人性本善,那么作为一名企业家、团队成员、团队领导、经理或首席执行官,你的行动应该与秉承的信念保持一致。如果人本善,那么他们就应该享有自由。

拉斯洛·博克　谷歌首席人才官

一直以来我最喜欢的电子游戏是《异域镇魂曲》(*Planescape: Torment*)。这款游戏于 1999 年发行,开篇是你控制的角色在太平间醒来,丧失了所有记忆。游戏剩下的时间里,你在整个宇宙冒险,却发现你的几次前生行过大善,也做过大恶,每一次醒来都如白纸一张,有机会再次选择如何生活。在游戏的一个关键时刻,你要面对这样一个问题:"什么可以改变一个人的本性?"你的答案和行动将塑造游戏此后的展开。(你不会期待着僵尸吧?)

我写作本书是因为谷歌得到了很多的关注,其中好坏暂且不论。2007 年,我与拉里·布利连特做过一次交谈。他是我们慈善机构 Google.org 的项目主管,数十年前曾以世界卫生组织工作人员的身份协助根除了印度的天花。他不断向我重复比尔·盖茨的一句评论,尽管现在记忆有些模糊,但那句话大概是这样的:"盖茨基金会可能捐赠了 1 亿美元治疗疟疾却得不到任何关注,你们仅仅推出一款流感追踪产品，全世界的媒体都会闻风而来。这不公平。"不管是什么原因，人们对谷歌的作为有着与我们规模不相匹配的特别兴趣。

高关注度同时也带来了责任。我们的失败也更容易被公开。谷歌是由易犯错误的普通人运营，也和其他公司一样有弱点。我们在犯错误的时候都会积极道歉，力图修正错误。我们会相对更加公开地展示自己的想法，因此取得一定成果的时候可以创造出与更广泛受众分享的机会，造成的影响或许已经超过我们本应得到的。

在谷歌工作多年以及写作本书的时候，我注意到很多谷歌付诸实施的基本理念并不具备开创性，但是这些理念依然值得关注。

你要么相信人性本善，要么不信。

如果你相信人性本善，那么作为一名企业家、团队成员、团队领导、经理或首席执行官，你的行动应该与秉承的信念保持一致。

如果人性本善，那么他们就应该享有自由。

出于好意的领导者从本能上就不相信员工是充满善意的人，这使工作远没有原本的意义和乐趣。他们组织建立起复杂的官僚体系控制员工，这些控制构架的建立即承认不能信任员工。最好的情况，他们也是在暗示某人的本性可以通过一些了解何为最优的开明人物影响或引导。暗示人的本性是恶的，必须通过规则、奖励和惩罚加以锻造。

乔纳森·爱德华兹是一名美国传教士，是18世纪30年代的宗教复兴大觉醒运动（Great Awakening）中的关键人物。他曾写过一段布道词，文字间恰恰体现了这种哲学。我第一次在高中文学课上读到这段文字时，心头掠过一丝寒意：

> 凡人，是被握在神的手中，临在地狱的坑上。他们当下火坑，

并且已被判定下火坑……他们心中所藏的欲火也挣扎着要冒出来……他们没有避难之所，没有安身之处。[251]

集会者心头的寒意恰是乔纳森·爱德华兹所期望的。正如政府部门经常说的，任务完成。

抛开宗教语境不提——十年级的我还远没有资格在这方面置喙，爱德华兹所强调的预设前提认为"凡人"是恶的，需要一些干预才能避免悲惨的结局。

斯蒂芬·平克在《人性中的善良天使》(*The Better Angels of Our Nature*)一书中辩称世界在逐渐变好，至少从暴力事件的发生频次角度来衡量是这样的。在有国家建立之前，狩猎采集的时代，15%的人类因暴力死亡，罗马时代早期、大英帝国时代和伊斯兰帝国时期下降到3%。及至20世纪，欧洲国家的凶杀案又下降到一个新低。当前，暴力死亡事件的比例更低。平克解释称："人性总由暴力和反暴力（比如自制、同理心、公平和理性）的倾向构成……暴力一直在减少，因为历史环境越来越垂青我们心中善良的天使。"[252] 国家扩张合并，降低了部落和宗教冲突出现的风险。人们通过贸易建立联系，发动战争越发成为一件不理性的事情。"世界大同——通过文学、迁徙、教育、科学、历史、新闻和大众传媒的促进，人类狭隘的小世界得到拓展……促使人们以不同于自己的角度看问题，拓展了他们的情感，推动他们拥抱新观点。"

平克生活的世界与爱德华兹的世界有很大不同。世界的联系更加紧密，人类也更加相互依赖。然而我们的管理实践仍然囿于爱德华兹和弗雷德里克·温斯洛·泰勒时代的理念。弗雷德里克·温斯洛·泰勒在

第十四章　谷歌塑造的环境理念　371

1912年对国会称，需要通过管理严格控制工人，他们太过低能，不会自己思考：

> 我敢毫不犹豫地说铸造生铁有很深的奥妙，那些身体条件……可以铸造生铁，而且迟钝愚蠢地选择了这种工作的人，极少能理解铸造生铁的奥妙。[253]

太多的组织和管理者采取的经营方式就好似缺了明智的严苛命令，人们就无法做出合理的决定、无法实现重大的创新。

问题并非管理体系需要如何改变人性，而是如何改变工作的性质。

在前言中我指出，一家组织的经营方式可以遵循两种极端的模型。本书的核心在于我的信念，相信你可以选择出期望打造何种类型的组织，而我所做的只是展示一些实现目标的工具。"低自由度"的一端是指挥控制型组织，对员工的管理很严格，工作强度大，公司对员工弃之如敝屣。"高自由度"的一端以自由为基础，员工受到尊重，对公司如何发展有一定的话语权。

两种模型都可能带来很好的效益，但是本书相信地球上最优秀的人才希望成为推崇自由的公司的一员，因为这样的公司从所有员工的洞察力和激情中获益，他们的成功更具有韧性和持久性。美捷步（Zappos）的谢家华、网飞公司的里德·哈斯廷斯、赛仕软件（SAS）的吉姆·古德奈特和其他很多人，与韦格曼斯和布兰迪克斯的领导者一样，都会很愿意告诉你，他们从给予员工自由中获得商业成果。[254] 这些科技公司年复一年，不断发展。不论经济状况如何，韦格曼斯一直都是非常适合工作的地方。在这里，美妙的事情在于，善待员工既是达成目标的手段，也是目标的一种。

好消息是任何团队都可以围绕谷歌采用的原则进行重塑。

贯穿全书，我在每一章都提供了"谷歌工作法则"的简要清单，便于你在某一领域有所关注时采用。但是如果你希望建立高度自由的环境，下面有10个步骤可以帮助你的团队和组织实现转型：

- 赋予工作意义。
- 相信员工。
- 只聘用比你更优秀的人。
- 不要将职业发展与管理绩效混为一谈。
- 关注团队的两端：最优员工和最差员工。
- 既要节俭又要慷慨。
- 认识不公平薪酬。
- 助推。
- 管理日益提升的期望。
- 享受！然后回到第1条，再来一遍。

赋予工作意义

工作至少占据了我们生活1/3的时间和清醒时的一半时间。工作可以——也应该——不仅仅是一种达成结果的手段。非营利组织从很久以前就已将工作的意义作为吸引和激励员工的方法。比如，帮助难民的非营利组织避难通道（Asylum Access）的创始人艾米丽·阿诺德－费尔南德斯建立起一个世界一流的团队，这个团队的建立完全基于成员的共同愿景，即帮助难民找到工作，送他们的孩子上学，帮助他们在新的国家建立起新的家园。

在很多环境下，工作仅仅是为了得到薪水，但是亚当·格兰特的研究成果证明，只需与那些因你的工作而受益的人建立起微小的联系，便能大幅提升生产效率，还能使人更开心。所有的人都希望自己的工作有一定的意义。

将工作与一种超越日常却能真实反映所做事情的理念或价值观联系在一起。谷歌立志整合全球信息，使人人都能访问并从中受益。任何在这里工作的人都要践行这项使命，不管职位多么低微。这种使命吸引来了人才，激励他们留下来，去冒险，以最高水平的表现去工作。

如果你是一名鲑鱼切片工，你就是在养育他人；如果你是一名管道工，你就是在改善人们的生活质量，保持他们家园的清洁和健康；如果你在生产线上工作，不管生产的产品是什么都将为人所用，帮助到他们。不管你在做什么，都会对某人有重要的意义，而你所做的这项工作对你也应有重要的意义。作为一名管理者，你的工作就是帮助员工发现这种意义。

相信员工

如果你相信人性本善，就应如此行动。要对员工保持信息透明和真诚，给他们话语权，让他们决定如何行事。

从小事做起也可以。真的，你之前表现出的信任越少，小的改变就会令人感到越重大的意义。对于一家传统上一直进行不透明管理的公司而言，一个意见箱，员工就会知道其中的深意——他们的意见真正地有人去读、去处理，会令他们有革命性的感觉。请团队成员问问你：是什么促使你做出最近的一些决定的。如果你拥有一家小商店，要经常询问员工他们认为做出哪些改变能使经营更好，或者问他们如果这是他们的公司，他们会怎么做。

因为你希望他们能这样做，就好似这是他们的公司一样。

要实现这种状态唯一的方法就是你放弃一小部分权力，给他们朝这个方向发展的空间。

这听起来或许有些令人望而却步，但其实并不需要冒太大的风险。管理层随时都可以拿走意见箱，或告诉员工不再需要他们的意见，甚至可以解雇一些人。如果你担心这样做会有损你的权威，那么就告诉员工每一种改变都只是试行几个月。如果可行，就继续；如果不可行，就停下来。即便是尝试，你的员工也会心怀感激。

如果你是团队的成员，就向你的老板提出这样的请求：给我一个机会，帮助我理解你的目标是什么，让我理清如何达成这些目标。

这样的小举动将创造通往主人翁文化的途径。

只聘用比你更优秀的人

企业总会认为尽快填补一个空缺岗位比耐心寻找最适合一个岗位的人更重要。有销售人员对我说过"宁滥毋缺"，意思是说他们宁愿由一名领域内中等水平的人完成 70% 的限定销售额，也不愿让一个岗位空缺。

但是在招聘质量要求上的妥协就已经是一个错误了。聘用糟糕的员工就好似在锅里扔进了一颗老鼠屎，不仅自身的表现不佳，还会拖累周围人的表现、士气和精力。如果拒绝一个人意味着其他每个人在短期内都需要更努力地工作，只需要提醒他们回想一下与上一个浑蛋同事共事时的遭遇就好了。

成立委员会完成招聘工作，预先设定客观的标准，永远不要妥协，定期查看新聘用的员工是否优于以往聘用的员工。

能够证明你的招聘工作做得很好的是新聘用的员工中十有八九都比你更优秀。

如果他们不及你优秀，暂时不要聘用，直到找到一个更优秀的人。短期内你们的工作会放缓，但最终你将建立一个更加强大的团队。

不要将职业发展与管理绩效混为一谈

克里斯·阿基里斯向我们展示了，即便最成功的人也有学不会的时候。如果他们都无法学习，那么余下的我们又能有什么希望呢？面对自己的缺点时总是难以令人愉悦。如果你将后果与批评结合在一起，如果员工感觉犯了一个错误就意味着在职业或经济上受损，那么他们就会争辩而不是保持开放的态度去学习和成长。

发展谈话要随时进行，确保平稳且富有成效，恰如我以前的经理在每次会后进行的谈话一样。开启一次发展谈话的时候永远要保持这样的态度："我能做些什么帮你取得更大成功？"否则，员工的防御心理就会增强，学习将中断。

在实现目标的道路上，要确保发展谈话的平稳进行。不管目标有没有实现,两种谈话都应在空间和时间上分开。一个绩效考评阶段结束之后,立刻直入主题,就设定的目标进行讨论,探讨哪些目标已经实现,以及奖励如何与绩效挂钩。但是发展谈话应该只针对成果,而不是过程。可能没有达成目标,可能完成了目标,也可能超额完成了目标,每一种结果都应该对应不同的奖励或鼓励。

如果处理好这方面的工作,绩效讨论就不再会是突然袭击,因为在整个过程中你们都在进行沟通,员工也能感觉到你在每一步工作上对他们的支持。

不管在什么情况下,都不要完全依赖管理者确定员工表现的确切情况。为了团队的发展,恳请同事贡献意见,即使是简单地询问一些问题或发布一些简单问卷也可以。至于绩效考评,要求管理者坐在一起组成团队,共同校准考评结果,确保公正。

关注团队的两端:最优员工和最差员工

将最优秀的人放在显微镜下观察:他们结合了环境和技能,精心打磨才理清了如何成就超常表现。不仅要识别出最佳全能员工,还要识别出特定方面最突出的员工。不要寻找最优秀的销售人员,要寻找面向特定规模的新用户销售量最大的人,要找到能在雨夜中练习高尔夫球那样的优秀人才。在专业方面分得越精细,就越利于研究你的明星员工,发现他们比其他人更成功的原因。

不仅要让他们成为其他人的榜样,围绕他们所做之事制定检查清单,还要请他们做老师。教授一项技能是掌握它的最好方法之一。请明星员工做教员,即使是半小时的咖啡交谈时间,也要促使他们清楚地讲述自己是如何开展工作的,而这个过程也有助于他们的成长。如果你身边有这样的同事,要仔细观察他们,多向他们提问题,利用这个机会从他们身上获取知识。

与此同时,对表现最糟糕的员工也要心怀怜悯。如果你的招聘工作没有犯错,那么大多数陷入困境的员工都是因为没有找到合适的岗位,而不是因为自身笨拙。帮助他们学习或找到新的角色。

但是如果上述努力失败,立刻辞退他们。让他们留在公司里并非仁慈,在一个自己并非最差员工的环境中,他们会更加快乐。

既要节俭又要慷慨

我们为员工做的大多数事情都不需要任何花费。请供应商来公司为员工服务或与当地三明治店协商为公司送午餐。TGIF 和嘉宾演讲者需要的仅仅是一个房间和一支麦克风,然而却带来了无比丰富的财富:启发谷歌人开发出一种新的服务或引发讨论。

省下钱来,在员工最需要的时候,在他们遇到大悲或大喜之时使用。当员工需要急诊医疗护理或迎接家庭新成员之时,你的慷慨会带来最大的影响力。关注人类最重大的一些时刻能够突出你的组织关心每一个员工。了解到自己在人生低谷和顶峰之时背后都有整个组织的力量做后盾,每个人都会感到宽慰。

这一点对很小的公司也同样适用。我的父亲成立过一家工程公司,他亲自领导了 30 年。他深切关怀每一位员工,不仅付给他们薪水,而且善意赞扬,为他们提建议、做引导。团队中任何一个人任职 5 年之后,他都会拉他们出来私聊一番。他告诉他们公司有一项退休金计划，5年时间的投入已经满额，除了员工自己存下来的积蓄，他还为他们每个人额外存了一笔钱。有些人欢呼雀跃，有些人感动流涕，有些人只是简单地谢过了他。他没有提早告诉员工这项计划，因为他不希望人们为了钱才留下来工作，他希望员工留下来是因为喜欢创造东西、喜爱这个团队。关键时刻他很慷慨，因此也使结果大不相同。

认识不公平薪酬

不管人力资源部门是怎么对你说的，要记住：大多数工作中的绩效表现都是符合幂律分布的。你们的团队中90%甚至更高的价值都是由顶尖的10%的人创造的。因此，最优秀的员工远比平均水平的员工更有价值。他们的价值或许比平均水平的员工高50%，或许高50倍，但是不管高多少，肯定值得你为他们付出更多。一定要让他们感觉到这些。即使你没有足够的资金为他们提供超高额的薪水，更高一些的薪水也算一种心意表达。

另外一些员工对这种奖励或许会有些不高兴，但是你可以坦诚相对解决这个问题：向他们解释薪酬差异化的原因，以及他们怎么做才能改变现状。

与此同时，在公众认可方面要慷慨投入。团队的成就要庆贺，虽然失败却学到重要经验教训的时候也要鼓励。

助　推

本书中提到的各种想法中对你未来的人生能够带来最大切实改善

的一种，就是改变每笔收入中存下来的金额。

如果比较 30 年里赚到同样多钱的一些人，他们累积的财富却可能有 30 倍的差异，而这一切几乎完全取决于存下了多少钱。存钱从来都不是一件简单的事情，除非你比克罗伊斯①还要富有，节省下来的每一美元都像是一种利弊权衡。我是要买品牌货还是一般产品？是买 3 美元的花生酱还是吃甜点？换一辆新车还是再凑合一年？我毕业后的第一年，当演员的同时还做服务生，经常光顾小镇附近的一家女主人廉价商店（Hostess Thrift Shop），店里售卖一些马上就要过期的面包和点心。我有了零食蛋糕（有节制的！），还能每周多省下几美元。要记住，督促谷歌人提升不到 3% 的存钱比例，每位谷歌人的退休基金将增加 262000 美元。

很多人听到下面的事情或许会觉得很疯狂。我认识一些人，将度假胜地汉普顿斯的 10 万美元夏日出租房看成生活必需品；我的一些银行家朋友虽然在 2008 年丢掉了工作，但还是能躲到海滨别墅里度假。

我一直反复强调这一点，但人们还是不愿意改变存款比例。计算出当前你存下来的钱占收入的比例，从现在起再多存一些。不论何时这都不是一件容易的事情，但这样做肯定是值得的。

上面是对你个人而言。

现在环顾四周，看看你所处的环境是如何助推你与周围的人的。你能很容易地看到其他人，与他们建立联系吗？你们冰箱里最不健康的零食放在与人的视线平齐的位置上吗？你给同事和朋友发邮件或短

---

① 克罗伊斯，吕底亚末代国王，以财富多著称，其名已成为"富豪"的同义词。——译者注

信的时候是分享好消息还是抱怨发火？我们都时刻受到环境的助推，也时刻助推着周围的人。利用这一点，使你和你的团队更快乐、更高效。

工作环境的空间布局要鼓励你所期望的行为：如果你需要员工协作，却受困于工位是小隔间，那么就推倒隔断。向员工传递信息的时候要深思熟虑。分享一些积极的数据，比如参加当地慈善活动志愿者的人数，鼓励其他人参与。你将惊异于同一个工作环境给人带来的感觉会有如此大的不同。

管理日益提升的期望

有时你会犯错误，这时就需要倒退几步。要准备好吃下你们自己的枸杞派。明白了这一点之后，在开始实验之前，告诉周围的人你打算实验本书中的一些想法。这样做有助于促使他们从批判者转变为支持者，实验走上弯路的时候，他们的质疑将给你带来更多的益处。

享 受

拉里和谢尔盖立志创立一个他们都希望为之工作的地方，你也可以做同样的事情。即使你刚毕业加入一家公司，还只是一名初级职员，或者是第 1000006 号职员，你也可以像一位创始人一样选择与周围人的沟通方式，选择如何设计自己的工作环境，选择如何领导。你这样做可以帮助创造一个能够吸引地球上最优秀人才的环境。

这并非一劳永逸的努力。想要打造了不起的公司文化和环境，要求我们不断地学习和革新。不要担心立刻尝试所有事情。实验本书中介绍的一种或多种想法，从实验中学习经验，对项目进行调整，然后再次尝试。

这种方式的美妙之处在于，良好的环境可以自我强化：所有这些努力可以互相支持，共同创造出一个有创造力、有趣、努力且效率极高的组织。

如果你相信人性本善，那么就应在工作中践行自己的信念。

谷歌已经 30 多次被卓越职场研究所评为最佳雇主，另外还获得数百种支持女性、非裔美国人、老兵等人群的组织和政府、社会机构颁发的荣誉。但是我们并非第一个"最佳雇主"，也不会是最后一个，甚至在今日也不是唯一一个。

谷歌真正擅长的是大规模运营，建立起的体系服务 20 亿人也如服务 10 人一样周到可靠。员工的创新得益于一批有先见之明的创始人、狂热的企业文化捍卫者、周密的学术研究，以及具有创造力的公司和政府。数千名谷歌人共同塑造了我们运营的方式，推动我们找到最具创造力和最公平的方式解决与人相关的问题，使我们肩负起了责任。我有幸与见解深刻、勇于担当、富于创造力的同事和人力运营团队共事，竭尽全力才跟得上他们的步伐。我每天都能从他们身上获得启发。

每年有成千上万的人参观我们的园区，问我们："为什么这里的人这么开心？""谷歌的秘密是什么？""我在我的组织里做些什么才能使其更具创新性？"

答案就在你的手中。

> **谷歌工作法则** 🔍

- 赋予工作意要义。
- 相信员工。
- 只聘用比你更优秀的人。
- 不要将职业发展与管理绩效混为一谈。
- 关注团队的两端——最优员工和最差员工。
- 既要节俭又要慷慨。
- 认识不公平薪酬。
- 助推。
- 管理日益提升的期望。
- 享受！然后回到第 1 条，再来一遍。

后 记

谷歌人力运营的核心原则

有些读者会好奇为什么所有这些事情都会在谷歌发生。尽管谷歌对待员工的方式潜在动力源自公司的创始人,但是责任却落在人力运营团队的肩上,我们要确保不辜负甚至超越公司的远大抱负。

2006年以前,这个团队还被称作人力资源部,而我应聘的职位也是人力资源副总裁。但是我收到聘用书的时候,工作头衔则变成了人力运营副总裁。今天听来或许有些疯狂,但当时我对这种变化并不是很兴奋。高管有1/3的时候做不好一份工作,而我正打算将新组建的家庭从纽约迁到加利福尼亚,加入一家我在通用电气时的部门首席执行官称作"可爱的小公司"的组织。我担忧如果谷歌这份工作做不好想要换工作的时候,"人力运营"这个奇怪的头衔会使找工作变得难很多。

我给时任谷歌商业运营高级副总裁的肖娜·布朗(她以前曾是麦肯锡的合伙人和罗德学者)打了电话,问她能不能改用最初的头衔。我要坦白地说,当时并没有告诉她提出这个要求的理由。

肖娜解释说,在谷歌,人们对传统的商业语言不太有好感。"人力资源"会被看作是过于行政化和官僚化的名称。相反,"运营"这个头衔在工程师眼中看来更可靠，言外之意是有些切实的能力去完成一些事情。而且对人力资源工作而言，"运营"还暗示着我们也能做代码运算！

最后我与肖娜达成一致意见，开始的时候我会保留"人力运营"的头衔，6 个月之后我可以选择改回"人力资源"的叫法。

我刚加入的时候，与谷歌最高层的 12 位领导者都做了一对一的会面，做了自我介绍，了解了他们的需求。我们在第四章中见过的乌尔斯·霍尔兹勒当时是基础架构高级副总裁，也是谷歌最早的 10 位员工之一。他是一位才华横溢的计算机科学教授，当时已经成立并出售过一家创业公司 Animorphic Systems。乌尔斯从教学工作中被吸引到设计领域，建立起谷歌的数据中心——考虑到谷歌已经对整个互联网做过多次备份，这件工作绝非易事！

我们第一次会面的时候，乌尔斯和我握了握手，看了看我的简历，然后说："头衔真棒。"

于是，我再也没有改过这个头衔。

从那以后，我们一直围绕着 4 条基本原则构建谷歌人力运营部：

- 为实现极乐天堂而奋斗。
- 利用数据预测和塑造未来。
- 不遗余力地提高生产力。
- 创建非传统型团队。

为实现极乐天堂而奋斗

很多人力资源从业人员在阅读本书时，会感觉我们在谷歌做的很多事情好似只有在极乐天堂才有,近乎无法实现的理想主义,但其实一切的开始都很简单。我第一次与埃里克·施密特一对一会面的时候,提出一些特别宏大的想法,打算开发一些管理职业生涯和帮助高管发展的更好的项目。埃里克对我的战略眼光并不是特别感兴趣,他有更紧迫的事情需要关注。

谷歌从 2004 年的 3000 人左右到 2005 年的 5700 人,员工人数几乎翻了一番。埃里克知道此后的一年,同样的事情我们还要再来一遍,员工人数将膨胀到 10700 人。我们从每周招聘 50 人到现在几乎每周 100 人,而且还不能降低招聘质量,这是我们面临的最大的人力资源挑战。

我犯了一个业余的错误。想要埃里克接纳一些玄妙的想法,人力运营部就必须先解决谷歌面临的最大问题。我认识到想要掌握从事这样炫酷、具有未来感工作的特权,就必须赢得组织的信任。2010 年,我们将这种理念浓缩为一张图(见图 1)。金字塔的形状受亚伯拉罕·马斯洛的需求层次理论启发,[255] 他用金字塔形状表示人类需求,最基本的需求在金字塔底端(空气、食物、水),顶端是安全、归属感和爱的需求,最后是自我实现的需求。看过我们的版本之后,团队中的一些人将其称作"拉斯洛层次理论"。

这就是我们通往人力资源极乐天堂的路径,极乐天堂是一个充满喜悦的地方,每一个谷歌人的成长都好似不费吹灰之力,因为我们的项目在幕后默默支持着每一份工作,创造学习机会,帮助谷歌人变得更有创造力、更健康和更快乐。

我选择血细胞来表示"人力资源正在做的工作",旨在强调我们的项目就如人体的循环系统一样无处不在且同样可靠。我们必须随时完美无

极乐天堂

期望值

（这些是你没点的炸薯条）

大规模定制

人力资源正在做的工作

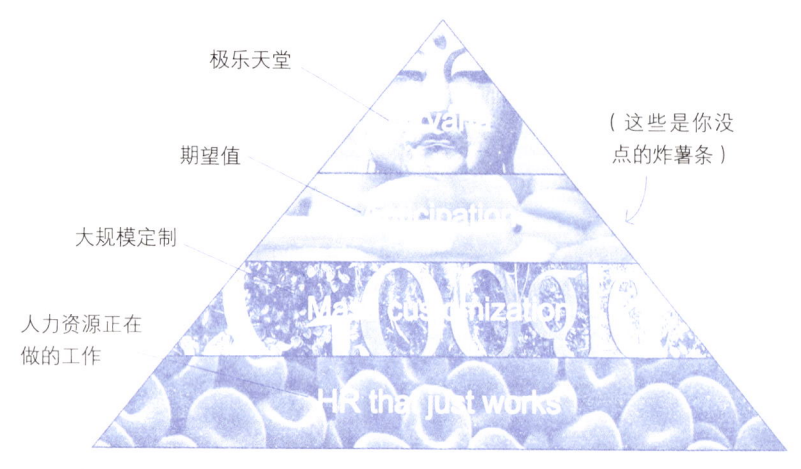

图 1　拉斯洛层次理论
版权归谷歌所有

瑕地满足基本需求。录用通知书或奖金不能有任何错误，每一份工作都要按时找到优秀的应聘者填补空缺，升职流程要平稳且公平，员工关注的问题要迅速解决，等等。我们所有的运作方面都始终保持这种高水平，为我们赢得了开展其他项目的权利。不管你的理想抱负是什么，这都是起点。否则，即便偶尔无法达成基本的要求，也会造成你们进一步拓展业务的时候无法取得信任，难以建立权威。

不管是好是坏，我们的薪酬团队总能得到管理层的密切关注。为了确保一切都有效进行，我们时刻都比管理层的期望早一步，在奖金计划等每一个流程之后都会有一次正式的汇报。在汇报中我们会问："我们应该采取哪些不同的做法？我们学到了什么？哪些事情是我们被告知要做但选择忽略不做的？"（并非管理层提出的每一个想法都是对的——正是我们最高层的一位领导者提议在公司设立 800 个职位级别，每年给每个人升职 4 次！）之后我们再次进行这个流程时，薪酬团队与谷歌领导层的第一次对话将会这样开始："这些是我们上一次同意做的事情,而这些是我们做过的。这些是你们要求我们做但是我们不会做的事情,而这些是我们的理由。现在我们开始吧。"薪酬团队甚至还针对每一位管理团队成员制作了一份参考手册,在其中描述了以何种方式能最好地与某位高管相处,这样新来的团队成员也能从一开始就顺利地与最高层的领导者协作。(我很想和你们分享几个参考手册的例子,但是他们显然也有一份关于我的参考手册,而且从来没给我看过。)

通往极乐天堂路途上的第二步是大规模定制,这有别于我们以往的做法。大规模定制的概念源自斯坦·戴维斯在 1987 年写作的《完美未来》(*Future Perfect*)一书,他在书中描述了一个世界,其中的公司会以近乎大规模生产的效率产出产品、提供服务,满足用户的个性化需求。此处可以用森林做形象化比喻:每一株植物的大小和形状都具有独特性,但是相比之下它们与其他植物有更多的共同之处。

我们在人力资源流程方面保持着始终如一的认识,但是会根据谷歌不同部门的需求对每一项流程的细节进行调整。多年前,我们曾要求所有的人力资源流程都按照同样的规程进行,比如升职决定以及是否向员工公开考评结果。我们团队的分析师蒂芙尼·吴过去在她的墙上贴了一张合规性检查表,对每一位副总裁都有或好或坏的评价标记,跟踪他们有没有负责任地向每一位谷歌人公开考评结果或是按照预先规定的分配薪水增长。随着公司的发展壮大,继续强调这种极端一致性已经不再合乎情理,因为有些团队之间有着本质的区别。我们最优秀的工程师产生的影响力或许能超过平均水平工程师的百倍,但是最优秀的招聘人员不可能比平均水平的招聘人员产生超过百倍的影响力。因此在这两个群体中推行同样的奖励分配方法是没有道理的。

再考虑一下我们的工程师升职流程,潜在的升职者经过一个委员会评审,而后由另外一个委员会复核批准。如果有一个谷歌人对决定有异议,还有一个申诉委员会。如果申诉委员会的决定仍然无法令人满意,我们还有对申诉委员会的申诉。我向谷歌董事会成员、凯鹏华盈风险投资公司总经理约翰·杜尔介绍这个流程的时候,他说:"虽然我是一名工程师,但是看到有人能设计出这样复杂的流程也感到非常惊讶。"但是这种方式是行之有效的,因为所有这些复查和平衡手段,确保了整个流程的公正,实现了最大程度的透明化——质量对于工程师而言有着深刻的意义。在一些销售团队中,领导者或许会说:"你知道吗,我们正准备打一通电话,马上就做出最终决定。"而且在这里没有申诉流程。这样做也是可行的,因为在这些情况下,人力运营部在幕后工作,实现全公司统一的人才标准,确保了流程的公正性。背后是同样的标准,但谷歌人看到的则是不同的效果。之后,本着信息透明的精神,我们会将每次升职流程的数据连同历史数据都进行分享。

在大多数人力资源部门,都会倾向于将一致性作为保证公平性的一种偏见,但是我们的朋友爱默生提醒了我们的一致性和愚蠢的一致性之间的区别。比如,在通用电气,授予一定金额以上的特殊分红(如果我没记错的话,应该是 5000 美元左右)需要首席执行官杰夫·伊梅尔特批准。从公司的工业部门来讲,这种做法或许非常合理,因为通常只有高管才有资格拿到分红,非高管人员拿到分红的机会非常少。但是在金融服务部门的通用资本,分红相比工业部门是非常常见的事情。在通用资本采用同样的批准标准会令经理们倍感沮丧,负责维持这项政策的人力资源部会给人很官僚的感觉。如果你是一名人力资源从业者,必须时刻追问自己,每一项规则背后的原则是否与当前的实际情况相符,在特定的情况下，要毫不畏惧地抛弃现有的实践方法和政策。

标为"期望值"的炸薯条图示需要稍做解释。我从《我为喜剧狂》（30 Rock）的一集中找到了这个说法。这部喜剧背景设定在位于洛克菲勒中心的 NBC（美国国家广播公司）总部，沿用了多部剧集的制作班底，剧中的主演为喜剧演员特雷西·乔丹（由现实中的喜剧演员特雷西·摩根饰演）。在一集中，特雷西大发雷霆，因为他手下的工作人员给他带汉堡的时候没有顺便带一份他没有点过的炸薯条："我没点的炸薯条弄哪儿去了?! 你到底要等到什么时候才能预知我的心理?!"

我第一次看这一集的时候，认为特雷西是个以自我为中心的滑稽怪物。

后来我意识到他是对的。他不是一个神经病，他是一位高管！

能够得到要求的东西，人们会很高兴；如果你能预想到人们未曾想到要求的东西，他们会异常欣喜。此举能够证明你将他们看作是一个完完整整的人，而不仅仅是可以被压榨生产力的工人。

预想是在人们想到去要求之前满足他们的需求。由于《我为喜剧狂》，我们将这些完美预想的实例称作"炸薯条时刻"。

比如我们为每位生完孩子的谷歌员工提供 500 美元，用于送餐到家服务。新生儿刚降生的头几天和头几周令人精疲力竭，人们最不想做的事情就是做饭了。尽管谷歌员工负担得起晚餐点比萨外卖，但是有人专门给你 500 美元买外卖餐食所带来的心理感受是完全不同的。初为父母的谷歌员工告诉我们，他们非常喜欢这项政策。

具有讽刺意味的是，我们施行的第一个执行官项目，正如我在最初的会面时向埃里克提议的一些项目一样，恰恰是一个经典的炸薯条时刻案例。当时埃文·威滕伯博格（当时是我们学习团队的一员，现任网上数据存储公司 Box 的人力高级副总裁）、保罗·拉塞尔（我们学习团队的早期领导，现已退休）和凯文·梅（当时是一名咨询员，现在是我们人力发展的副总裁）在 2007 年创建了谷歌第一个先进领导力实验室，这个项目极具争议性，因为当时的谷歌是按职能划分部门，比如技术部、销售部、财务部、法务部等，如非必要，各个群体不会互相交流。大多数领导者都知道每个职能下的关键人物是谁，需要的时候都能找到这些人。谷歌人看不出有什么必要将不同职能的人聚在一起，展开一个培训项目，当然也看不出有什么必要将领导者从重要的工作上引开，让他们离开岗位三天。但是到 2008 年底，我们的员工数量达到 2 万人，想要所有领导者都互相认识已经不再可能，在先进领导力实验室中建立联系就变得至关重要。埃文、保罗和凯文几乎在我们出现需求的两年之前就预想到这个项目，因此有足够的时间做充分调整，后来这发展成一个至关重要的项目。谷歌人告诉我们这是他们经历过的最关键也是最有效的项目之一。

你在构想创造自己的炸薯条时刻的时候，要记住这些事情可能是吃力不讨好的。你极少会因为避免了困难而得到赞扬，这类似于政治上不可能依靠"如果不是我，经济衰退会糟糕很多"之类的论辩来赢得选票。但是你自己了解真相，你的团队了解真相，而且你的公司会运营得更好，公司里的员工会更快乐。

一旦你搭建起了这座金字塔——与马斯洛的金字塔也没有太大区别，你就到达了人力资源的极乐天堂。对于员工而言，这意味着你将享受好似在谷歌随意漫步的经历：一些极其优秀的人对你进行了一系列极好的面试，你加入公司感觉受到欢迎，几周的时间里你就实现了全效工作，因为你遇到了非常有帮助的人，各种机会总会在你眼前展开，给你带来无尽的惊喜。这就好似你们中某些人在孩提时期读过的那些自主选择下一步冒险的书籍，每一页都有很多很多的选项，一路上，你成长为更优秀的领导者和更优秀的企业家。如果你是一名谷歌人，人力资源的极乐天堂便是这个模样，而在幕后，人力运营部一丝不苟地细细思考过每个细节，清理了道路上的所有绊脚石，不让任何东西绊倒你。

利用数据预测和塑造未来

你读到这里的时候，应该会感到非常震惊，震惊于发现利用数据是我们构建和经营人力运营部的核心。但我们的起点则是一些微小的事情。我们的分析团队最初只有三名分析员，是我从不同小组中（人力、福利和运营部门）请来合力协作、互相交换意见开始的。最初他们是抗拒的，对彼此的领域不太感兴趣。但是很快运营分析员就开始向其他人传授如何编程，人力分析师开始向其他人传授高级的统计方法。他们一起打下了我们目前分析团队的基础。

普拉萨德·塞迪认为，分析学的进化是从描述性到分析和洞察，再到预见未来，他用员工人数减少作为例子进行了阐释。

在大多数公司中都有一些看似简单的问题却很难回答，比如哪些人已经得到离职的通知但是还没有到最后离职的日子？我们有多少员工，或者员工都去哪儿了？员工数据存储于多种电脑系统中，各个系统更新的频率各不相同，而且系统之间可能互相不连通。薪酬记录系统需要了解员工所在的位置，以便确定税务问题，但是员工所在位置可能与其工作地点并不相同，比如，一名英国雇员在纽约执行一个为期两个月的任务。即便是"现有员工"这样基本的概念在不同部门之间也经常有所区别。财务部门可能将每周工作超过一小时的人都算作现有员工，但是薪酬福利部门则只会将一半以上时间在部门工作且有资格享受福利的人算作现有员工。招聘团队则可能将已经接受工作邀约但尚未开始工作的人算作现有员工,因为这样更容易掌握他们距离完成招聘目标还有多远。

因此第一步是统一所有员工数据的相关概念,这是很重大的一步。只有统一了概念,你才能精确地描述公司的模样。分析和洞察的关键在于更加精细地切分数据,发现其中的不同。比如,通过分析可以发现员工保留度会随着工作年限的增加而降低。这项发现很有趣,但是并不具备启发性,随着时间推移当然会有越来越多的人离开。真正的重大发现是当你比较两个类似的群组时,梳理出哪些方面有利于提升其中一个群组的员工保留度,但对另外一个群组却没有影响。对于销售新人来说,如果绩效影响、薪水和员工水平等方面恒定不变,导致员工保留度降低的最大因素就是升职机会较少了。事实上,经过 16 个季度仍然没有得到升职的人肯定会辞职的。

有了这种洞察,你就可以开始预测未来了。现在我们意识到某人升职的节点相比他人有所延后的时候,他辞职的可能性就更大。不仅如此,通过更加复杂的分析或许可能揭示他辞职的概率增加了多少,辞职风险提高最大的是在第七或第八个季度之后。了解了这些之后,你就可以行动了。

大多数公司,包括几年前的谷歌都会向升职的人道贺,却毫不关注那些没有得到升职机会的人。这是非常愚蠢的行为。只需要一两个小时的时间找出你认为可能会因此沮丧的人,告诉他们如何才能得到持续发展,人们都希望受到这样的待遇。这样做从程序上讲更公正,更有助于员工认同流程的开放性和可靠性。这样远比导致某人辞职,失去他们带来的产值,再寻找新人替代,聘用新人,引领新人走上高速通道这个过程对公司更有利。而且,在某人职业生涯非常脆弱的时刻,你这样做是帮助他们理解了发生的事情，利用一个消极事件激发他的动力。

要构建这种能力需要花费一些时间，但是不管你所在组织的规模大小，开始这项工作都不是难事。从小处开始。聘用一两名刚从学校毕业的组织心理学、心理学或社会学博士，或是请来财务部门或运营部门的人，请他们证明你的项目带来了不同。一定要确保他们非常擅长统计学且对人力资源问题有好奇心。

对疯狂的想法要保持开放的心态，想办法说"好"。我们最终的创新源泉正是全公司的谷歌人，他们会带来数十万的评论和点子，从不羞于向我们表达他们的看法。平等同性伴侣福利、儿童护理中心以及正念课程等重要的项目都是由谷歌人发起的。

然后进行实验。规模大带来的好处之一是可以创造更多的机会，可以检验我们收集到的信息。有了 5 万名员工，我们可以选出 200 人甚至 2000 人来测试一些想法。正如在第七章中介绍的，我们在调整绩效管理体系的时候，选出了几百人的早期尝试者群体，进行了第一次测试，后又选出 5000 多人进行了第二次测试，之后才将改革推行到整个公司。即便只有 5 个或 10 个人参加的实验也比没有任何实验要好。仅在一个团队中实验一个想法，或是同时在全公司尝试一种想法，但预先宣布这仅仅是一次为期一个月的测试，之后要根据员工的反应决定是否将其设定为永久政策。不管丹娜·莫里斯在 Adobe 进行的摒弃绩效管理体系的实验有没有成功，我都要为他们勇于尝试的做法鼓掌。

不遗余力地提高生产力

根据为每千名谷歌人提供支持服务所需要的人力运营部员工数量来计

算，过去的 5 年中，每一年我们的劳动生产率都以 6% 的速度在提高。听起来或许算不上多，但是这意味着我们现在提供了更多更高质量的服务，但是平均每位谷歌人的成本却只有 5 年前的 73%。（我们的整体投入更高，但是考虑到谷歌今日扩张的规模，相对投入明显减少。）几乎每一件我们做过不止一次的事情都经过考量，并随着时间的推移得到了改进。

我们实现这些成果并没有外包或增加咨询和供货商的使用。事实上，我们提供了更多的内部服务，由此带来两点优势：第一，通常内部服务更便宜，特别是在招聘和培训等领域；第二，通过内部管理流程可以收集大量有用的信息。比如在招聘方面，我们有一个中心系统，招聘人员会在其中记录与每一位应聘者的交流过程，便于以后我们重新联系那些曾经拒绝过我们的人。我们还能够注意到一些显露应聘者舞弊的模式形态，比如我们能够发现一个人用改变了首名和中间名的三个不同的名字递交不同的简历，以期增加获得面试的机会。

恰如"人力资源正在做的工作"，管理人力资源部或团队也要与公司其他部门采用同样目标明确、力求提高、可靠的标准，这样才能使你们的组织令人信赖。

创造非传统型团队

我们必须面对现实，人力资源并非最受尊重的行业。2012 年，我与弗兰克·弗林教授合作为斯坦福大学商学院研究生上了一堂短期课，遇到一位 MBA 学生，因为"喜欢与人打交道"立志毕业后从事人力资源工作。我们交谈之后，意识到她是当年上百名 MBA 学生中唯一一个有这样目标的。我半开玩笑地说，学校接收她或许是为了学生的多样性。当然也有一些非常强的人力资源领导者和团队的例子，但是通常最酷的孩子不会进入这个领域。我们还是孩子的时候，都想要成为消防队员、医生或宇航员，没人想做人力资源工作。

我推断其中的原因一方面是人力资源行业中没有恰当的人才组合，由此形成恶性循环，希望与其他优秀人才共事的最优秀的人才因此都远离了这个行业。有太多的公司，人力资源部都是无处安排的优秀人才停泊的地方。虽然大多数人力资源从业人员都细心周到、努力工作，但是他们最大的优势似乎都没有得到发展，极少有所展现，也很少能引起管理层的注意。2004年（我标记时间只是为了说明这件事不是发生在计算尺和加法机的年代），我在通用电气的时候就有这样一位同事。她正在为老板准备一份电子数据表，而我建议她将某人的薪水从每年10万美元调整为10.6万美元。她在表格中输入了"100"，然后在下面的一个单元格中输入了"106"。而后她拿出计算器，输入了106除以100，得出结果，然后手动在表格中输入了"6%"。她完全不知道电子数据表有一项功能可以做计算。我们需要留心所属专业的两端，并针对他们采取相应的行动。

她的例子解释了为什么越来越多的公司将非人力资源从业人员安排为人力资源部的主管。塔吉特百货（Target）的首席人力资源官乔迪·科扎拉克本身是一名律师，最近从UPS快递退休的艾伦·希尔也是（两人都是我的朋友，工作表现也都很出众）。微软的人力资源主管丽莎·布鲁梅尔此前从事产品管理工作，亿贝（eBay）的贝丝·艾克瑟罗德原是一名咨询师，提供数据库分析平台服务的帕兰提尔公司（Palantir）的迈克尔·罗普以前是一名工程师。首席执行官希望人力资源主管为商业导向型，具备分析技能，但是这样的人在人力资源从业人员中却相对难找。

我们在谷歌采用了超常规的"三分"招聘模型，创建了一个不同寻常的人力运营团队。我们人力运营部招聘的员工只有不超过 1/3 具备传统的人力资源背景，他们带来的人力资源专业知识是不可替代的。此外，他们还擅长识别不同的形态模式（比如能够感觉出两个团队不高兴的原因的不同之处：其中一个是因为新经理不遗余力地提携一些表现糟糕的员工，另一个是由于新经理是个浑蛋），在组织的各个层面构建紧密的关系，而且具备超强的情商。

有 1/3 的人是从咨询行业聘用的，特别是顶层战略咨询，而不是人力资源咨询。我更喜欢战略咨询是因为他们对商业有深刻的理解，非常善于处理和解决困难的问题。我们从有实践经验的员工身上获得了人力资源的专业知识，因此不再需要请咨询人员提供额外的知识补充。咨询领域的人员通常善于沟通，但是我们还需要在情商方面做严格的筛选。我曾做过咨询，因此可以证明咨询公司招聘的时候首要考虑智商，其次才考虑情商。这对于他们而言是合乎情理的做法，但是在人力运营部我们需要能够解决问题的员工，同时这些员工也需要为各部门的人提供深度支持。此外，情商高的人通常有更明晰的自我认知，因此也不会那么傲慢，这也使他们更容易转移到新的领域。

最后聘用的 1/3 具有很强的分析能力，至少具备组织心理学或物理学等分析领域的硕士学位。他们使我们保持诚实的态度。他们保证了我们的工作达到更高的研究水准，教会整个团队一些传统人力资源团队不会学到的技巧，比如使用 SQL 或 R 等编程语言，或将员工面试中收集的定性数据进行编码的方法。

咨询师和分析师同时也带来了大量的行业知识，他们对其他很多公司以及学术界的情况都很熟悉，这也是我们开启自身工作的一个起点。

从某种意义上讲，我们不需要聘用咨询公司，因为我们已经建立起一个内部的咨询公司。

当然，聘用之后我们会将不同群体的员工混合在一起。不论背景，每个人都有机会尝试每一种工作，使他们的日常工作更刺激，使他们的事业更充实，使我们的团队更强大，使我们的产品更优质。以前做咨询的朱迪·吉尔伯特后来负责招聘和学习团队，现任 YouTube 和 Google X 的人力运营部主管。詹尼特·卓以前在金融领域工作，后来转入人力运营部门，一直负责我们的并购团队，并领导技术部门的人力运营工作。南希·李以前是一名律师，她的第一份人力运营工作是带领一个团队与苏珊·沃西基、萨拉尔·卡曼加、玛丽莎·梅耶尔和乔纳森·罗森伯格合作，为产品管理提供支持，现在她负责领导我们的多样化和教育工作。

通过三分招聘模型的使用，我们招聘到具备各种能力的人：人力资源专业人员教会我们如何对员工和组织施加影响，识别不同的形态模式；咨询师可以提升我们对商业的理解力以及解决问题的水平；分析人员能提高我们所做各项工作的质量。

如果没有这些才能的组合，我在本书中介绍的事情很少能够完成。在人力资源领域仅仅聘用人力资源专业人员是一个错误。

然而，人力运营部的每个人都有一些共同的特点。每个人都是很有天赋的问题解决者。每个人都很谦逊，因此能够保持开放的心态承认自己存在犯错的可能，且认同总有更多的知识需要学习。而且他们每个人都尽职尽责，对员工和公司非常关注。

他们是一个多样化的群体。人力运营团队的成员一共能说 35 种以上的语言，他们中有的以前是专业运动员、奥林匹克选手、世界纪录保持者，还有退伍老兵。各个主要国家、各宗教、各种性取向和身体条件的人都有。他们中有些人曾成立过自己的公司，有的在为美国教师联盟（Teach for America）和 Catalyst（为女性和商业扩大机会）等非营利组织工作，也有来自其他科技公司和行业的，还有一些从开始就在谷歌工作。加入人力运营部之前，他们中有些是工程师，有些是销售人员，有些来自财务部，有些来自公共关系部或法务部门，有些甚至还在人力资源部工作过！我们有一些拿到多个博士学位的员工，也有一些没有任何大学学历的员工，还有几十名员工是他们家庭中第一个读大学的人。这是一群非凡的人，能与他们共事是我无上的荣幸。

但是我们刚起步时只有很少的几个人。但是通过高标准、严要求，坚持三分招聘模型，我们经过 9 年多的时间，创建了一个特别的团队。你也可以。一切都源自清晰地评估现有的技能组合，识别出你们的优势和构建团队的基础，然后一切都取决于你们下一步聘用了哪些人。

人力运营与人力资源

肖娜独一无二的直觉着实了不起。从我们创造了人力运营的叫法之后，现在已经成为人力资源部非常流行的一种名称：多宝箱、脸书、领英、Square（美国一家移动支付公司）、Zynga（社交游戏公司）和其他 20 多家公司都采用了这种叫法。

我最近遇到了另外一家科技公司的人力运营部主管。我问他是什么促使他们采用了这个名称，他告诉我说："哦，只是普通的人力资源而已。我们只不过喜欢这么叫罢了。"

那一刻，我的心也凉了一大截儿。

当然，人们可以任意选择喜欢的名称，但是他们错过了一个机会，构建一个与众不同或许更好的部门的机会。

在人力运营部中将我们所有人团结在一起的最重要因素在于我们共同的愿景——工作不必令人痛苦。工作可以令人更高雅、更有活力、更兴奋，这是推动我们努力的原因。

这并非是说我们拥有一切事情的答案，我们没有。事实上，我们的问题比答案更多。但是我们渴望为谷歌人以及他们的工作体验带来更多的视野、创新和预期。在这么多国家，被这么多社团评选为最佳雇主令我们诚惶诚恐。看到一些人从谷歌起航，以自身所学创建自己版本的了不起的工作环境，非常令人欣慰，他们包括兰迪·纳福利克、迈克尔·迪安杰罗（品趣志人力主管）、蕾妮·阿特伍德（优步人力主管）、阿恩·格斯里（特斯拉人力主管）和风险投资公司安德森·霍洛维茨的合伙人卡洛琳·霍恩。

曾经有一名谷歌员工问我："如果我们将所有的人力资源秘密都告诉了别人，他们不就复制我们的做法了吗？我们不就丢掉自己的优势了吗？"

我告诉他这样做对我们不会有损害。"比如在招聘方面变得更好，并不意味着你能招聘到更多的人，而是意味着你能更好地识别哪些人在你的公司能取得最大的成功。我们希望能在这里发挥最大价值的人来工作，而不是那些在别处能表现更好的人。"

如果在这个过程中，在某家公司工作不再是达到目的的手段，而是成为获得满足感和快乐的源泉呢？如果一天终了，人们都因为自己一天的成就而感到充满力量、非常自豪呢？

那样的话，写这本书的目的就达到了。

致 谢

如果没有拉里·佩奇和谢尔盖·布林的远见卓识、雄心抱负和鼎力支持,这本书根本就不会出现。能够从他们身上学习,与他们共事,是一种荣幸。我也要感谢他们愿意将谷歌的一些经验与世界分享。埃里克·施密特主持的每一次员工会议对我而言都是宝贵的一课。在走廊里与他交谈 5 分钟便是一堂关于领导艺术的大师级课程。乔纳森·罗森伯格、大卫·德拉蒙德和肖娜·布朗帮助我在谷歌迅速发展,使我和团队保持越来越高的标准,这些标准在当时当地看来似乎无法企及,却恰恰是谷歌所需要的。艾伦·尤斯塔斯、比尔·卡夫兰、杰夫·胡贝尔和乌尔斯·霍尔兹勒一直都很慷慨地贡献着宝贵的时间,他们的辩论也都很有见地。帕特里克·皮切特是头脑风暴时的好伙伴,而且是位随叫随到的"车夫"。我非常感激苏珊·沃西基、萨拉尔·卡曼加、史黛西·莎莉文、玛丽莎·梅耶尔和奥米德·科德斯塔尼,他们从无到有共同建起了这个地方,为我们的公司文化而奋斗。如果没有比尔·坎贝尔的教诲和肯特·沃克的锦囊妙计，这么多年我恐怕早就迷失了方向。

有三位谷歌人足够疯狂，认为写作本书值得投入他们的私人时间。如果没有安妮·罗宾森对语言的敏锐洞察和细心钻研，没有凯瑟琳·迪凯斯卓越的分析能力，没有珍·林的设计眼光和简约风格，这本书就不会出现在你的手中。我可以单独写一本书感谢汉娜·查，感谢她对我和人力运营部的支持。如果没有她，我的工作和生活都将是一团糟。还要感谢安娜·弗雷泽、特莎·庞帕、克雷格·鲁本斯、普拉萨德·塞迪、苏尼尔·钱德拉、马克·艾伦伯根、斯科特·鲁本、艾米·兰伯特、安迪·希尔顿、蕾切尔·惠特斯通和罗琳·沃西尔，感谢他们的支持和建议。

作家肯·迪特沃德鼓励我尝试联系了世界上最优秀的书稿代理人阿曼达·厄本。宾基，你的宣传、创意和鼓励是无与伦比的。谢谢。（还要感谢好心的肯·奥莱塔介绍我们认识！）

考特尼·侯德尔随手写的电子邮件都比我用上几小时写的几页文字要好，她是前途无量的编辑，随时准备鼓励我。如果你喜欢阅读本书，要感谢她；如果你不喜欢，那应该怪我没有听她的话！

出版商 Twelve 的肖恩·德斯蒙德和德布·富特对我这个新手作者孤注一掷，我深表感激。希望能够成功！《纽约客》流畅明晰的散文是我每天早晨写作之前的热身读物。这是一本最好的杂志，每个人都应该读一读它的纸质版！

对于那些忍受着折磨阅读本书初稿的几位朋友，谢谢你们。克雷格·比达、乔尔·奥弗雷希特和亚当·格兰特所写的阅读反馈意见可能比本书的字数还要多，还有凯德·梅西和艾米·瑞斯尼斯基提供了非常了不起的建议。

格斯·迈特玛尔，感谢你帮助我把一团乱麻的想法编织成连贯的主题，感谢你帮助我做头脑风暴和修正所有的数据。詹森·科里，没想到那些年一起写辩词的经历会有了用处！约翰·布森伯格和克雷格，你们两个是我此生难得的挚友。

妈妈和爸爸，你们冒着失去一切的风险为我们赢得了自由。我所做的一切都源自在罗马尼亚那一刻的勇气以及此后多年你们不知疲倦的工作和支持。史蒂夫，感谢你自始至终陪伴在我的身边。我知道只要需要你，你就会出现。我爱你们。

人的一生有两个家庭：你出生的家庭和你选择的家庭。我是世上最幸运的男人，因为葛丽·安选择与我共伴今生。简单说来，我发现自从遇见你，生命的每一天都比前一天更好，因此你看到我的每一天都是我人生中最美好的一天。你和女儿们容许我偷走了很多个晚上和周末用于写作这本书。我爱你们胜过一切。我已经等不及开始下一周的生活了！

最后，感谢我每天共事的了不起的谷歌人，还有非常非常棒的人力运营团队。我以前对你们说过，现在还要重申：与你们共事，从你们身上学习，与你们一同创造，真是莫大的荣幸。你们是世界上独一无二的团队，能与你们相伴是上天恩赐的厚礼。

注 释

1. US Bureau of Labor Statistics, "Charts from the American Time UseSurvey," last modified October 23, 2013，http://www.bls.gov/tus/charts/.
2. John A. Byrne, "How Jack Welch Runs GE," *BusinessWeek*, June 8, 1998，http://www.businessweek.com/1998/23/b3581001.htm.
3. （姓名保密），与作者的秘密交谈，2006~2007。
4. *Slate* 杂志的高级技术作家威尔·莱姆斯对于 Gmail 的革命性有如下话要补充："10 年来，谷歌的对手彻底地复制了 Gmail 的做法，人们都已经忘记了 Gmail 之前的网页邮箱多么糟糕：网页载入速度慢得要死，搜索功能糟糕得要命，垃圾邮件泛滥；邮件消息不能以对话的形式列出来；存储空间严重不足，如果空间用完，你就要花上数小时时间删除旧邮件或是向邮件服务供应商购买更多的存储空间。Gmail 设计采用 Ajax 网页开发技术而不是传统普通的 HTML，使我们认识到网页应用程序也可以像桌面应用程序一样流畅运转。它还教会了我们云存储的力量。"2014 年 4 月 1 日。http://www.slate.com/blogs/future_tense/2014/04/01/gmail_s_10th_birthday_the_google_april_fool_s_joke_that_changed_tech_his tory.html.

5. James Raybould,"Unveiling LinkedIn's 100 Most InDemand Employersof 2013," *LinkedIn* (official blog), October 16, 2013, http://blog.linkedin.com/2013/10/16/unveiling-Linkedin's-100-most-indemand-employers-of-2013/.

6. 我们实际聘用的员工数量每年都有所不同。

7. "Harvard Admitted Students Profile," Harvard University, accessed January23, 2014，https://college.harvard.edu/admissions/admissions-statistics.

8. "Yale Facts and Statistics," Yale University, accessed January 23, 2014，http://oir.yale.edu/sites/default/files/FACTSHEET(2012-13)_3.pdf.

9. "Admission Statistics," Princeton University Undergraduate Admission,accessed January 23, 2014，http://www.princeton.edu/admission/applyingforadmission/admission_statistics/.

10. 来源：谷歌。

11. "Fortune's 100 Best Companies to Work For,®" Great Place to Work Institute,accessed January 23, 2014, http://www.greatplacetowork.net/best-companies/north-america/united-states/fortunes-100-best-companies-to-work-forr/441-2005.

12. "Wegmans Announces Record Number of Employee Scholarship Recipients in 2012," Wegmans, June 7, 2012, https://www.wegmans.com/webapp/wcs/stores/servlet/PressReleaseDetailView?productId=742304&storeId=10052&catalogId=10002&langId=-1.

13. Sarah Butler and Saad Hammadi, "Rana Plaza factory disaster: Victims still waiting for compensation," theguardian.com, October 23,

2013, http://www.theguardian.com/world/2013/oct/23/rana-plaza-factory-disaster-compensation-bangladesh.

14. *Office Space*, directed by Mike Judge (1999; 20th Century Fox).

15. Richard Locke, Thomas Kochan, Monica Romis, and Fei Qin, "Beyond Corporate Codes of Conduct: Work Organization and Labour Standards at Nike's Suppliers," *International Labour Review* 146, no. 1‐2(2007): 21‐40.

16. Kamal Birdi, Chris Clegg, Malcolm Patterson, Andrew Robinson, Chris B. Stride, Toby D. Wall, and Stephen J. Wood, "The Impact of Human Resource and Operational Management Practices on Company Productivity: A Longitudinal Study," *Personnel Psychology* 61 (2008): 467‐501.

17. 四个人分别为弗朗西斯·厄普顿、查尔斯－巴切尔多、路德维格·勃姆和约翰·克鲁齐，"Six teams that changed the world," Fortune, May 31, 2006, http://money.cnn.com/2006/05/31/magazines/fortune/sixteams_greatteams_fortune 061206/。

18. Nicole Mowbray, "Oprah's path to power," *The Observer*, March 2, 2003，http://www.theguardian.com/media/2003/mar/02/pressandpublishing.usnews1.

19. Adam Lashinsky, "Larry Page: Google should be like a family," *Fortune*, January 19, 2012, http://fortune.com/2012/01/19/larry-page-google-should-be-like-a-family/.

20. 拉里·佩奇在密歇根大学毕业典礼上的致辞，http://googlepress.blogspot.com/2009/05/larry-pages-universityofmichigan.html。

21. Mark Malseed, "The Story of Sergey Brin," *Moment*, February‐March

2007, http://www.momentmag.com/the-story-of-sergey-brin/.

22. Steven Levy, In the *Plex: How Google Thinks, Works, and Shapes Our Lives* (New York: Simon & Schuster, 2011).

23. John Battelle, "The Birth of Google," *Wired*, August 2005, http://www.wired.com/wired/archive/13.08/battelle.html. "Our History in Depth," Google , http://www.google.com/about/company/history/.

24. 这两份投资最后每一份的价值都超过了 10 亿美元。贝托尔斯海姆和切瑞顿的投资并非成就今日谷歌的最初投资。美国国家科学基金会（National Science Foundation）在更早之前就成为资助人，只不过资助的方式不那么直接，是通过他们的数字图书馆倡议（Digital Libraries Initiative）捐助。赫克托耳·加西亚－莫利纳教授和特里·威诺格拉德教授在 1994 年 9 月 1 日获得数字图书馆倡议的一笔拨款，用于建立斯坦福综合数字图书馆项目。该项目的使命是"开发使能技术，建立单体综合寰宇图书馆，提供大量新兴网络信息资源和合集的统一访问……包括个人信息合集，传统图书馆中可以找到的合集，科学家分享的大量数据合集。该项目中开发的技术提供一种'黏合剂'，灵活经济地使全世界的信息汇集成一个实体供人使用"。

　　拉里的研究生学习费用就是由该项目提供，期间早期的一些工作成就了后来的谷歌。谢尔盖的学习生涯也得到了美国国家科学基金会研究生助研奖学金的资助。参见国家科学基金"谷歌的起源"，http://www.nsf.gov/discoveries/disc_summ.jsp?cntn_id=100660。

25. 谷歌"行为准则"，http://investor.google.com/corporate/code-of-conduct.html#II.

26. Henry Ford, *My Life and Work* (Garden City, NY: Doubleday, Page, 1922).

27. Hardy Green, *The Company Town: The Industrial Edens and Satanic Mills That Shaped the American Economy* (New York: Basic Books, 2010).

28. "About Hershey: Our Proud History," Hershey Entertainment & Resorts,http://www.hersheypa.com/about_hershey/our_proud_history/about_milton_hershey.php.

29. *American Experience*: "Henry Ford," WGBH Educational Foundation, first broadcast March 2013. Albert Lee, *Henry Ford and the Jews* (New York: Stein and Day, 1980). 福特还拥有周报《德宝独立报》(*Dearborn Independent*)，经常登载反犹文章和述评，其中一些还有福特的署名，部分文章发表为4卷合集，名为《国际犹太人：全世界的问题》(1920-1922) [*The International Jew: the World's Problem* (1920–1922)]。

30. Michael D. Antonio, *Hershey: Milton S. Hershey's Extraordinary Life of Wealth, Empire, and Utopian Dreams* (New York: Simon & Schuster, 2007)。好时镇报纸第一次印刷发行时镇上还只有250人，曾在一篇专栏文章《乔治·赫里克夫人，新英格兰第一位"优生"儿的母亲》中提出"种族自杀（异族通婚）是当今时代最邪恶之事"的说法。(《好时周报》，1912年12月26日)。与之相类似，米尔顿·好时学校也是为"贫苦、健康的白人男性孤儿"建立（米尔顿·好时学校契约，1909年11月15日）。

31. Jon Gertner, "True Innovation," *New York Times*, February 25, 2012,http://www.nytimes.com/2012/02/26/opinion/sunday/innovation-and-the-bell-labs-miracle.html?pagewanted=all&_r=0.

32. Jon Gertner, *The Idea Factory: Bell Labs and the Great Age of American Innovation*, reprint edition (New York: Penguin, 2013).

33. John R. Pierce, "Mervin Joe Kelly, 1894–1971" (Washington, DC:National Academy of Sciences, 1975), http://www.nasonline.org/publications/biographical-memoirs/memoir-pdfs/kelly-mervin.pdf。

34. 谷歌官方博客，2011年3月25日，"谷歌搜索现在开始支持切罗基语"，http: //googleblog.blogspot.com/2011/03/google-search-now-supp-

orts-cherokee.html。

35. 谷歌官方博客，2011年1月31日，"一些周末的工作（有希望）使更多埃及人的声音得到倾听"，http://googleblog.blogspot.com/2011/01/some-weekend-work-that-will-hopefully.html。

36. Lashinsky, "Larry Page: Google should be like a family".

37. Edgar H. Schein, *Organizational Culture and Leadership* (San Francisco:Jossey-Bass,2010)。

38. 我们的年度员工测评 Googlegeist, 2013。

39. 拯救时间博客（Rescue Time blog）预估，当天访问我们网站的用户，用在弹莱斯·保罗吉他上的总时间为535万小时（每人26秒）。拯救时间博客，2011年6月9日"谷歌涂鸦再掀高潮！弹奏总时长535万小时"，http://blog.rescuetime.com/2011/06/09/google-doodle-strikes-again/。

40. 将这项使命与斯坦福综合数字图书馆的使命加以对比。听起来很相似，对吧？

41. "IBM公司使命"，http://www.slideshare.net/waqarasif67/ibm-mission-statement。

42. 麦当劳，"公司使命和价值观"，http://www.aboutmcdonalds.com/mcd/our_company/mission_and_values.html。

43. 宝洁公司，"目标的力量"，http://www.pg.com/en_US/company/purpose_people/index.shtml。

44. 维基百科，"谷歌街景时间表"，http://en.wikipedia.org/wiki/Timeline_of_Google_Street_View。

45. 珠峰大本营南营地，https://www.google.com/maps/@ 28. 007168, 86. 86105, 3a,75y,92.93h, 87.22t/data=!3m5!1e1!3m3! 1sUdU6omw_

CrN8sm7NWUnpcw!2e0!3e2。

46. 赫 伦 岛，https://www.google.com/maps/views/streetview/oceans?gl=us。

47. Philip Salesses, Katja Schechtner, and Cesar A. Hidalgo, "The Collaborative Image of the City: Mapping the Inequality of Urban Perception," PLOS ONE, July 24, 2013, http://www.plosone.org/article/info%3Adoi%2F10.1371%2Fjournal.pone.0068400。

48. 全面揭秘：谷歌资本对优步进行了投资。在我写作本书期间，谷歌并购了位智地图。

49. 谷歌2013年5月15日发布"谷歌开发人员"，https://plus.sandbox.google.com/+GoogleDevelopers/posts/NrPMMwZtY8m.

50. Adam Grant, Give and Take: *A Revolutionary Approach to Success* (NewYork: Viking, 2013).

51. Adam M. Grant, Elizabeth M. Campbell, Grace Chen, Keenan Cottone, David Lapedis, and Karen Lee, "Impact and the Art of Motivation Maintenance: The Effects of Contact with Beneficiaries on Persistence Behavior," *Organizational Behavior and Human Decision Processes* 103, no. 1 (2007): 53–67.

52. Corey Kilgannon, "The Lox Sherpa of Russ & Daughters," *New York Times,* November 2, 2012, http://www.nytimes.com/2012/11/04/nyregion/the-lox-sherpa-of-russ-daughters.html?_r=0, 11/2/12.

53. A. Wrzesniewski, C. McCauley, R. Rozin, and B. Schwarz, "Jobs, Careers, and Callings: People's Relation to Their Work," *Journal of Research in Personality* 31 (1997): 21–33.

54. Roger More, "How General Motors Lost its Focus—and its Way," *Ivey*

Business Journal, May‐June2009, http://iveybusinessjournal.com/topics/strategy/how-general-motors-lost-its-focus-and-its-way#.UoblNPlwp8E.

55. Marty Makary, MD, *Unaccountable: What Hospitals Won't Tell You and How Transparency Can Revolutionize Health Care* (New York: Bloomsbury Press, 2012).

56. Daniel Gross, "Bridgewater May Be the Hottest Hedge Fund for Harvard Grads, but It's Also the Weirdest," *Daily Beast*, March 7, 2013, http://www.thedailybeast.com/articles/2013/03/07/bridgewater-may-be-the-hottest-hedge-fund-for-harvard-grads-but-it-s-also-the-weirdest.html.

57. "Radical Transparency," *LEADERS*, July‐September 2010, http://www.leadersmag.com/issues/2010.3_Jul/Shaping%20The%20Future/Ray-Dalio-Bridgewater-Associates-Interview-Principles.html.

58. Tara Siegel Bernard, "Google to Add Pay to Cover a Tax for Same-SexBenefits," *New York Times*, June 30, 2010, http://www.nytimes.com/2010/07/01/your-money/01benefits.html?_r=2&.

59. Ethan R. Burris, "The Risks and Rewards of Speaking Up: ManagerialResponses to Employee Voice," *Academy of Management Journal* 55, no. 4 (2012):851‐875. Robert S. Dooley and Gerald E. Fryxell, "Attaining Decision Quality and Commitment from Dissent: The Moderating Effects of Loyalty and Competence in Strategic Decision-Making Teams," Academy of *Management Journal* 42, no. 4(1999): 389‐402. Charlan Jeanne Nemeth, "Managing Innovation: When Less IsMore," *California Management Review* 40, no. 1 (1997):

59‒74. Linda Argote and Paul Ingram, "Knowledge Transfer: A Basis for Competitive Advantage in Firms," *Organizational Behavior and Human Decision Processes* 82, no. 1 (2000): 150‒169.

60. Laszlo Bock, "Passion, Not Perks," Google, September 2011 Laszlo Bock, "Passion, Not Perks," Google, September 2011，http://www.thinkwithgoogle.com/articles/passion-not-perks.html.

61. 据德鲁克研究会的档案管理员布丽奇特·劳勒说："这句引言……经常被认为是德鲁克所说，但是我们并没有确切的信息来源。当然有可能是他在某次演讲或讲座中用过这句话，但是并没有任何文字记录。"

62. 史黛西把握住了正确的方向。中国香港大学的西蒙·兰姆和密歇根州立大学的约翰·薛布洛克发现，选出意见领袖执行政策变化，引导规程，相较一般经理或随机的员工会产生更大的影响力。他们研究了三家银行支行实行一种新的服务培训项目时的情况。选出意见领袖作为服务质量牵头人时，即使培训的内容完全一样，客户、监督人以及出纳也都发现服务质量的提升程度要高出很多。Simon S. Lam and John Schaubroeck, "A Field Experiment Testing Frontline Opinion Leaders as Change Agents," *Journal of Applied Psychology* 85, no. 6 (2000): 987‒995.

63. 2013年以前的薪水数据来自 http://www.stevetheump.com/Payrolls.htm 和 http://www.baseballprospectus.com/compensation/cots/。2013年的薪水数据来自《今日美国》(*USA Today*)，2013年12月15日数据，http://www.usatoday.com/sports/fantasy/baseball/salaries/2013/all/team/all/。胜利者数据来自 http://espn.go.com/ mlb/worldseries/history/winners。

64. David Waldstein, "Penny-Pinching in Pinstripes? Yes, the Yanks Are Reining in Pay," *New York Times*, March 11, 2013，http://www.nytimes.com/2013/03/12/sports/baseball/yankees-baseballs-big-

spenders-are-reining-it-in.html?pagewanted=all&_r=0.

65. "Milestones in Mayer's Tenure as Yahoo's Chief," *New York Times*, January 16, 2014 http://www.nytimes.com/interactive/2014/01/16/technology/marissa-mayer-yahoo-timeline.html?_r=0#/#time303_8405.

66. Brian Stelter, "He Has Millions and a New Job at Yahoo. Soon, He'll Be 18," *New York Times, March* 25, 2013，http://www.nytimes.com/2013/03/26/business/media/nick-daloisio-17-sells-summly-app-to-yahoo.html?hp&_r=0. Kevin Roose, "Yahoo's Summly Acquisition Is About PR and Hiring, Not a 17-Year-Old's App," *New York*, March 26, 2013，http://nymag.com/daily/intelligencer/2013/03/yahoos-summly-acquisition-is-about-image.html.

67. "Yahoo Acquires Xobni App," Zacks Equity Research, July 5, 2013, http://finance.yahoo.com/news/yahoo-acquires-xobni-app-154002114.html.

68. Professor Freek Vermeulen, "Most Acquisitions Fail—Really," *Freeky Business* (blog), January 3, 2008, http://freekvermeulen.blogspot.com/2007/11/random-rantings-2.html.

69. 阿姆巴迪和罗森塔尔"薄片"及其他。详细的引用出现在下一章，见注释79起。有研究人员发现第一印象在10秒钟的时间内就可以形成。

70. Caroline Wyatt, "Bush and Putin: Best of Friends," *BBC News*, June 16,2001，http://news.bbc.co.uk/2/hi/1392791.stm.

71. 专家对于到底有多少培训是浪费仍莫衷一是，但是几乎所有专家都一致认为只有很少的培训产生了作用。约翰·纽斯特朗姆在1985年对美国培训人员和开发人员协会成员进行了调查，他估计接受完培训之后有40%会立即投入实践，但是一年之后仅剩下15%仍在使用。在此我还要指出，培训人员本身很可能乐观估计结果。纽斯特朗姆和玛丽·布罗德在 1992 年再次进行调查的时候，发现大约有 20% 的学习者将培训内容应用于实践，不过布罗德后来在 2005 年做了澄清，称大多数项目中将学习的知识切实应用于实践的比例约为 10%。蒂姆·鲍德温和凯文·福特在 1988 年也总结认为，"美国的实业公司每年用在培训和开发上的资金高达 1000 亿美元，其中只有不超过 10% 的投入真正转化到工作中"。斯科特·坦南鲍姆和加里·尤克尔在 1992 年的研究结果更不乐观，他们估计只有 5% 的学习者将培训的知识应用于实践。

爱德华多·萨拉斯、坦南鲍姆、科特·克雷格和金伯利·史密斯-延奇在 2012 年的最新研究给了我们一些希望。他们认为培训的效果可以大幅提升，但是需要特定的环境，包括能够给予支持的环境，对培训中所学技能正式和非正式的强化，工作自主性，对质量的组织认同感，员工可以灵活地在工作中尝试新学习的行为。简而言之，恰恰是我们在本书中探讨打造的一类环境。

72. "Einstein at the Patent Office," Swiss Federal Institute of Intellectual Property, last modified April 21, 2011, https://www.ige.ch/en/about-us/einstein/einstein-at-the-patent-office.html.

73. Corporate Executive Board, Corporate Leadership Council, HR Budgetand Efficiency Benchmarking Database, Arlington VA, 2012.

74. Pui-WingTam and Kevin Delaney, "Google's Growth Helps Ignite Silicon Valley Hiring Frenzy," *Wall Street Journal*, November 23, 2005, http://online.wsj.com/article/SB113271436430704916.html, 以及私人交谈。

75. Malcolm Gladwell, "The Talent Myth: Are Smart People Overrated?," *The New Yorker*, July 22, 2002, http://www.newyorker.com/archive/2002/07/22/020722fa_fact?currentPage=all.

76. "Warning: We Brake for Number Theory," *Google* (official blog), July12, 2004, http://googleblog.blogspot.com/2004/07/warning-we-

brake-for-number-theory.html.

77. "Google Hiring Experience," *Oliver Twist* (blog), last modified January17, 2006，http://google-hiring-experience.blogspot.com/.

78. "How Tough Is Google's Interview Process," *Jason Salas'WebLog* (blog), September 5, 2005, http://weblogs.asp.net/jasonsalas/archive/2005/09/04/424378 .aspx.

79. 在这方面最早的研究文献是曼尼托巴大学的 B. M. 斯普林柏特在 1958 年发表的。尽管面试人的样本很少，但是他还是发现决定通常都在面试的前 4 分钟做出。此后相关的研究包括：Nalini Ambady and Robert Rosenthal, "Thin Slices of Expressive Behavior as Predictors of Interpersonal Consequences: A Meta-Analysis," *Psychological Bulletin* 111, no. 2 (1992): 256－274。M. R. Barrick, B. W. Swider, and G. L. Stewart, "Initial Evaluations in the Interview:Relationships with Subsequent Interviewer Evaluations and EmploymentOffers," *Journal of Applied Psychology* 95, no. 6 (2010): 1163－1172。M. R. Barrick,S. L. Dustin, T. L. Giluk, G. L. Stewart, J. A. Shaffer, and B. W. Swider, "Candidate Characteristics Driving Initial Impressions During Rapport Building:Implications for Employment Interview Validity," *Journal of Occupational and Organizational Psychology* 85, no. 2 (2012): 330－352。

80. J. T. 普利克特、N. 迦达－耆那和 F. J. 勃涅日，2000 年 5 月，在芝加哥举办的中西部心理协会年度会议上进行交流的文章《工作面试中第一印象的重要性》。

81. http://en.wikipedia.org/wiki/Confirmation_bias#CITEREFPlous1993, Scott, Plous, *The Psychology of Judgment and Decision Making*, (New York: McGraw-Hill, 1993), 233.

82. The New-Boy Network, *The New Yorker*, May 29, 2000:68–86.

83. N. Munk and S. Oliver, "Think Fast!" *Forbes*, 159, no. 6 (1997): 146–150. K. J. Gilhooly and P. Murphy, "Differentiating Insight from Non-Insight Problems," *Thinking & Reasoning* 11, no. 3 (2005): 279–302.

84. Frank L. Schmidt and John E. Hunter, "The Validity and Utility of Selection Methods in Personnel Psychology: Practical and Theoretical Implications of 85 Years of Research Findings," *Psychological Bulletin* 124, no. 2 (1998):262–274。本章中所提的 r^2 值是依据报道修正相关系数计算的。

85. Phyllis Rosser, *The SAT Gender Gap: Identifying the Causes* (Washington, DC: Center for Women Policy Studies, 1989).

86. 后续研究也证实了 SAT 成绩的性别差异和人种偏差。比如：Christianne Corbett, Catherine Hill, and Andresse St. Rose, "Where the Girls Are: The Facts About Gender Equity in Education," American Association of University Women (2008)。Maria Veronica Santelices and Mark Wilson, "Unfair Treatment? The Case of Freedle, the SAT, and the Standardization Approach to Differential Item Functioning,"*Harvard Educational Review* 80, no. 1 (2010): 106–134。

87. Alec Long, "Survey Affirms Pitzer Policy Not to Require Standardized Tests," *The Student Life*, February 28, 2014.

88. Michael A. McDaniel, Deborah L. Whetzel, Frank L. Schmidt, and Steven D. Maurer, "The Validity of Employment Interviews: A Comprehensive Review and Meta-Analysis," Journal of *Applied Psychology* 79, no. 4 (1994): 599–616. Willi H. Wiesner and Steven F. Cronshaw, "A Meta-Analytic Investigation of the Impact of Interview

Format and Degree of Structure on the Validity of the Employment Interview," *Journal of Occupational Psychology* 61, no. 4 (1988): 275–290.

89. 和所有好的东西一样，尽责如果做得太极端也会成为一种负面表现，从原本的精心筹划、目标设定和坚持不懈变为不变通和强迫性完美主义。至今为止我们还没有发现这样做会是问题，但是准备在未来进行探究。

90. 2014 年 10 月 7 日，私人通信。

91. Abraham H. Maslow, *The Psychology of Science: A Reconnaissance* (NewYork: Joanna Cotler Books, 1966), 15.

92. 每一名应聘者会得到每一名面试人的一个评分，从 0 到 4.0 不等，之后各位面试人的评分取平均数得到综合分数。通常得 3.0 分意味着我们应该聘用这个人，但是在实践中几乎所有应聘者的最终分数都在 3.2 到 3.6 之间。从来没有人得到 4.0 的平均分。

93. John Emerich Edward Dalberg, Lord Acton, Letter to Bishop Mandell Creighton, April 5, 1887, in *Historical Essays and Studies*, eds. John Neville Figgis and Reginald Vere Laurence (London: Macmillan, 1907), 504.

94. Discovering Psychology with Philip Zimbardo, PhD, updated edition, "Power of the Situation," 视频从 10 分 59 秒起，http://www.learner.org/series/discoveringpsychology/19/e19expand.html.

95. 有大量文献探索、深究和批评米尔格拉姆实验。比如，参见昆士兰大学亚历克斯·哈斯拉姆和圣安德鲁大学史蒂夫·雷谢的著作。

96. Richard Norton Smith, "Ron Nessen," Gerald R. Ford Oral History Project, http://geraldrfordfoundation.org/centennial/oralhistory/ron-nessen/.

97. "SciTech Tuesday: Abraham Wald, Seeing the Unseen," post by Annie Tete, STEM Education Coordinator at the National World War II Museum,*See & Hear* (museum blog), November 13, 2012, http://www.nww2m.com/2012/11/scitech-tuesday-abraham-wald-seeing-the-unseen/. 沃德作品翻版可在此找到：http://cna.org/sites/default/files/research/ 0204320000.pdf.
98. "律师猫"是谷歌人对努力工作、警惕性很高的法务部门谷歌人的称呼。是的，谷歌人经常用一张真猫的照片（全身像，穿西装、打领带，还有笔挺的白领）表示或许会转入阴沉的法律范畴的内部讨论。
99. "Our New Search Index: Caffeine," *Google* (official blog), June 8, 2010, http://googleblog.blogspot.com/2010/06/our-new-search-index-caffeine.html.
100. "Time to Think," *3M*, http://solutions.3m.com/innovation/en_US/stories/time-to-think.
101. Ryan Tate, "Google Couldn't Kill 20 Percent Time Even If It Wanted To," *Wired*, August 21, 2013, http://www.wired.com/business/2013/08/20-percent-time-will-never-die/.
102. Linda Babcock, Sara Laschever, Michele Gelfand, and Deborah Small, "Nice Girls Don't Ask," *Harvard Business Review*, October 2003, http://hbr.org/2003/10/nice-girls-dont-ask/.
Linda Babcock and Sara Laschever, *Women Don't Ask: Negotiation and the Gender Divide* (Princeton, NJ: Princeton UniversityPress, 2003).
103. "Employee Engagement: What's Your Engagement Ratio?" Gallup Consulting, Employment Engagement Overview Brochure, downloaded 11/17/13.

104. William H. Macey and Benjamin Schneider, "The Meaning of Employee Engagement," *Industrial and Organizational Psychology* 1, no. 1 (2008): 3–30.

105. Olivier Serrat, "The Travails of Micromanagement" (Washington,DC: Asian Development Bank, 2011), http://digitalcommons.ilr.cornell.edu/cgi/viewcontent.cgi?article=1208&context=intl。

106. Richard Bach, Illusions: *The Adventures of a Reluctant Messiah* (NewYork: Delacorte, 1977).

107. Elaine D. Pulakos and Ryan S. O'Leary, "Why Is Performance Management Broken?" *Industrial and Organizational Psychology* 4, no. 2 (2011): 146–164.

108. "Results of the 2010 Study on the State of Performance Management," Sibson Consulting, 2010, http://www.sibson.com/publications/surveysandstudies/2010SPM.pdf.

109. Julie Cook Ramirez, "Rethinking the Review," *Human Resource Executive HREOnline*, July 24, 2013, http://www.hreonline.com/HRE/view/story.jhtml?id=534355695.

110. Edwin A. Locke and Gary P. Latham, *A Theory of Goal Setting & Task Performance* (Upper Saddle River, NJ: Prentice Hall, 1990).

111. Xander M. Bezuijen, Karen van Dam, Peter T. van den Berg, and Henk Thierry, "How Leaders Stimulate Employee Learning: A Leader-Member Exchange Approach," *Journal of Occupational and Organizational Psychology* 83,no. 3 (2010): 673–693. Benjamin Blatt, Sharon Confessore, Gene Kallenberg, and Larrie Greenberg, "Verbal Interaction Analysis: Viewing Feedback Through a Different

Lens," *Teaching and Learning in Medicine* 20, no. 4 (2008): 329–333.

112. Elaine D. Pulakos and Ryan S. O'Leary, "Why Is Performance Management Broken?" *Industrial and Organizational Psychology* 4, no. 2 (2011): 146–164.

113. 任何阅读本书的谷歌人都可使用这张图片，我们已经得到保罗·考恩和科林·麦克米伦以及GCPA的同意。Memegen网站上出现的东西，可以保留在Memegen上！

114. Susan J. Ashford, "Feedback-Seeking in Individual Adaptation: A Resource Perspective," *Academy of Management Journal* 29, no. 3 (1986): 465–487. Leanne E. Atwater, Joan F. Brett, and Atira Cherise Charles, "Multisource Feedback: Lessons Learned and Implications for Practice," *Human Resource Management* 46, no. 2 (2007): 285–307. Roger Azevedo and Robert M. Bernard, "A Meta-Analysis of the Effects of Feedback in Computer-Based Instruction," *Journal of Educational Computing Research* 13, no. 2 (1995): 111–127. Robert A. Baron, "Criticism (Informal Negative Feedback) As a Source of Perceived Unfairness in Organizations: Effects, Mechanisms, and Countermeasures," in *Justice in the Workplace: Approaching Fairness in Human Resource Management* (Applied Psychology Series), ed. Russell Cropanzano (Hillsdale, NJ: Lawrence Erlbaum Associates, Inc., 1993), 155–170. Donald B. Fedor, Walter D. Davis, John M. Maslyn, and Kieran Mathieson, "Performance Improvement Efforts in Response to Negative Feedback: The Roles of Source Power and Recipient Self-Esteem," *Journal of Management* 27, no. 1 (2001): 79–97. Gary E. Bolton, Elena Katok, and Axel Ockenfels, "How Effective Are Electronic Reputation Mechanisms? An Experimental Investigation,"

Management Science 50, no. 11 (2004): 1587–1602.Chrysanthos Dellarocas, "The Digitization of Word of Mouth: Promise and Challenges of Online Feedback Mechanisms," *Management Science* 49, no. 10 (2003): 1407–1424.

115. Edward L. Deci, "Effects of Externally Mediated Rewards on Intrinsic Motivation," *Journal of Personality and Social Psychology* 18, no. 1 (1971): 105–115.

116. Edward L. Deci and Richard M. Ryan, *Intrinsic Motivation and Self-Determination in Human Behavior* (New York: Plenum, 1985).E. L. Deci, R.Koestner, and R. M. Ryan, "A Meta-Analytic Review of Experiments Examining the Effects of Extrinsic Rewards on Intrinsic Motivation," *Psychological Bulletin* 125, no. 6 (1999): 627–668. R. M. Ryan and E. L. Deci, "Self-Determination Theory and the Facilitation of Intrinsic Motivation, Social Development, and Well-Being," *American Psychologist* 55, no. 1 (2000): 68–78.

117. Maura A. Belliveau, "Engendering Inequity? How Social Accounts Create vs. Merely Explain Unfavorable Pay Outcomes for Women," *Organization Science* 23, no. 4 (2012): 1154–1174,published online September 28, 2011, http://pubsonline.informs.org/doi/abs/10.1287/orsc.1110.0691.

118. 私人交谈。

119. Atwater, Brett, and Charles, "Multisource Feedback." Blatt, Confessore,Kallenberg, and Greenberg, "Verbal Interaction Analysis." Joan F. Brettand Leanne E. Atwater, "360° Feedback: Accuracy, Reactions, and Perceptions of Usefulness," *Journal of Applied Psychology* 86, no. 5 (2001): 930–942.

120. 开发这个系统原型的工程师决定只允许使用 512 个字符。最初他们希望设定为 256 个字符，其中部分原因是由于一个字节（一个二进制数字集合）可存储 256 个不同的值。但是后来他们意识到 256 个字符很可能不够，因此将限定字符数加了倍（256 同时也是 2^8，512 则是 2^9）。

121. Drew H. Bailey, Andrew Littlefield, and David C. Geary, "The Co-development of Skill at and Preference for Use of Retrieval-Based Processes for Solving Addition Problems: Individual and Sex Differences from First to Sixth Grades," *Journal of Experimental Child Psychology* 113, no. 1 (2012): 78–92.

122. Albert F. Blakeslee, "Corn and Men," *Journal of Heredity* 5, no. 11(1914): 511–518. Mark F. Schilling, Ann E. Watkins, and William Watkins, "Is Human Height Bimodal?" *The American Statistician* 56, no. 3 (2002): 223–229, http://faculty.washington.edu/tamre/IsHumanHeightBimodal.pdf.

123.

124. Carl Friedrich Gauss, *Theory of the Motion of the Heavenly Bodies Moving about the Sun in Conic Sections: A Translation of Gauss's "Theoria Motus,"* trans. Charles Henry Davis (1809; repr., Boston: Little, Brown & Co., 1857).

125. Margaret A. McDowell, Cheryl D. Fryar, Cynthia L. Ogden, and Katherine M. Flegal, "Anthropometric Reference Data for Children and Adults: United States, 2003–2006," *National Health Statistics*

Reports 10 (Hyattsville, MD: National Center for Health Statistics, 2008), http://www.cdc.gov/nchs/data/nhsr/nhsr010.pdf.

126. Aaron Clauset, Cosma Rohilla Shalizi, and M. E. J. Newman, "Power-Law Distributions in Empirical Data," *SIAM Review* 51, no. 4 (2009): 661–703.

127. Herman Aguinis and Ernest O'Boyle Jr., "Star Performers in Twenty-First Century Organizations," *Personnel Psychology* 67, no. 2 (2014): 313–350.

128. Boris Groysberg, Harvard Business School, http://www.hbs.edu/faculty/Pages/profile.aspx?facId=10650.

129. 要注意提升到"平均"水平并不一定意味着绩效表现进入前50%（中位表现），但是已经足以说明问题。

130. Jack and Suzy Welch, "The Case for 20-70-10," *Bloomberg Businessweek*, October 1, 2006, http://www.businessweek.com/stories/2006-10-01/the-case-for-20-70-10.

131. 出处同上。

132. Kurt Eichenwald, "Microsoft's Lost Decade," *Vanity Fair,* August 2012, http://www.vanityfair.com/business/2012/08/microsoft-lost-mojo-steve-ballmer.

133. Tom Warren, "Microsoft Axes Its Controversial Employee-Ranking System," *The Verge*, November 12, 2013, http://www.theverge.com/2013/11/12/5094864/microsoft-kills-stack-ranking-internal-structure.

134. David A. Garvin, Alison Berkley Wagonfeld, and Liz Kind, "Google's Project Oxygen: Do Managers Matter?" Harvard Business School

Case 313-110, April 2013 (revised July 2013).

135. 我们再也没有遇到过类似的情况,直到 2008 年,我们的搜索和体系基础架构高级副总裁比尔·卡夫兰(任该职务至 2011 年)处理了 180 份直接报告。

136. Atul Gawande, "The Checklist," *The New Yorker*, December 10, 2007,http://www.newyorker.com/reporting/2007/12/10/071210fa_fact_gawande.

137. 来自内部采访。

138. ASTD Staff, "$156 Billion Spent on Training and Development," *ASTD*(blog), American Society for Training and Development (now the Association for Talent Development), December 6, 2012, http://www.astd.org/Publications/Blogs/ASTD-Blog/2012/12/156-Billion-Spent-on-Training-and-Development.

139. "Fast Facts," National Center for Education Statistics, http://nces.ed.gov/fastfacts/display.asp?id=66.

140. 达蒙·邓恩,斯坦福大学帕洛阿尔托,2009 年 9 月 8 日,在威廉·V. 坎贝尔奖杯命名仪式上讲的故事。http://en.wikipedia.org/wiki/Damon_Dunn.

141. K. Anders Ericsson, "Deliberate Practice and the Acquisition and Maintenance of Expert Performance in Medicine and Related Domains," *Academic Medicine* 79, no. 10 (2004): S70-S81,http://journals.lww.com/academicmedicine/Fulltext/2004/10001/Deliberate_Practice_and_the_Acquisition_and.22.aspx/.

142. Angela Lee Duckworth, Teri A. Kirby, Eli Tsukayama, Heather Berstein,and K. Anders Ericsson, "Deliberate Practice Spells Success: Why Grittier Competitors Triumph at the National Spelling

Bee," *Social Psychological and Personality Science* 2, no. 2 (2011): 174–181,http://spp.sagepub.com/content/2/2/174.short.

143. Andrew S. Grove, *High Output Management* (New York: Random House,1983), 223.

144. Chade-Meng Tan, *Meng's Little Space* (blog), http://chademeng.com/.

145. Jon Kabat-Zinn,*Wherever You Go, There You Are: Mindfulness Meditation in Everyday Life* (New York: Hyperion, 1994), 4.

146. Lucy Kellaway, "The Wise Fool of Google," *Financial Times*, June 7, 2012, http://www.ft.com/intl/cms/s/0/e5ca761c-af34-11e1-a4e0-00144feabdc0.html#axzz2dmOsqhuM.

147. 私人交谈。

148. "Teaching Awareness at Google: Breathe Easy and Come into Focus," *Google* (official blog), June 4, 2013, http://googleblog.blogspot.com/search/label/g2g.

149. Michael M. Lombardo and Robert W. Eichinger, *The Career Architect Development Planner* (Minneapolis: Lominger, 1996), iv. Allen Tough, *The Adult's Learning Projects: A Fresh Approach to Theory and Practice in Adult Learning* (Toronto: OISE, 1979).

150. "Social & Environmental Responsibility Report 2011–2012," Gap Inc.,http://www.gapinc.com/content/csr/html/employees/career-development.html.

151. "U.S. Corporate Responsibility Report 2013," Pricewaterhouse Coopers,http://www.pwc.com/us/en/about-us/corporate-responsibility/corporate-responsibility-report-2011/people/learning-and-development.jhtml.

152. "Learning at Dell," Dell Inc., http://www.dell.com/learn/au/en/aucorp1/learning-at-dell.

153. D. Scott DeRue and Christopher G. Myers, "Leadership Development:A Review and Agenda for Future Research," in *The Oxford Handbook of Leadership and Organizations*, ed. David V. Day (New York: Oxford University Press, 2014), http://www-personal.umich.edu/‐cgmyers/deruemyersoxfordhandbookcha.pdf.

154. "Kirkpatrick Hierarchy for Assessment of Research Papers," Division of Education, American College of Surgeons, http://www.facs.org/education/technicalskills/kirkpatrick/kirkpatrick.html.

155. Yevgeniy Dodis, "Some of My Favorite Sayings," Department of Computer Science, New York University, cs.nyu.edu/‐dodis/quotes.html.

156. David Streitfeld, "Silicon Valley's Favorite Stories," Bits (blog), New York Times, February 5, 2013, http://bits.blogs.nytimes.com/2013/02/05/silicon-valleys-favorite-stories/?_r=0.

157. "William Shockley Founds Shockley Semiconductor," Fairchild Semiconductor Corporation, http://www.fairchildsemi.com/about-fairchild/history/#.

158. Tom Wolfe, "The Tinkerings of Robert Noyce: How the Sun Rose on the Silicon Valley," *Esquire*, December 1983.

159. Nick Bilton, "Why San Francisco Is Not New York," Bits (blog), *New York Times*, March 20, 2014, http://bits.blogs.nytimes.com/2014/03/20/why-san-francisco-isnt-the-new-new-york/.

160. 谷歌的"玛姬对抗斯普林菲尔德轻轨",为什么我们的悉尼会议室被命名为北哈弗布鲁克。①

161. 所有图片来自网络 http://archive.org/web/web.php.

162. 文中评论是 2012 年 3 月在曼哈顿 92 街 Y 接受《彭博商业周刊》编辑乔希·泰兰吉尔采访时做的评论。Bianca Bosker, "Google Design: Why Google.com Homepage Looks So Simple," *Huffington Post*, March 27, 2012, http://www.huffingtonpost.com/2012/03/27/google-design-sergey-brin_n_1384074.html.

163. Bosker, "Google Design."

164. 硅谷指数, http://www.siliconvalleyindex.org/index.php/economy/income.

165. Wayne F. Cascio, "The High Cost of Low Wages," *Harvard Business Review*, December 2006, http://hbr.org/2006/12/the-high-cost-of-low-wages/ar/1.

166. Edward P. Lazear, "Why Is There Mandatory Retirement?" *Journal of Political Economy* 87, no. 6 (1979): 1261–1284.

167. Frank L. Schmidt, John E. Hunter, Robert C. McKenzie, and Tressie W. Muldrow, "Impact of Valid Selection Procedures on Work-Force Productivity," *Journal of Applied Psychology* 64, no. 6 (1979): 609–626.

168. Ernest O'Boyle Jr. and Herman Aguinis, "The Best and the Rest: Revisiting the Norm of Normality of Individual Performance," *Personnel Psychology* 65, no. 1 (2012): 79–119.

---

① 《辛普森一家》第四季第十二集中销售商莱尔·兰利说服斯普林菲尔德镇建轻轨，建成的却是豆腐渣工程。北哈弗布鲁克就是该条轻轨建设中受害的小镇之一。——译者注

169. Nassim Nicholas Taleb, *The Black Swan* (New York: Random House, 2007).

170. Storyboard, "Walt Disney's Oscars," The Walt Disney Family Museum,February 22, 2013, http://www.waltdisney.org/storyboard/walt-disneys-oscars%C2%AE.

171. *Wikipedia*, "List of Best-Selling Fiction Authors," last modified April 19, 2014, http://en.wikipedia.org/wiki/List_of_best-selling_fiction_authors.

172. 与美国录音学会（格莱美奖的主办方）的通信。

173. Bill Russell page, *NBA Encyclopedia: Playoff Edition*, National Basketball Association, http://www.nba.com/history/players/russell_bio.html.

174. http://www.golf.com/tour-and-news/tiger-woods-vs-jack-nicklaus-major-championship-records.

175. "Billie Jean King," International Tennis Hall of Fame and Museum,http://www.tennisfame.com/hall-of-famers/billie-jean-king.

176. *Davemanuel.com*, http://www.davemanuel.com/inflation-calculator.php.

177. 我曾经与一名销售主管共事过，他认为自己的佣金应该根据整个公司的营业收入来定，而全公司的营业收入要以10亿美元计。他的确是一名很了不起的销售员，但是如果没有公司的品牌作为敲门砖，给他带来公众的信任，没有AAA的信用评级降低成本，没有公司基础构架的支持，那么他的销售量会大幅下降。他的销售表现并非全部来自个人的努力。在执行"极端薪酬"时，关键要区分非凡的表现有多少是由于个人因素，有多少是由于其他因素。

178. Katie Hafner, "New Incentive for Google Employees: Awards Worth Millions," *New York Times*, February 1, 2005, http://www.nytimes.com/2005/02/01/technology/01google.html?_r=0,http://investor.google.com/corporate/2004/founders-letter.html.

179. "2004 Founders' Letter," Google: Investor Relations, December 31,2004, http://investor.google.com/corporate/2004/founders-letter.html.

180. "2005 Founders' Letter," Google: Investor Relations, December 31,2005, http://investor.google.com/corporate/2005/founders-letter.html.

181. "The Hollywood Money Machine," Fun Industries Inc., http://www.funindustries.com/hollywood-money-blower.htm.

182. John W. Thibaut and Laurens Walker, *Procedural Justice: A Psychological Analysis* (Mahwah, NJ: Lawrence Erlbaum Associates, 1975), http://books.google.com/books?id=2l5_QgAACAAJ&dq=thibaut+and+walker+1975+Procedural+justice:+A+psychological+analysis.

183. Scott A. Jeffrey, "*The Benefits of Tangible Non-Monetary Incentives*" (unpublished manuscript, University of Chicago Graduate School of Business,2003), http://theirf.org/direct/user/site/0/files/the%20benefits%20of%20tangible%20non%20monetary%20incentives.pdf.Scott A. Jeffrey and Victoria Shaffer, "The Motivational Properties of Tangible Incentives," *Compensation & Benefits Review* 39, no. 3 (2007): 44–50. Erica Mina Okada, "Justification Effects on Consumer Choice of Hedonic and Utilitarian

Goods," *Journal of Marketing Research* 42, no. 1 (2005): 43–53. Richard H. Thaler, "Mental Accounting Matters," *Journal of Behavioral Decision Making* 12, no. 3 (1999): 183–206.

184. 这项发现与学术研究结果一致，学术研究关注的是采购而非礼物。人们在购买体验（旅行、晚餐）时比购买物品（衣物、电子用品）时更快乐。Travis J. Carter and Thomas Gilovich, "The Relative Relativity of Material and Experiential Purchases," *Journal of Personality and Social Psychology* 98, no. 1 (2010): 146–159。

185. Adam Bryant, "Honeywell's David Cote, on Decisiveness as a 2-EdgedSword," *New York Times,* November 2, 2013, http://www.nytimes.com/2013/11/03/business/honeywells-david-cote-on-decisiveness-as-a-2-edged-sword.html.

186. Ben Parr, "Google Wave: A Complete Guide," *Mashable*, May 28,2009, last updated January 29, 2010, http://mashable.com/2009/05/28/google-wave-guide/.

187. "Introducing Apache Wave," Google, *Google Wave Developer Blog*, December 6, 2010, http://googlewavedev.blogspot.com/2010/12/introducing-apache-wave.html.

188. Chris Argyris, "Double Loop Learning in Organizations," *Harvard Business Review*, September 1977, http://hbr.org/1977/09/double-loop-learning-in-organizations/ar/1.

189. Chris Argyris, "Teaching Smart People How to Learn," *Harvard Business Review*, May 1991, http://hbr.org/1991/05/teaching-smart-people-how-to-learn/.

190. 这段话与据称是 IBM 创始人托马斯．J. 沃森所说的一段话很类似："最近有人问我是不是要解雇一名刚犯了一个错误给公司带来 60 万美元损失的员工。我说不会，我刚花了 60 万美元培训他，为什么会让别人捡便宜聘用有这样经历的人？"

191. "California Middle School Rankings," *SchoolDigger.com*, http://www.schooldigger.com/go/CA/schoolrank.aspx?level=2.SchoolDigger. 根据州内标准测试的数学和英语平均分数对学校进行排名。

192. Ronald S. Burt, "Structural Holes and Good Ideas," *American Journal of Sociology* 110, no. 2 (2004): 349–399.

193. 这两位随便谁给我理发都可以……我不需要同时有两个人给我理发。

194. Nicholas Carlson, "Marissa Mayer Sent a Late Night Email Promisingto Make Yahoo 'the Absolute Best Place to Work' (YHOO)," *SFGate,* August 27,2012, http://www.sfgate.com/technology/businessinsider/article/Marissa-Mayer-Sent-A-Late-Night-Email-Promising-3817913.php.

195. Jillian Berman, "Bring Your Parents to Work Day Is a Thing. We WereThere," *Huffington Post*, November 11, 2013, http://www.huffingtonpost.com/2013/11/11/take-parents-to-work_n_4235803.html.

196. Meghan Casserly, "Here's What Happens to Google Employees When They Die," *Forbes*, August 8, 2012, http://www.forbes.com/sites/meghancasserly/2012/08/08/heres-what-happens-to-google-employees-when-they-die/. 梅根对这件事以及其他问题的理解非常贴切，令人印象深刻，因此一有机会，我就督促团队将她招聘到谷歌工作，她也接受了我们的聘用邀请。

197. 私人交谈。

198. 卡尼曼因为与特沃斯基合作取得的研究成果而获得诺贝尔奖，但是特沃斯基在颁奖之前就过世了。可惜的是诺贝尔奖不颁发给已过世的人。在诺贝奖授奖演讲中，卡尼曼开场说了这些话："该奖授予的成果……是我与阿莫斯·特沃斯基长期密切合作取得的。他也应该在这里。"丹尼尔·卡尼曼 2002 年 12 月 8 日在斯德哥尔摩大学的获奖演讲，参见 http://www.nobelprize.org/mediaplayer/?id=531。

199. 通胀计算器。

200. Amos Tversky and Daniel Kahneman, "The Framing of Decisions and the Psychology of Choice," *Science* 211, no. 4481 (January 30, 1981): 453–458, http://psych.hanover.edu/classes/cognition/papers/tversky81.pdf.

201. Stephen Macknik and Susana Martinez-Conde, *Sleights of Mind: What the Neuroscience of Magic Reveals About Our Everyday Deceptions* (New York: Henry Holt, 2010), 76–77.

202. Julie L. Belcove, "Steamy Wait Before a Walk in a Museum's Rain," *New York Times,* July 17, 2013, http://www.nytimes.com/2013/07/18/arts/steamy-wait-before-a-walk-in-a-museums-rain.html.

203. Michael Barbaro, "The Bullpen Bloomberg Built: Candidates Debate Its Future," *New York Times*, March 22, 2013, http://www.nytimes.com/2013/03/23/nyregion/bloombergs-bullpen-candidates-debate-its-future.html.

204. Chris Smith, "Open City," *New York*, September 26, 2010, http://nymag.com/news/features/establishments/68511/.

205. Richard H. Thaler and Cass R. Sunstein, *Nudge* (New Haven, CT: Yale University Press, 2008), 15.

206. 助推与奖金计划之间最明显的区别在于前者通常不会公之于众，而奖金计划则是明确设立以推动某种行为。如果你能认可公司有权塑造员工的行为，那么接下来将会面临一个更难的问题，即公司"好的"塑造和"坏的"塑造之间的界限何在。我认为这个界限受公司对助推透明度的影响。

207. 助推也属于管理工具。《科学美国人》的编辑乔治·穆塞尔在2009年8月17日发表的文章认为小隔断是对应着20世纪50年代前的开放式办公室布局。George Musser, "The Origin of Cubicles and the Open-Plan Office," *Scientific American*, August 17, 2009, http://www.scientificamerican.com/article.cfm?id=the-origin-of-cubicles-an/。

208. Bradley Johnson, "Big U.S. Advertisers Boost 2012 Spending by Slim 2.8% with a Lift from Tech," *Advertising Age*, June 23, 2013, http://adage.com/article/news/big-u-s-advertisers-boost-2012-spending-slim-2-8/242761/.

209. Special Issue: U.S. Beverage Results for 2012, *Beverage Digest*, March 25,2013, http://www.beverage-digest.com/pdf/top-10_2013.pdf.

210. Samuel M. McClure, Jian Li, Damon Tomlin, Kim S. Cypert, Latane M. Montague, and P. Read Montague, "Neural Correlates of Behavioral Preference for Culturally Familiar Drinks," *Neuron* 44, no. 2 (2004): 379–387.

211. Nyla R. Branscombe, Naomi Ellemers, Russell Spears, and Bertjan Doosje, "The Context and Content of Social Identity Threat," in *Social Identity:Context, Commitment, Content*, eds. Naomi Ellemers, Russell Spears, and Bertjan Doosje (Oxford, UK: Wiley-Blackwell,1999), 35–58.

212. Robert B. Cialdini, "Harnessing the Science of Persuasion," *Harvard Business Review* 79, no. 9 (2001): 72–81,http://lookstein.org/

leadership/case-study/harnessing.pdf.

213. Bradford D. Smart, *Topgrading: How Leading Companies Win by Hiring, Coaching, and Keeping the Best People* (Upper Saddle River, NJ: Prentice Hall, 1999).

214. Autumn D. Krauss, "Onboarding the Hourly Workforce." Poster presentedat the Society for Industrial and Organizational Psychology (SIOP), Atlanta, GA, 2010.

215. "Surgical Safety Checklist (First Edition)," World Health Organization, http://www.who.int/patientsafety/safesurgery/tools_resources/SSSL_Checklist_finalJun08.pdf.

216. Alex B. Haynes et al., "A Surgical Safety Checklist to Reduce Morbidity and Mortality in a Global Population," *New England Journal of Medicine* 360(2009): 491–499, http://www.nejm.org/doi/full/10.1056/NEJMsa0810119.

217. Michael Lewis, "Obama's Way," *Vanity Fair*, October 2012, http://www.vanityfair.com/politics/2012/10/michael-lewis-profile-barack-obama.

218. Talya N. Bauer, "Onboarding New Employees: Maximizing Success," SHRM Foundation's Effective Practice Guidelines (Alexandria, VA: SHRM Foundation, 2010), https://docs.google.com/a/pdx.edu/file/d/0B-bOAWJkyKwUMzg2YjE3MjctZjk0OC00ZmFiLWFiMmMtYjFiMDdkZGE4MTY3/edit?hl=en_US&pli=1.

219. Susan J. Ashford and J. Stewart Black, "Proactivity During Organizational Entry: The Role of Desire for Control," *Journal of Applied Psychology* 81, no. 2 (1996): 199–214.

220. 有大量的证据显示，积极主动的员工在各行各业中都是表现较好的。B. Fuller Jr. and L. E. Marler, "Change Driven by Nature: A Meta-Analytic Review of the Proactive Personality," *Journal of Vocational Behavior* 75, no. 3 (2009): 329–345.(A meta-analysis of 107 studies.) Jeffrey P. Thomas, Daniel S. Whitman, and ChockalingamV-iswesvaran, "Employee Proactivity in Organizations: A Comparative Meta-Analysis of Emergent Proactive Constructs," *Journal of Occupational and Organizational Psychology* 83, no. 2 (2010): 275–300.(A meta-analysis of 103 samples.)

221. *Wikipedia*, "Poka-yoke," last modified May 11, 2014, http://en.wikipedia.org/wiki/Poka-yoke.

222. Steven F. Venti and David A. Wise, "Choice, Chance, and Wealth Dispersion at Retirement," in *Aging Issues in the United States and Japan*, eds. Seiritsu Ogura, Toshiaki Tachibanaki, and David A. Wise (Chicago: University of Chicago Press, 2001), 25–64.

223. *Wikipedia*, "Household Income in the United States," http://en.wikipedia.org/wiki/Household_income_in_the_United_States. Carmen DeNavas-Walt, Bernadette D. Proctor, and Jessica C. Smith, "Income, Poverty, and Health Insurance Coverage in the United States: 2011," US Census Bureau (Washington, DC: US Government Printing Office, 2012). "Supplemental Nutrition Assistance Program (SNAP)," United States Department of Agriculture, http://www.fns.usda.gov/pd/snapsummary.htm. J. N. Kish, "U.S. Population 1776 to Present," https://www.google.com/fusiontables/DataSource?dsrcid=225439.

224. 图表来自文蒂和怀斯的《选择、机遇和财富分布》。

225. 出处同注释25。

226. B. Douglas Bernheim, Jonathan Skinner, and Steven Weinberg, "What Accounts for the Variation in Retirement Wealth among U.S. Households?" *American Economic Review* 91, no. 4 (2001): 832–857,http://www.econ.wisc.edu/–scholz/Teaching_742/Bernheim_Skinner_Weinberg.pdf.

227. James J. Choi, Emily Haisley, Jennifer Kurkoski, and Cade Massey, "Small Cues Change Savings Choices," National Bureau of Economic Research Working Paper 17843, revised June 29, 2012, http://www.nber.org/papers/w17843.

228. Richard H. Thaler and Shlomo Benartzi, "Save More Tomorrow: Using Behavioral Economics to Increase Employee Savings," *Journal of Political Economy* 112, no. 1 (2004): S164–S187,http://faculty.chicagobooth.edu/Richard .Thaler/research/pdf/SMarTJPE.pdf.

229. 真的，确实注册了这个商标。

230. 托德·卡里塞不可能知道当年后半段我们宣布成立Calico公司，由前基因泰克首席执行官阿特·列文森领导，目标旨在解决老龄化带来的困境和问题。

231. "Obesity and Overweight," National Center for Health Statistics, Centers for Disease Control and Prevention, last updated May 14, 2014, http://www.cdc.gov/nchs/fastats/overwt.htm.

232. "Overweight and Obesity: Adult Obesity Facts," Centers for Disease Control and Prevention, last updated March 28, 2014, http://www.cdc.gov/obe sity/data/adult.html.

233. M. Muraven and R. F. Baumeister, "Self-Regulation and Depletion of Limited Resources: Does Self-Control Resemble a Muscle?" *Psychological Bulletin* 126, no. 2 (2000): 247–259.

234. D. Hammond, G. T. Fong, P. W. McDonald, K. S. Brown, and R. Cameron, "Graphic Canadian Cigarette Warning Labels and Adverse Outcomes: Evidence from Canadian Smokers," *American Journal of Public Health* 94, no. 8 (2004):1442–1445.

235. Julie S. Downs, Jessica Wisdom, Brian Wansink, and George Loewenstein, "Supplementing Menu Labeling with Calorie Recommendations to Test for Facilitation Effects," *American Journal of Public Health* 103, no. 9 (2013): 1604–1609.

236. "McDonald's USA Nutrition Facts for Popular Menu Items," McDonalds.com, effective May 27, 2014, http://nutrition.mcdonalds.com/getnu trition/nutritionfacts.pdf.

237. David Laibson, "A Cue-Theory of Consumption," *Quarterly Journal of Economics* 116, no. 1 (2001): 81–119.

238. Colleen Giblin, "The Perils of Large Plates: Waist, Waste, and Wallet," review of "The Visual Illusions of Food: Why Plates, Bowls, and Spoons Can Bias Consumption Volume," by Brian Wansink and Koert van Ittersum (*FASEB Journal* 20, no. 4 [2006]: A618), Cornell University Food and Brand Lab, 2011, http://foodpsychology.cornell.edu/outreach/large-plates.html.

239. Wansink and Ittersum, "Visual Illusions of Food."

240. Leo Benedictus, "The Nudge Unit—Has It Worked So Far?" *Guardian*, May 1, 2013, http://www.theguardian.com/politics/2013/

may/02/nudge-unit-has-it-worked.

241. Britton Brewer, "Adherence to Sport Injury Rehabilitation Regimens," in *Adherence Issues in Sport and Exercise*, ed. Stephen Bull (New York: Wiley, 1999),145–168.

242. Richard H. Thaler, "Opting In vs. Opting Out," *New York Times*, September 26, 2009, http://www.nytimes.com/2009/09/27/business/economy/27view.html.

243. Eric J. Johnson and Daniel Goldstein, "Do Defaults Save Lives?," *Science* 302, no. 5649 (2003): 1338–1339.

244. Zechariah Chafee Jr., "Freedom of Speech in War Time," *Harvard Law Review* 32, no. 8 (1919): 932–973,http://www.jstor.org/stable/1327107?seq=26&.

245. "Our Work: What We Believe," McKinsey & Company, http://www.mckinsey.com.br/our_work_belive.asp.

246. Andrew Hill, "Inside McKinsey," *FT Magazine*, November 25, 2011, http://www.ft.com/cms/s/2/0d506e0e-1583-11e1-b9b8-00144feabdc0.html#axzz2iCZ5ks73.

247. Ralph Waldo Emerson, "Self-Reliance," *Essays* (1841), republished as *Essays: First Series* (Boston: James Munroe and Co., 1847).

248. http://googleblog.blogspot.com/2011/07/more-wood-behind-fewer-arrows.html.

249. 混合隐喻的使用。我这样说是因为我发现极少会有管理实践走上极端。比如，极少有公司会说"做所有的事情都要创新"或是"永远不要创新"。管理实践随着时间逐渐积蓄力量，之后才变得僵化，出现技能失调。公司按地缘进行分区，后来发现产品不是在每个地区都有同样的销量，维系业务的成本太高，难以为继，因此他们会重新组织产品线。而后产品可能不再适合当地需求，于是他们再次进行调整。执行管理的艺术在于了解何时调整到新的道路上。

250. *Wikipedia*, "Goji," http://en.wikipedia.org/wiki/Goji.

251. Jonathan Edwards, "Sinners in the Hands of an Angry God. A Sermon Preached at Enfield, July 8th, 1741," ed. Reiner Smolinski, Electronic Texts in American Studies Paper 54, Libraries at University of Nebraska – Lincoln, http://digitalcommons.unl.edu/cgi/viewcontent.cgi?article=1053&context=etas.

252. Steven Pinker, "Violence Vanquished," *Wall Street Journal*, September 24, 2011, http://online.wsj.com/news/articles/SB10001424053111904106704576583203589408180.

253. United States Congress House Special Committee to Investigate the Taylor and Other Systems of Shop Management, *The Taylor and Other Systems of Shop Management: Hearings before Special Committee of the House of Representatives to Investigate the Taylor and Other Systems of Shop Management* (Washington, DC: US Government Printing Office, 1912), 3: 1397, http://books.google.com/books?id=eyrbAAAAMAAJ&pg=PA1397&lpg=PA1397&dq=physically+able+to+handle+pig-iron.

254. 谢家华说："我不太会把自己看作是一个领导者，我更多地是一个塑造环境的建筑师，使员工能够提出自己的想法，使员工能够培养文化，随着时间的推移促进文化的发展。" Adam Bryant, "On a Scale of 1 to 10, How Weird Are You?," *New York Times*, January 9, 2010.

　　里德·哈斯廷斯："有责任心的人在自由的环境下能够蓬勃发展，他们值得给予自由。在我们的模式下，会随着公司的发展给员工更多的自由,而不是限制自由,我们会继续吸引和培育具有创新性的员工,提高公司实现可持续成功的机会。""Netflix Culture: Freedom and Responsibility," August 1, 2009, http://www.slideshare.net/reed2001/culture-1798664。

2008年开始的金融危机期间,吉姆·古德奈特请赛仕软件的员工自己去寻找方法扭转公司下行的趋势:"我告诉他们全年都不会裁员,但是我需要他们做出贡献,减少费用,放缓招聘工作,若有可能终止招聘。每个人都做出了贡献,2009年的实际产出还有所提升……那一年是我们赢利最高的三年之一。"("SAS Institute CEO Jim Goodnight on Building Strong Companies—anda More Competitive U.S. Workforce," *Knowledge@Wharton*, Wharton School of the University of Pennsylvania, January 5, 2011,http://bit.ly/1dyJMoJ.)

255. Abraham H. Maslow, "A Theory of Human Motivation," *Psychological Review* 50, no. 4 (July 1943): 370–396. 尽管马斯洛需求层次广为人知,但是最终并没有足够的数据支持这项理论。有其他人对马斯洛的成果进行了提炼,包括: Douglas T. Kenrick, Vladas Griskevicius, Steven L. Neuberg, and Mark Schaller, who offered an updated framework in 2010 ("Renovating the Pyramid of Needs," *Perspectives on Psychological Science* 5, no. 3 [2010]: 292–314,http://pps.sagepub.com/content/5/3/292.short).